[강제동원&평화총서 18 연구총서 제4권]

강제동원을 말한다 – 잊혀진 여성들, 기억에서 역사로 일제말기 여성노무동원

초판 1쇄 발행 2021년 10월 20일

저 자 | 김미정
발행인 | 윤관백
발행처 | 도서출판 선인

등록 | 제5-77호(1998.11.4)
주소 | 서울시 마포구 마포동 324-1 곶마루 B/D 1층
전화 | 02)718-6252 / 6257 팩스 | 02)718-6253
E-mail | sunin72@chol.com
Homepage | www.suninbook.com

정가 28,000원
ISBN 979-11-6068-622-7 94900
ISBN 978-89-5933-473-5 (세트)

강제동원을 말한다

잊혀진 여성들, 기억에서 역사로

일제말기 여성노무동원

[강제동원&평화총서 18 연구총서 제4권]

강제동원을 말한다

잊혀진 여성들, 기억에서 역사로

일제말기 여성노무동원

김미정

책을 펴내며

이 책은 필자의 박사학위 논문 '전시체제기 조선총독부 여성노동력 동원정책과 실태'를 수정 · 보완한 것이다. 존재했지만 잊혀진* 여성들, 피해조차 숨겨야 했던 일제말기 노무동원된 여성들에 대한 이야기이다.

필자가 이 문제에 관심을 가지기 시작했던 20여 년 전에도 그리고 지금까지, 피해자들은 여전히 끝나지 않는 전쟁을 치르고 있다. 20여 년 전과 달리 일본군'위안부', 강제징용, 징병 문제가 대중들의 관심을 받고 알려졌지만 일반인들에게 여성노무동원이라는 말은 다소 생소하게 들릴 수도 있다. 성동원의 경우 1990년대부터 언론 및 시민단체 등을 통해 많이 알려졌지만 노무동원은 상대적으로 사람들의 관심에서 벗어나 있었기 때문이다.

보통 노무동원이라 하면 징용에 끌려간 조선남성들을 먼저 떠올리게 된다. 강제동원이라하면 국외로 동원된 남성의 이미지가 알게 모르게 우리에게 각인되어 있기 때문이다. 실제 수많은 조선인 남성들이 국내외로 강제동원 되었다. 이들 중에는 동원기록이 남아 있거나 함께 동원

* 규범적 표기는 '잊힌'이 맞으나 피동의 느낌을 강조하기 위해 '잊혀진'이란 표현을 사용했다.

되어 피해상황을 설명해줄 수 있는 이들이 존재했다. 그러나 여성들의 상황은 남성들과는 조금 달랐다.

일제말기가 되면 강제동원된 남성들을 대신하여 여성들에 대한 노무동원이 이루어지고 있었다. 일시적·단기적·보조적인 수준에서 진행되었던 여성들에 대한 노무동원은 전쟁말기로 갈수록 단기적·일시적 동원과 장기적·일상적 동원이 상존하는 상황이 되었다. 조선여자근로정신대로 공장에 동원되거나, 광산이나 산업현장 등으로 동원되었고, 남성들의 징용과 거의 유사한 방식들이 여성들에게도 적용되고 있었던 것이다. 이 책에서 주목하고자 한 대상은 일제강점기 동원된 여성들이다.

여성들의 이야기를 듣고, 이들의 이야기를 기록으로 남기고, 남아 있을지 모르는 기록들을 찾아 헤매는 일련의 과정은 잊혀진, 그리고 외면당한 그녀들의 역사를 복원해 가는 과정이다. 그러나 안타까운 것은 피해자들의 이야기를 들을 수 있는 시간이 그리 많이 남아 있지 않다는 것이다.

이 책에서는 조선총독부의 노동력 동원정책의 틀 속에서 진행된 여성노무동원의 전개와 정책, 그리고 동원실태 등의 분석을 통해 강제동원의 한 부분으로 여성노무동원을 살펴보고자 하였다.

동원정책–동원논리–동원실태의 구조를 통해 전시체제기 여성노동력 동원을 조망하여 여성노무동원의 전체상을 이해고자 함이다. 전체상에 대한 그림을 그려보겠다는 구상에서 연구를 시작하였는데 연구를 거듭할수록 밝혀내야 할 부분과 과제들이 계속 보이기 시작했다. 산을 넘으면 또 다른 산을 만나게 되는 듯한 그런 상황에 직면할 때마다 기억을 기록으로 남긴다는 것의 의미와 무게를 깨닫게 되었다. 호기롭게 시작한 필자의 구상은 어쩌면 필자의 역량을 넘어선 일이었는지도 모르겠다. 이는 필자가 감수해야 할 몫일 것이다.

본서에서 미처 다루지 못한 부분은 앞으로의 연구과제로 삼으려 한다. 채워야 할 부분에 대한 아쉬움은 있으나 여성노무동원 문제를 알리고 이에 대한 본격적인 문제제기를 시도하는 것으로 또 다른 여정의 시작을 해보고자 한다. 아무쪼록 이 책이 우리의 할머니들이 겪었던 전쟁동원과 여전히 끝나지 않은 고통과 마주하고 있는 여성들을 이해할 수 있는 기회가 되었으면 한다.

책을 발간하며 도움을 주신 분들의 얼굴을 떠올려 본다. 모두에게 감사할 뿐이다. 특히 나의 문제의식과 고민에 항상 귀를 기울이고 조언을 아끼지 않았던 사랑하는 남편, 그가 없었다면 용기를 낼 수 없었을 것이다. 때로는 날카로운 지적을 아끼지 않았고, 항상 무한한 격려로 힘을 실어준 그에게 감사의 말을 전하고 싶다. 늘 종종거리며 까칠한 엄마를 이해해주는 속 깊은 딸에게는 항상 미안하고, 또 고맙다.

늘 큰딸을 응원해주신 아빠와 항상 자식을 위해 기도하시는 엄마. 두 분은 나에게 큰 나무와 같은 분들이다. 단단하게 견딜 수 있는 힘을 주신 엄마, 아빠가 나를 오래 지켜봐주시길 간절히 바라 본다. 지칠 때마다 나의 이야기를 들어주고 기꺼이 내 편이 되어주었던 동생들. 가족이 있어 힘든 고비를 잘 넘길 수 있었다.

책 발간을 준비하며 외할머니와 친할머니가 가끔씩 떠올랐다. 그분들이 견디고 버텨 온 시절에 대한 이야기여서였을까. 자료를 보거나, 증언을 들을 때면 한 번씩 마음이 저려오곤 했다. 보고 싶은 나의 할머니들께도 감사드린다.

육아와 일, 공부를 하겠다며 고군분투하는 제자를 격려하고 지도해주신 정태헌 교수님께도 이 자리를 빌려 감사드리고 싶다. 지수걸 교수님, 곽건홍 교수님, 송규진 교수님께도 감사드린다. 이외에도 도움을 주셨던 많은 분들이 계신다. 그분들의 도움이 때로는 격려가 때로는 채찍이 되었다.

마지막으로 엄혹한 시기를 견디며 버텨온 수많은 여성들에게 경의를 표하며 앞으로 우리의 미래를 살아갈 나의 딸을 비롯한 이 땅의 여성들이 전쟁이 없는 평화로운 세상에서 살 수 있기를 간절히 기원해 본다.

2021년 가을 문턱을 넘으며
김미정 씀

차 례

제2부 여성동원의 선전논리와 조직 / 91

제3부 여성노무동원 실태 / 191

일러두기

1. 본문에 인용된 신문과 잡지 등 자료는 현대어로 표기하였음.

2. 이 책은 필자의 박사학위 논문과 이후 수정·보완하여 학회지와 단행본에 실린 필자의 글을 바탕으로 발간한 것이다. 이 책의 저본이 된 논문은 다음과 같다.

   · 김미정, 「전시체제기 조선총독부의 여성노동력 동원정책과 실태」, 고려대학교한국사학과 박사논문, 2015.
   · 김미정, 「일제강점기 조선여성에 대한 노동력동원 양상: 1937~1945년을 중심으로」, 『아세아연구』 제62권 제3호, 2019.
   · 김미정, 『일제말기 여성동원 선전논리』, 동북아역사재단, 2021.

서론

서론

광복 후 76년이 지났지만 강제동원 문제는 여전히 종결되지 않은 채 미완의 문제로 남아 있다. 그런데 일제강점기 강제동원 문제 등을 해결하기 위해 정부 차원의 피해조사가 제대로 시작된 것은 광복 후 거의 반세기가 지난 이후에야 가능했다. 이 책은 정부조사결과를 기반으로 여성에 대한 노무동원을 분석하였다.

1937년 중일전쟁 이후 일본의 식민지 노동력 및 자원의 동원은 전쟁 수행을 위해 필수적인 요소가 되었고, 일제는 일본을 중심으로 조선뿐 아니라 대만, 남양군도 등과 같은 식민지를 포함한 일본제국이 통치하거나 점령하고 있는 전 지역의 인적 및 물적 자원을 효율적으로 전력화하기 위한 체제를 구축할 필요가 있었다. 이를 위해 일제는 전 영역에 걸쳐 '총동원체제'를 구축해갔다. 이에 일본에서와 마찬가지로 조선에서도 '총동원체제'라는 총합적인 조정 아래 인적, 물적, 정신적 동원을 실시하기에 이른다.[1] 한정된 인적 · 물적 자원을 동원하는 과정에서 조선

1) 안자코 유카, 「조선총독부의 '총동원체제(1937~1945)' 형성정책」, 고려대학교 한국사학과 박사학위논문, 2006.

여성도 예외가 될 수 없었다. 식민지 초기부터 전시체제기 이전까지 식민체제에 순종적인 여성을 양성하는 데 주력하였던 식민권력은 전시체제로 전환되는 과정 속에서 다른 어느 시기보다도 여성의 역할에 주목하고 그 역할에 의미를 부여하고자 하였다.

전쟁은 직접 전쟁에 참여하는 군인뿐 아니라, 전쟁수행을 위한 각종 물자와 지원 등을 동원할 인력을 필요로 한다. 보편적으로 전쟁은 여성에게 병사를 낳아 기르는 모성의 역할, 남성의 보조적 노동력, 그리고 전쟁을 응원하고 남성으로 하여금 전쟁에 참가하도록 고무하는 응원부대의 역할을 요구한다.[2] 이러한 역할의 정의는 남성에게는 공적 영역을, 여성에게는 사적 영역을 담당하게 하는 전통적인 가부장제에서 규정된 여성의 역할을 기반으로 이루어졌다. 남편을 전쟁에 보내는 아내의 역할, 여기에 국가에 바칠 자식을 낳아 잘 키우는 어머니 역할을 강조하는 구호 및 선전 등을 통해 동원의 선전논리를 파악할 수 있다.

친일지식인들을 앞세운 전쟁동원 독려, 교화·계몽이라는 명목을 내세운 각종단체의 전쟁 지지활동, 병사를 낳고 기르는 어머니의 역할부터 후방에서 경제전을 담당하는 '총후부인'으로서의 역할에 이르기까지 식민권력은 조선 여성에게 다양한 역할을 요구했다. 이러한 요구사항은 일제의 정책적 필요에 따라 (여성성)동원전략을 유지·전환하였다.

일본군 '위안부' 혹은 일본으로 동원된 근로정신대 외에 국내외로 강제동원된 여성들에 대해서 알려진 내용은 많지 않다. 그동안 여성동원과 관련된 조사 및 연구가 부진했던 데는 다음과 같은 이유를 들 수 있다.

첫째, 한국사회의 가부장적 인식에 따른 사회적 편견을 들 수 있다. 성(性)동원이든 노무동원이든 동원의 형태와 상관없이 여성이 집을 벗어나서 어디론가로 동원되었다는 사실만으로도 여성들에게 불편한 시

---

2) 와카쿠와 미도리, 『전쟁이 만들어낸 여성상: 제2차 세계대전 하의 일본 여성동원을 위한 시각 선전』, 소명출판, 2011.

선이 가해지곤 하였다. 이러한 사회적 시선은 피해 여성들이 그들이 경험한 강제노동의 사실을 밝히지 못하는 중요한 원인중 하나로 작용하였다. 사람들은 여성들이 수행한 단순 노무동원조차 성적(sexuality) 동원과 관련이 있는 것으로 생각했다.

둘째, 피해자가 어디로 동원되었는가에 따라 피해에 대한 자각, 인식에 편차가 존재했다. 많은 남성들이 국내외로 동원되었고 사망하거나 돌아오지 못한 가운데, 여성들의 피해는 상대적으로 부각되기 어려웠다. 즉 국내동원 여성의 경우 국외로 끌려가지 않은 사실만으로도 다행스럽게 여기는 분위기가 형성되어 있었고, 끌려간 이들 가운데 생사조차 알 수 없게 된 이들이 있었던 상황에서 여성피해자들은 자신들의 피해사실에 대한 목소리를 내기 어려웠던 것이다. 전시기 노무동원이 일상화되면서 여성들도 강제노동·강제동원에 대해 '거부할 수 없는 것', '모두 동원되는 것'으로 인식하게 되었고, 이러한 인식은 이후 피해사실에 대한 자각에 큰 영향을 미쳤다. 한편 강제동원 되었던 여성이 피해를 자각했더라도 그동안 정부 차원에서 진상을 조사하고 규명하려는 움직임이 없었기 때문에 여성노무동원 문제는 남성노무동원과 달리 상대적으로 밝혀진 사실들이 많지 않았다.

1947년에 발표된 일본 정부의 공식통계에 근거한 한반도내 노무동원 인원은 648만 명이다.[3] 이 수치는 1인당 여러 차례 한반도 내외 지역으로 동원된 누적 건수를 모두 합산한 통계이다. 그렇지만 이들이 어느 지역, 어떤 작업장에 동원되었는가에 대해 확인할 수 있는 전체 자료는 아직 찾을 수 없다.[4] 이러한 이유로 한반도 내에서 동원된 피해자에 대

3) 1938~1945년 道內動員, 관알선, 국민징용을 포함한 수이다(大藏省管理局 編, 「戰爭と朝鮮統治」, 『日本人の海外活動に關する歷史的調査』 通卷 第10冊 朝鮮篇 第9分冊, 1947, 69쪽·71쪽; 허수열(차기벽 엮음), 「조선인 노동력의 강제동원의 실태」, 『일제의 한국식민통치』, 정음사, 1985).

한 조사와 배상은 제대로 이루어지지 못하고 있다. 다행히 일제강점하강제동원피해진상규명위원회(이하 위원회)[5]에서 국내지역을 피해조사범위에 포함하여 한반도내 강제동원에 대한 실체를 밝힐 수 있는 계기를 마련하였다. 전시기 여성노무피해자의 신고접수를 통해 피해자가 확인되었지만 신고자 중심으로 조사가 진행되었기 때문에 개인적 사유로 신고를 하지 않은 경우에는 조사 대상에 포함되지 않았다. 이러한 현실적인 여러 문제로 인해 여성동원의 규모나 실체를 밝히기는 여전히 쉽지 않은 실정이다.

동원의 전체규모를 통계적으로 구체화하는 작업은 현실적으로 매우 어렵다. 그렇지만 여성노무동원이 실제 이루어지기까지 정책과 그 전개과정 그리고 동원의 양상을 구체화하는 작업은 적어도 식민권력이 의도했던 여성동원의 실체와 그 성격을 파악하는 기반이 될 수 있다. 전시기 여성노무동원에 대해 살펴보는 것은 상대적으로 간과되었던 여성에 대한 강제동원·강제노무 문제를 드러냄과 동시에 일제의 침략전쟁이 조

---

4) 정혜경, 「전시체제기 한반도내 인력동원 피해: 사망자 현황을 중심으로」, 일제강제동원&평화연구회, 2011, 3쪽(미간행).

5) 동 위원회는 강제동원 피해자들의 지원을 목적으로 2008년 4월에 설립된 '태평양전쟁전후국외강제동원희생자지원위원회'와 2010년 4월 '대일항쟁기강제동원피해조사및국외강제동원희생자등지원위원회'로 통합되었다가 폐지되었다. 현재 행정안전부 과거사관련 업무지원단에서 대일항쟁기강제동원피해지원업무를 수행하고 있다(본서에서는 이하 위원회로 기재)

- 2004년 3월 5일 일제강점하강제동원피해진상규명 등에 관한 특별법 제정
- 2004년 11월 10일 일제강점하강제동원피해진상규명위원회 발족
- 2007년 12월 10일 태평양전쟁 전후 국외강제동원희생자 지원법 제정
- 2008년 6월 18일 태평양전쟁전후국외강제동원희생자지원위원회 발족
- 2010년 3월 22일 대일항쟁기 강제동원 피해조사 및 국외강제동원희생자 등 지원에 관한 특별법 제정 공포/일제강점하강제동원피해진상규명위원회 및 태평양전쟁전후 국외강제동원희생자지원위원회 폐지/대일항쟁기강제동원피해조사및국외강제동원희생자등지원위원회 발족
- 2015년 12월 31일 대일항쟁기강제동원피해조사및국외강제동원희생자등지원위원회 폐지

선 여성에게 가한 폭력적 수탈과 기만적 착취 양상을 밝히는 작업이다.

본론에 들어가기에 앞서 본고에서 사용하는 용어에 대해 살펴보자.

강제연행, 강제노동의 범주는 연구자에 따라 노동력동원, 병력동원, 준병력동원, 여성동원 등으로 대별되었다. 김영달의 경우 노무동원, 병력동원, 여성동원(여자정신대, 일본군위안부)으로 구분하고 있고, 정혜경은 노무동원(여자근로정신대, 군노무자 포함), 병력동원, 준병력동원(포로감시원, 기타 군요원), 성동원으로 구분, 山田昭次 · 古庄正 · 桶口雄一의 경우 노동동원(모집 · 관알선 · 징용, 여자근로정신대), 군사동원(병사, 군요원−군속, 군부, 군위안부)로 구분하고 있다.[6] 정신대와 일본군'위안부'를 여성동원의 한 범주에서 파악하는 경우, 여성에 대한 동원을 노무동원과 성동원으로 구별하거나, 노동동원과 군사동원 안에 여자근로정신대는 전자로 일본군'위안부'는 후자에 포함시켰다.

강제동원 · 강제노동의 범주 설정의 근거로 동원 주체를 중시할 것인가 또는 동원의 목적을 중시할 것인가에 따라 달라질 수 있는데, 필자는 동원의 목적에 중심을 두고 여성동원의 범주를 구분하였다. 이 구분에 따라 여성의 성(性)착취를 목적으로 한 일본군'위안부'는 성동원의 범주에 포함되며, 여성의 노동력을 착취하기 위한 목적의 일련의 동원들은 노무동원에 포함된다. 이러한 기준에 따르면 근로정신대를 비롯해 여자군속의 경우도 노무동원의 범주에 포함될 수 있다. 여자군속 중 군(軍)에 소속되었지만 주 업무가 부대내의 근로작업인 경우 이를 노무동원의 한 범주로 보았다.

동원주체를 중시한 분류에 의하면, 군속의 경우 영장을 발부받았고, 군부대에서 근무를 하고 있다는 점에서 병력동원에 포함된다. 그러나 여성의 경우 남성군속과 달리 군이 발부한 영장을 받아서 송출되는 경

6) 정혜경, 『조선인 강제연행 강제노동: 일본편』, 선인, 2006, 19~20쪽.

우는 거의 없었고, 군속이 아니었음에도 불구하고 패전 직전 군속으로 전환되는 사례도 있다. 그렇기 때문에 여성의 근무지가 군대였다는 점만으로 남자군속과 동일한 성격의 범주로 파악하는 것은 동원 당시 현실을 반영하지 못한 구분이라 할 수 있다.[7)]

본고에서는 여성에 대한 강제노동·강제동원의 범주를 성동원과 노무동원으로 대별한다. 성동원은 일본군'위안부'와 같이 성적 착취를 목적으로 동원하는 경우를 말하며, 노무동원은 근로정신대 혹은 군에 소속되어 노동력을 착취당하거나 국내외에 다양한 직종에서 이루어진 강제노동을 포함한다. 노무동원은 단순노동력 동원과 여성성 동원이 결합된 노동력동원으로 구분할 수 있다. 여성노무동원은 여성성 동원 문제와 밀접한 관련성을 가지고 있는 중층적 성격을 가진다. 그런데 이 둘 간의 관계는 구분되기도 하지만 모호하게 얽혀 있거나 모순되는 측면도 있기 때문에 여성노무동원을 이해하기 위해서는 이러한 부분을 함께 고려해야 한다.

강제동원, 강제노무 등의 문제에서 말하는 '강제성'에 대한 학계의 규정은 본인의 의사와 상관없이, 즉 '본인의 의사에 반한 행위'를 의미한다.[8)] '강제', '강제성'은 위력에 의한 방식, 법적인 강제뿐 아니라 회유, 취업사기 등이 모두 포함되는 것이다. 또한 본인이 동의했다 하더라도 적정한 정보를 제공한 것이 아니라면 이것 또한 '본인의 의사에 반한 행

7) 종군간호부와 같은 군속의 경우 군사동원(야마다 쇼지, 히구치 유이치) 혹은 병력동원으로 범주화하는 경우도 있다(정혜경, 앞의 책, 선인, 2006, 19쪽). 기존의 논의에서는 종군간호부 등과 같이 여성군속의 경우 크게 고려되지 않은 측면이 있었다. 또 여성동원은 근로정신대와 군위안부를 중심으로 진행되었기 때문에 종군간호부의 범주를 크게 고민하지 않았다. 본고에서는 동원목적에 중심을 두고 여성동원을 구분하여 종군간호부도 노무동원의 범주에서 다루기로 한다.

8) 1993년 일본 중의원 예산위원회와 2002년 일본 변호사협회에서 전시의 강제노동을 판단하는 기준으로 표현한 '의사에 반해'라는 '강제'의 개념은 단지 물리적으로 강제를 가한 것뿐만 아니라 본인의 자유로운 의사에 반한 모든 종류의 행위를 말한다.

위'로 볼 수 있다. 본서에서도 이 개념에 입각하고 있다. 필자는 이 '강제'의 개념에 기반하여 강제의 범주를 '법적 · 제도적 강제'와 '사회적 강제'로 구분하였다. 본고에서 제시된 '법적 · 제도적 강제'의 의미는 법령이나 정책 등에 기반하여 본인의 의사와 상관없이 강요되는 방식을 말하며, '사회적 강제'는 식민권력에 의해 형성된 사회분위기, 교육 등을 통해 형성된 지배이데올로기 등으로 인해 '본인의 의사에 반해' 원하지 않는 일을 강요받는 방식을 말한다.

* * *

2004년 〈일제강점하강제동원피해진상규명회〉가 발족된 이후, 전시기 여성노동력 동원에 대한 여러 사실이 확인되었고 이를 통해 한반도 내에서 이루어진 여성에 대한 강제동원의 양상을 분석할 수 있는 기반이 마련되었다.

조선에서 이루어진 강제동원(특히 인적동원)과 관련해 선구적인 연구는 박경식의 연구라 할 수 있다. 박경식의 연구를 기초로 하여 이후 각 분야(금융, 농업, 공업 등)에서 동원정책과 제도 등에 대한 심층적인 연구가 이루어지고 이를 통해 전시기 인적 · 물적자원의 동원과 관련해 많은 부분들이 밝혀졌다. 전시기 동원 관련 정책에 관한 연구를 개괄하면 다음과 같다.

조선 내 노동력동원의 구조를 밝힌 허수열[9], 노동력동원을 노동과정에 대한 통제를 중심으로 분석한 곽건홍[10], 조선에서 형성된 '총동원 체

9) 허수열, 「조선인 노동력의 강제동원의 실태: 조선내에서의 강제동원정책의 전개를 중심으로」, 『일제의 한국 식민통치』, 정음사, 1985(허수열은 조선내에서 이루어진 강제동원의 전모를 밝히는 작업의 일환으로 강제동원정책의 추진배경, 전개과정, 각 정책 사이의 상호관계 등을 해명하는 데 초점을 두었다).

제'의 형성과정과 그 구조를 밝힌 안자코 유카[11], 노동력동원 정책의 흐름을 분석한 이상의[12], 국외로 동원된 조선인노무자 및 관련명부 등에 대한 연구를 한 정혜경[13], 총동원제체 하에서 민중의 저항에 대해 분석한 변은진[14], 공업동원정책을 다룬 김인호의 연구[15] 등이 대표적이다.[16]

---

10) 곽건홍은 일본이 어떠한 노동정책을 수립해서 이를 조선에서 어떻게 관철하고자 했는가, 파시즘적 노동정책을 통해 노동대중에 강요한 '경험'들은 어떠한 형태의 노동자를 창출했으며, 노동대중의 상태는 어떻게 변화했는가를 고찰, 이러한 노동정책에 맞서 조선노동자가 저항하는 모습과 성격을 밝히고 있다(곽건홍, 『일제의 노동정책과 조선노동자: 1938~1945』, 신서원, 2001. 그밖에 「전시체제기(1937~1945) 일제의 노동이동 제한정책」, 『한국사학보』 5, 1998 참고).

11) 안자코 유카는 일제말기(1937~1945) 조선에서 형성된 '총동원체제'의 형성과정과 그 구조를 밝히고 있다. 일련의 총동원계획의 내용과 실시과정을 중심에 두고 관련 법령의 조선 시행 및 계획 실시의 축이 된 '총동원체제' 기구 조직에 주목하였다(안자코 유카, 앞의 논문, 2006).

12) 이상의는 일제강점기 노동문제를 1930, 40년대 일제의 노동력 동원체제와 그에 대한 조선인 노동자의 대응을 중심으로 살펴보았다. 일본자본주의 발전의 시기별로 각 단계에 맞추어 변해가는 조선인 노동자의 통제방식과 노동정책 등에 대해 분석하였다(이상의, 『일제하 조선의 노동정책 연구』, 혜안, 2006).

13) 정혜경, 「전시체제기 죠반(常磐)탄전 관련 명부자료를 통해 본 조선인 노무자의 사망실태」, 『한국민족운동사연구』 59, 한국민족운동사학회, 2009; 「해방 이후 강제연행 생존자의 사회적응과정」, 『한국근현대사연구』 29, 한국근현대사학회, 2004; 「1920~30년대 식민지 조선과 '남양군도'」, 『한국민족운동사연구』, 한국민족운동사학회, 2006; 「전시체제기 樺太 전환배치 조선인 노무자 관련 명부의 미시적 분석」, 『숭실사학』 22, 숭실사학회, 2009; 「일제 말기 '남양군도'의 조선인 노동자」, 『한국민족운동사연구』 44, 한국민족운동사학회, 2005; 「日帝末期 慶北지역 出身 强制動員 勞務者들의 抵抗」, 『한일민족문제연구』 25, 한일민족문제학회, 2013; 「기억에서 역사로: 일제 말기 일본제철㈜에 끌려간 조선인 노동자」, 『한국민족운동사연구』 41, 한국민족운동사학회, 2004; 「일제 말기 조선인 군노무자의 실태 및 귀환」, 『한국독립운동사연구』 20, 독립기념관 한국독립운동연구소, 2003; 「조선총독부의 노무동원 관련 행정조직 및 기능분석」, 『한국민족운동사연구』 54, 한국민족운동사학회, 2008; 『홋카이도 최초의 탄광 가야누마와 조선인 강제동원』, 선인, 2013; 『일제말기 조선인 강제연행의 역사: 사료연구』, 경인문화사, 2003; 『징용 공출 강제연행 강제동원』, 선인, 2013; 『일제 식민지배와 강제동원』, 한일관계사연구논집 편찬위원회, 景仁文化社, 2010; 『조선인 강제연행 강제노동1, 일본편』, 선인, 2006; 『일본 '제국'과 조선인 노무자 공출: 조선인 강제연행·강제노동연구 2』, 선인, 2011; 『강제연행 강제노동 연구 길라잡이』, 한일민족문제학회, 선인, 2005; 정혜경, 『아시아태평양전쟁에 동원된 조선의 아이들』, 섬앤섬, 2019.

특히 정혜경은 일본 및 남양군도로 동원된 조선인 노무자에 대한 연구, 관련 명부자료에 대한 분석 및 노무동원과 관련한 행정조직 및 기능에 대한 연구에 이르기까지 강제동원 문제 전반에 대해 심층적인 연구를 진행하였다. 이를 통해 국외로 동원된 조선인노무자에 대한 실태 등을 밝히고 이러한 연구 성과를 기반으로 강제동원문제와 관련한 여러 현실적인 제반 문제(일본과의 문제, 보상의 문제 등)를 풀어나가는 기반을 제공하였다.

1990년대 이후 전시기에 대한 관심이 높아지면서 여성동원과 관련한 연구성과들도 나오기 시작했다. 특히 성동원에 대한 연구가 가장 많이 진행되었다.[17] 일본군'위안부' 피해자의 문제해결을 위한 운동의 차원에

14) 변은진, 『파시즘적 근대체험과 조선민중의 현실인식』, 선인, 2013.

15) 김인호, 「일제의 조선공업정책과 조선인자본의 동향(1936~1945)」, 고려대학교사학과 박사학위논문, 1996; 김인호, 『식민지 조선경제의 종말』, 신서원, 2000; 김인호, 『태평양전쟁과 조선사회』, 신서원, 2014.

16) 허수열은 국외로의 강제동원에 중점을 두었던 종래의 연구를 비판 분석하였다.

17) 성동원에 대한 연구는 다음의 연구들을 참고하기 바람(강만길, 「일본군'위안부'의 개념과 호칭문제」, 한국정신대문제대책협의회 진상조사연구위원회, 『일본군 위안부 문제의 진상』, 역사비평사, 1997; 강정숙, 「일본군'위안부(성노예)'동원의 실태」, 『역사비평』 45호, 1998; 방선주, 「일본인'위안부'의 귀환」, 앞의 책, 1997; 정진성, 「억압된 여성의 주체형성과 군 위안부 동원」, 『사회와 역사』 제54집, 1999; 김미정, 「전시체제기(1937~1945) 조선여성에 대한 '성(性)동원' 실태」, 고려대학교 한국사학과 석사논문, 2005; 김미정, 「한국내 '일본군'위안부 연구동향」, 『군위안부문제 연구에 대한 검토와 과제』 고려대학교 국제학술대회자료집, 2007.12; 吉見義明 · 林博史 編, 『共同研究 日本軍慰安婦』, 大月書店, 1995; 吉見義明編, 『従軍慰安婦資料集』, 大月書店, 1992; 蘇智良, 『慰安婦研究』, 上海書店出版社, 1999; 윤명숙, 『조선인 군위안부와 일본군 위안소제도』, 이학사, 2015; 강정숙, 「일본군'위안부'제의 식민성 연구: 조선인'위안부'를 중심으로」, 성균관대학교 사학과 박사학위논문, 2011; 강정숙, 「第二次世界大戰期 인도네시아로 動員된 朝鮮人 女性의 看護婦 編入에 관한 研究:留守名簿를 중심으로」, 『한일민족문제연구』 20, 2011; 박정애, 『함께쓰는 역사 일본군'위안부'』, 동북아역사재단, 2020; 『전쟁범죄, 일본군'위안부' 피해실태 자료집』, 동북아역사재단, 2020; 서울대학교 사회발전연구소 정진성연구팀, 『일본군 위안부 관계 연합군 자료』 1, 서울책방, 2019; 서울대학교 사회발전연구소 정진성연구팀, 『일본군 위안부 관계 연합군 자료』 2, 서울책방, 2019.

서 연구가 시작되어 다양한 학문 분야(여성학, 사회학, 역사학, 법학 등)의 연구자들이 이 문제에 주목하며 적지 않은 연구 성과가 축적되었다. 그 외의 여성동원 문제, 특히 국내 여성노동력 동원과 관련한 연구는 주로 동원 논리나 담론 등을 중심으로 이루어졌다.

전시기 모성담론에 대한 연구는 여성동원 논리의 하나로 주목되었는데 안태윤의 연구가 대표적이다.[18] 안태윤은 전시체제로 들어가는 상황의 식민지 조선에서 어머니의 역할, 즉 정치적으로 도구화되고 있는 모성에 주목하고, '모성의 식민화'라는 서양여성사에서 사용된 개념을 차용하여 식민권력이 조선 여성에게 부여한 역할을 검토하였다. 조선여성의 모성은 임신과 출산 그리고 아동의 양육방식에 이르기까지 식민권력의 통제의 대상이 되었고, 자식을 전쟁터에 바쳐야 하는 어머니가 요구되었다는 점을 밝히며 전시하 모성정책의 성격을 분석하였다.

모성을 강조하고 어머니의 역할을 강조하는 모성동원의 내용은 일본과 거의 유사하지만 모성보호 차원의 논의로 들어가면 식민지 조선과 일본 사이에는 차이가 존재한다.

전시체제기 여성 동원에 대해서는 제반 동원정책과 여성의 삶을 개괄한 연구가 있지만[19] 자료의 한계로 인해 몇 가지 주제에 국한되어 연구가 이루어졌다.

---

18) 안태윤, 『식민정치와 모성』, 한국학술정보, 2006; 안태윤, 「일제말기 전시체제와 모성의 식민화」, 『한국여성학』 제19권 3호, 한국여성학회, 2003 그밖에 관련 연구는 다음을 참고하기 바람(전미경, 「1920~30년대 '모성담론'에 관한 연구: 신여성에 나타난 어머니 교육을 중심으로」, 『한국가정교육학회지』 17, 2005; 전은경, 「'창씨개명'과 '총동원'의 모성담론 전략」, 한국현대문학연구, 2008; 김욱영, 「1920~30년대 한국 여성잡지의 모성담론에 관한 연구: '신여성', '신가정', '여성'을 중심으로」, 『스피치와 커뮤니케이션』, 한국스피치커뮤니케이션학회, 2003; 이상경, 「일제말기의 여성동원과 '군국의 어머니'」, 『페미니즘연구』 2, 2002).

19) 李萬烈 · 金英喜, 「1930 · 40년대 朝鮮女性의 존재 양태」, 『國史館論叢』 第89輯, 2000; 가와가오루(河かおる), 김미란 옮김, 「총력전 아래의 조선 여성」, 『실천문학』 2002 가을.

먼저 桶口雄一의 연구는 1942~1945년 시기를 중심으로 이 시기 조선여성의 여러 상황들과 총독부의 정책 구조 속에서 조선여성에게 주어진 역할, 1942년 이후의 사회적·경제적 배경, 남성의 노동과 여성의 노동 상황 등을 전반적으로 다루었다.[20] 이를 통해 전시하 조선여성 동원과 관련한 전반적인 상황을 이해할 수 있는 배경을 제공하였다. 특히 미혼여성에 대한 연성교육에 대한 관점과 1942~1945년 기간 동안의 정책적 배경에 대한 분석은 본고에 여러 시사점을 제공하였다.

본서에서는 '조선여자청년연성소'와 여성노무동원의 관련성을 주목하였다. '조선여자청년연성소'를 개소한 1944년은 여성동원 관련 법령이 공포된 해이고, '조선여자근로정신대'의 일본동원도 지속적으로 추진되고 있던 시기였다. 전면적으로 동원을 확대·강화해가며 전시비상조치를 통해 학교도 전시동원체제로 전환되고 있던 시점에 개소된 '조선여자청년연성소'의 목적이 과연 순수하게 여성교육을 위한 것이었을까. 이 시기에 개소된 '조선여자청년연성소'와 여성노무동원과의 관계를 주목하지 않을 수 없다.

여성동원과 관련해 농촌여성 노동력동원에서 '옥외노동'의 논리를 살펴본 연구와 '조선여자근로정신대'[21], 종군간호부[22] 연구가 있다. '조선

20) 桶口雄一,『植民地と戰爭責任』,「戰時下朝鮮における女性動員: 1942~1945年を中心に」, 吉川弘文館, 2005; 桶口雄一,「太平洋戰爭下の朝鮮女性動員: 愛國班お中心に」,『朝鮮史研究論文集』 32, 朝鮮史研究會, 1994. 그 외 조선에서 女子勞務動員政策의 强化와 여자정신대의 선전과 실태 등을 다룬 外村大,「戰時下朝鮮人女子勞務動員の實態」,『日本軍慰安婦關係資料集成(下)』, 2006의 연구도 있다. 김미현,「조선총독부의 농촌여성 노동력동원: '옥외노동' 논리를 중심으로」,『역사연구』 13, 2003; 일제강점하강제동원피해진상규명위원회,「'조선여자근로정신대'방식에 의한 노무동원에 관한 조사」, 2008.

21) 여순주,「일제말기 조선인여자근로정신대에 관한 실태연구」, 이화여대 여성학과 석사학위논문, 1994. 그밖에 근로보국대와 관련해서는 다음의 연구를 참고하기 바람(김윤미,「근로보국대 제도의 수립과 운용(1938~1941)」, 부경대학교 석사학위논문, 2007; 김윤미,「총동원체제와 근로보국대를 통한 "국민개로": 조선에서 시행된 근로보국대의 초기운용을 중심으로(1938~1941)」,『한일민족문제연구』 14, 2008).

여자근로정신대'에 대한 연구는 여성노동력 동원과 관련한 가장 직접적인 연구라 할 수 있다. 무엇보다 이 연구는 일제말기 조선에서 일본의 군수산업으로 강제동원된 조선인 여자근로정신대의 구체적 사례를 통해 동원시기, 동원장소 등에 대한 사실을 밝혀냈다는 점에서 의의가 있다. 그리고 여성과 관련한 문헌자료가 부족한 연구 현실 속에서 일제말기 여성들의 경험을 조사하고 이에 대해 분석을 시도하였다는 점도 주목된다. 무엇보다 이 연구의 가장 큰 의의는 조선인 여자근로정신대 문제를 피해 사례조사 및 그 규명에서 나아가 학문적 연구로 정착하게 하는 계기를 마련했다는 점이다. 그러나 일본으로 동원된 여성들을 주 대상으로 하였다는 점에서 국내 및 국외 다른 지역의 동원까지는 다루지 못했다는 한계가 있다. 그밖에 조선인 종군간호부의 역할과 전장의 생활 등에 대한 연구에서는 일본군'위안부' 외에도 전장지역으로 동원된 또 다른 조선 여성들이 있었다는 사실을 확인하였다.

본서에서는 기존의 연구들을 토대로 국외뿐 아니라 국내동원에 대해서도 살펴보고자 한다. 정부차원의 국내 강제동원 피해에 대한 조사가 진행된 바 있기 때문에 이를 토대로 국내동원의 실태를 구체화하고 이를 규명하는 작업이 가능하다.

식민지, 전쟁동원, 여성이라는 소재를 각기 분절된 소재로서 다루다 보면, 전시기 조선 여성의 삶을 이해하는 주요 연결고리인 사회적인 맥락을 놓치기 쉽다. 식민지라는 현실에서 모든 여성들이 동일한 환경과 처지에 놓여 있지 않았고, 이전과는 다른 근대적 변화가 나타나고 있었던 것도 사실이다. 그래서 때때로 일부 도시여성의 생활이나 교육 받은

22) 신영숙, 「아시아태평양전쟁기 조선인 종군간호부의 동원실태와 정체성」, 『여성과 역사』 14, 한국여성사학회, 2011; 신영숙, 「아시아태평양전쟁시기 일본군'위안부'정체성: 여자군속의 종군간호부와 비교 연구」, 『동북아연구논총』 25, 동북아역사재단, 2009.

여성들의 의식 등이 당대 여성 생활을 대변하는 것처럼 비춰지기도 한다. 변화가 이루어지고 이를 통해 새로운 문화가 발생하고 여성들의 생활에 변화가 나타났지만, 당대 사회의 변화 등을 제대로 이해하기 위해서는 일제의 통치정책과 체제 등의 맥락을 고려해야 한다. 사회적 맥락이 배제된 채 피상적으로 보여지는 변화의 양상에만 주목한다면 오히려 당대 여성들이 살아온 삶의 역사를 제대로 반추하지 못하는 결과를 초래할 수도 있다. 식민권력이 전쟁동원에 어떠한 방식으로 개입하고, 어떻게 여성에 대한 정책을 유지시키고자 하였는가 하는 점을 함께 고찰해야 하는 이유가 여기에 있다. 각계각층의 여성들이 놓여 있는 상황이 달랐고, 그들이 가졌던 식민지에 대한 생각이나 삶의 방식도 동일하지 않았다. 그렇지만 조선인 여성들이 일제의 전쟁동원으로부터 강한 억압을 받고 있던 상황은 분명했다. 어떤 이들은 이유도 모른 채 체념하며 견뎌냈으며, 어떤 이들은 저항을 하였으며, 또 어떤 이들은 자신의 이익을 위해 전시라는 상황을 철저히 이용하였다.

이 책에서는 일제 식민주의가 당시 조선 여성들에게 미친 영향을 전시 노동정책의 변화와 동원논리를 중심으로 검토하고, 여기에 강제동원이라는 그들의 경험을 가시화함으로써 잊혀진 존재였던 여성을 기억에서 역사로 호명하고자 한다.

* * *

본서에서는 다음의 시각과 방법으로 조선총독부의 여성노무동원 정책과 실태를 분석하였다. 전시기 여성노무동원의 메커니즘은 동원정책, 동원조직과 동원기구, 여성의 동원을 합리화하기 위한 이데올로기를 기본축으로 한다.

첫째 전시체제기 조선여성에 대한 노무동원 정책은 '총동원체제'의 일환에서 전개된 것이라는 점을 전제로 전시기 노동정책에 대한 재검토를 하였다. 노동력 정책이 주로 남성 중심의 방향에서 전개된 측면이 있지만 조선총독부의 여성동원과 관련한 법령과 제도에 주목하여 노동정책의 변화 속에서 여성노무동원 정책의 추이를 파악할 수 있다.

'총동원정책'은 물자동원, 생산력확충계획, 노동력동원계획, 자금통제계획 등 각 분야별 계획으로 구성되어 실시되었다. 일제의 침략전쟁 확대로 전쟁수행을 위한 총동원이 우선적인 과제가 되었다. 이 시기 이루어진 노동정책은 총동원계획 속에서 책정되고 실시되었는데, 「국가총동원법」의 조선 적용 이후 조선에서도 물자, 노동력, 자금 등을 동원하기 위한 하위법령과 시책 등이 마련되었다. 근로보국대의 조직 역시 그 일환으로 진행되었다. 근로보국대의 조직을 통해 일반인과 학생을 '勤勞奉仕'이라는 명목으로 동원하기 시작하였다. 그리고 인적자원을 활용하기 위해서는 동원가능한 대상을 파악하는 것이 중요했다. 이에 1940년 조선총독부는 지역별 노무자원조사를 통해 노동출가와 전업이 가능한 남녀를 연령별로 조사하였다.

그리고 1941년 여성노동력의 안정적 확보를 위해 「여자광부갱내취업허가제」와 「국민근로보국협력령」을 실시하여, 그동안 금지해왔던 여성들의 갱내작업을 허가하고 여성 노동의 작업 범위도 농촌노동력의 보조적 수준이 아니라 총동원의 직접 대상인 노동으로 범위를 확대하였다. 이러한 일련의 정책은 그동안 식민권력이 지속적으로 주장해온 여성에 대한 성역할과 다른 것이었다.

1943년 10월 「생산증강노무강화대책요강」이 발표되면서 모든 계층의 여성들에게 노동력 동원이 확대되었으며, 1944년 8월 「여자정신근로령」이 공포·시행되었다. 전시기 노무동원 정책은 조선총독부의 인적동원 정책의 틀 안에서 마련되었고, 여성보다는 남성노동력 동원을 중심에 둔 법제라고 할 수 있다. 「여자정신근로령」이 공포되기 이전에도 여성노무동원과 관련한 제도가 없지는 않았다. 근로보국대 및 「국민근로보국협력령」 등과 같이 여성의 노동력을 동원하기 위한 모색은 계속되었다. 조선인들은 1943년 이후 조선 여성에 대한 강제차출이 노골화되자 정책이 이전과 달라지고 있다는 사실을 인지하며 '피할 수 없고, 거부할 수 없는' 것으로 받아들이게 된다. 미혼여성들 가운데는 동원되지 않기 위해 결혼을 하거나 하는 등의 방법을 택했지만 결국 대다수의 여성들은 '의사에 반하는' 즉 강제에 의한 선택을 할 수밖에 없었다.

둘째, 여성노동력 동원 문제를 파악하는 데 있어 당시 식민권력이 의도한 정책의 실제 의도가 무엇이었는가 하는 점을 고찰할 필요가 있다. 법과 제도에 기반한 정책은 권력에 의한 강제를 수반한다. 저항과 반발을 최소화하고 정책을 원활히 수행하기 위해서 명분에 불과할지라도 사회구성원들이 이를 거부할 수 없도록 만드는 것이 필요하다. 그렇기 때문에 전면적 동원이 이루어지기까지 식민권력이 원하는 여성상을 조선 여성에게 끊임없이 주입 · 선전하여, 조선사회에 일제가 원하는 여성상을 확산시켜야 했다. 조선 사회 전반에 전쟁협력의 분위기를 강력하게 조성하는 것이 필요해졌기 때문이다.

셋째, 전시기 여성의 강제동원이 다수의 여성들에게 적용되고 실행되었다는 사실을 국내외로 동원된 여성노무동원의 실상을 통해 확인하였다. 국내동원의 경우 강제동원의 측면에서 이 문제를 적극적으로 바라보지 못한 부분이 분명히 있다. 국외강제동원뿐 아니라 국내동원의 실태를 밝히는 것은 중요한 문제임에도 불구하고 기존 연구에서는 이에 대해 거의 다루어진 바가 없다. 한국정부조차 주로 국외로 동원된 이들에 대해서 우선적으로 주목하였고, 국내동원의 경우 강제동원 피해 현황에 대한 조사나 강제동원 피해자들에 대한 조치에는 소극적이었다. 정부의 소극성은 한일국교정상화를 위한 한일회담[23]에서도 여실히 드러났다.

한일회담 대일청구권과 관련한 회의에서 피징용자의 보상금 문제를 논의한 제5차 한일회담 제13차 일반청구권 소위원회 회의록(이상덕 수석위원대리 – 요시다 대표)[24]을 보면 당시 한국정부의 강제동원 징용자에 대한 인식의 수준을 확인할 수 있다. 피징용자 보상금과 관련한 논의에서 "피징용자 중 한국 내에서 징용된 자를 포함하는가"라는 일본측 질문에 한국은 "포함하지 않는다"라고 대답했다. 제6차 한일회담 일반청구권 소위원회 7차회의(김윤근 – 미야가와) 회의록에도 이와 유사한 내용이 발견된다.[25] "과거 일본에 강제 징용된 한국인이 그 징용으로 말미암아 입은 피해에 대한 보상을 청구"하고자 한다는 한국측의 언급에 대해 일본측이 "조선에서 징용된 자도 포함하는가"라는 질문을 던지고, 이에 대해 한국측 대표는 "포함돼 있지 않다. 한국 내에는 실제 그 수가 그리 많지 않았고 또 자료도 불충분해 포함하지 않았다"라고 답변하였다. 이는 정부조차 실제 국내동원의 피해자에 대한 현황을 전혀 파악하고 있지 못했고 인식도 하지 못했다는 사실을 보여준다.

당시 한일회담으로 드러난 강제동원 피해자에 대한 인식 수준을 볼 때 국내동원 여성의 문제가 그동안 왜 관심의 대상이 되기 어려웠는지 이해할 수 있다. 이러한 무관심 속에서 국외동원 피해 여성 중 일부가 동원에 관계했던 일본기업을 상대로 소송을 제기하면서 여성동원 피해에 대한 실상이 조금씩 드러나기 시작했다. 이 책에서는 식민지에서 전시경제의 담당자로 부여된 역할 수행뿐 아니라 직접적인 노무동원의 대상이 되었던 조선 여성에 주목하였다.

---

23) 1952년 2월에 제1차 회담이 개최된 후 1965년 6월 22일에 한일협정이 체결되기까지 14년 동안 6차례에 걸쳐 개최되었다. 대일청구권문제는 한일회담의 주요 의제 중 하나였다.

24) 제5차 한일회담/일반청구권 소위원회 제13차회의(1961.5.10).

25) 제6차 한일회담/일반청구권 소위원회 제7차회의 (1961.12.15).

넷째, 전시체제기 조선총독부가 여성의 조직화에 관심을 가지고 여성 조직을 통해 여성을 동원하기 위한 효율적 방식을 모색하고 실행하는 모습을 살펴보았다. 근대의 경험으로 인해 여성에게도 많은 변화가 있었지만 조선에서는 여전히 유교적 관습이 잔존하였다. 이러한 조선에서 여성을 동원하기 위해서 무엇보다 필요한 것은 여성들의 인식 변화였다. 기존의 애국반과 같은 단위뿐 아니라, 여성을 대상으로 하는 별개 조직이나 단체의 조직을 확대하고자 한 이유는 여기에 있었다. 그리고 이는 동원가능한 여성에 대한 관의 장악력을 확보하기 위한 방법의 하나였다.

* * *

이 책의 구성은 다음과 같다. 본고는 총 3부로 구성하였으며, 1부(1장. 2장)에서는 노동정책의 변화와 여성노동력 동원정책을, 2부(3장, 4장)에서는 여성동원의 선전논리와 조직, 3부(5장, 6장)에서는 여성노동력 동원실태를 다룬다.

1부 1장에서는 「국가총동원법」의 조선 적용 이후 노동정책의 변화와 여성노무동원 정책의 전개과정을 시기별로 구분하여 검토한다. 시기구분의 기준은 전쟁이 본격화되면서 여성을 노동현장으로 동원하기 위한 칙령 등과 같이 '법적 · 제도적 강제'를 중심으로 구분하였다.

1부 1, 2장에서 다루는 정책은 시기별로 크게 1938년~1941년 전반, 1941년 후반~1943년 전반, 1943년 후반에서 1945년 8월까지 구분해서 살펴볼 것이다. 정책의 각 시기별 구분 기점은 「국가총동원법」(1938.5), 「여자광부갱내취업허가제」(1941.10)와 「국민근로보국협력령」(1941.11) 그리고 「생산증강노무강화대책요강」(1943.10)과 「여자정신근로령」(1944.8)이다.

1938년 5월 「국가총동원법」에 의해 조선은 전시노동정책으로 전환하게 되었다. 이 시기는 전시노무의 관리 대상으로서 동원가능 여성의 현황을 파악하고 이들을 활용하기 위한 정책이 시행되는 시기로 정책 시기구분의 첫 번째 기점이다. 같은 해 조직된 근로보국대는 20세부터 40세까지의 남녀 모두 참가하도록 규정하였고, 농촌여성들과 여학생들이 이러한 규정에 따라 각종 작업에 동원되기 시작했다. 「국가총동원법」 이후 여성노동력은 관리의 대상으로서 파악되기 시작했다.

1부 2장에서 다룬 정책의 두 번째 시기구분의 기점은 「여자광부갱내취업허가제」와 「국민근로보국협력령」의 실시이다. 「여자광부갱내취업허가제」는 광산에서 조선여성의 갱내작업을 허가한 것으로 이는 조선의 여성노무동원을 위해 조선총독부의 정책이 이전과 달라지고 있음을 보여주는 정책이다. 이와 함께 「국민근로보국협력령」은 "근로능력이 있는 국민전부를 국가의 중요한 업무에 동원"시킬 목적으로 근로보국대의 동원을 강화하는 조치로 역시 여성노무동원이 본격화되는 계기로 작용하였다. 근로보국대로 동원이 이루어지고 있던 상황에서 인적동원에 대한 조치를 정책적으로 강화해가는 제도가 등장한 것이다. 특히 「국민근로보국협력령」의 적용을 받는 여성은 14세 이상 25세 미만으로 이에 해당하는 미혼여자는 전부 국민근로보국대로 편성되었다.

세 번째 구분 기점은 1943년 「생산증강노무강화대책요강」이다. 이를 구분기준으로 삼은 이유는 1943년 10월 「생산증강노무강화대책요강」을 통해 "중류계급의 유휴노력(遊休勞力)을 전면적으로 동원"하도록 하였기 때문이다. 이는 모든 계층의 여성에 대한 전면적 동원을 선언한 것이다. 1944년 '조선여자청년연성소'의 설치와 「여자정신근로령」의 공포 등은 이러한 전면적 동원의 확대를 더 강력하게 추진하고자 하는 정책이다. 이 시기를 기점으로 여성의 노무동원은 전면적으로 확대·강화되기에 이른다.

2부에서는 여성동원의 선전논리와 동원 강화를 위한 여성조직을 중심으로 살펴볼 것이다. 3장에서는 전쟁이 본격화되면서 전시기 모성담론과 노동담론이 어떻게 변화되는지, 또 그 이면에 숨겨진 정책의 의도를 파악해보고자 한다. 1943년 이후 조선여성에 대한 전방위적 동원이 확대됨에 따라 여성을 동원하기 위한 논리에도 변화가 나타난다. 여기서는 일제가 강요한 전시여성상과 그 특징을 살펴볼 것이다. 이와 함께 전시체제기 여성성 동원과 결합된 노동력 동원의 모습 그리고 이것이 강화되어가는 과정을 검토하였다. 여성노무동원은 단순노동력 동원과 여성성과 노동력동원이 결합된 형태로 구분할 수 있다. 3장에서는 여성성의 동원과 노무동원 양자의 상호관련성에 주목하였다.

4장에서는 동원강화를 위한 정책의 일환으로 여성조직의 확대를 살펴보았다. 이와 함께 전장에서 필요한 종군간호부 등과 같은 여성 인력을 확보하기 위해 제기된 방안들의 전개과정과 정책들을 정리하였다. 그리고 1944년 개소되는 '조선여자청년연성소'의 연성소 교육내용과 사례의 검토를 통해 식민권력에 의해 주도된 여성조직의 확대와 연성소의 목적을 파악해보았다.

마지막으로 3부에서는 국내외 동원사례를 통해 조선여성을 동원한 방식과 동원과정 등을 살펴보고, 실제 동원된 여성의 생활, 노동내용과 작업환경에 대해 밝혀볼 것이다. 5장에서는 군, 학교가 관련된 여성노무동원 유형을 살펴보고, 6장에서는 국내외 동원 양상을 통해 여성노무동원의 특징을 고찰하였다. 결론에서는 본 연구의 논의들을 정리하며, 여성노무동원 연구의 의미와 일제말기 여성노무동원의 특징을 제시한다.

* * *

일본이 전쟁에 패전한 직후 조선총독부는 조직적으로 중요한 자료를 소각했다. 현재 남아 있는 자료들은 이러한 한계를 노정하고 있다. 1990

년대 후반부터 민간 혹은 정부 차원에서 관련 자료들에 대한 수집활동을 수행하고 있지만, 자료적인 한계가 분명한 것도 사실이다. 이제껏 관련 연구들이 더 이상 진전되지 못했던 일차적인 이유는 이 문제에 기인한다.

그렇지만 본고에서는 일제강점하강제동원피해진상규명위원회(이하 위원회)와 국사편찬위원회 등에서 수집하고 정리한 기록물을 활용하고, 간행된 구술자료 등과 같은 기존의 자료들을 분석의 토대로 삼았다.[26] 관제적인 성격을 띠고 있긴 하나 당시 정책의 일면을 이해하는 데 도움이 될 것으로 보이는 잡지 및 『매일신보』 등의 신문 등을 비롯하여 조선에 대한 통제정책을 수립하기 위해 조선총독부가 수행한 각종 조사자료 등도 주요 자료로 이용하였다.

그리고 동원실태의 분석에는 위원회의 조사자료와 발간물, 보도자료 등을 활용하였다.[27] 위원회에서 발간된 자료는 진상조사 및 직권조사 보고서, 구술자료집, 명부해제집 등이 있다. 위원회에서는 피해신고에 의한 조사와 개별사안이 아닌 강제동원 관련 사건 등을 중심으로 조사의 필요성이 제기된 사안에 대해 직권조사를 수행하였는데 남양군도의

---

26) 분석을 위해 인터뷰자료뿐 아니라 소송관계자료, 강제동원위원회 진상조사보고서, 피해자진술서, 언론보도 등을 함께 참고하였다(국사편찬위원회, 『'지방을 살다'. 지방행정 1930년대에서 1950년대까지』, 2006; 국사편찬위원회, 『독립운동과 징병, 식민 경험의 두갈래 길』, 2013; 『일제시대 구술실록』 제1권, 전주문화재단, 2007; 『주민생애사를 통해 본 20세기 서울현대사: 서울주민 네 사람의 살아온 이야기』, 서울시립대학교부설 서울학연구소, 2000).

27) 일제강점하강제동원피해진상규명위원회, 『남양군도 밀리환초에서 학살된 강제동원 조선인에 대한 진상조사』, 2011.6; 『1944년도 남양청동원 조선인 노무자 피해실태 조사』, 2012.12.27; 『강제동원 명부해제집1』, 2009; 『남양군도 지역 한인노무자 강제동원 실태에 관한 조사(1939~1941)』, 2009; 『'조선여자근로정신대' 방식에 의한 노무동원에 관한 조사』, 2008.11; 『국내주요공장의 강제동원 실태에 관한 기초조사: 경성일보 기사색인을 중심으로』, 2008; 『조선여자근로정신대, 그 경험과 기억』, 2008; 대일항쟁기강제동원피해조사 및 국외강제동원희생자등지원위원회, 『일제강제동원 동원규모 등에 관한 용역』, 2013; 『들리나요? 열두소녀의 이야기』, 2013.2; 『Can you hear us?: The untold narratives of comfort women』, 2015.

한인 강제동원과 '조선여자근로정신대'에 대한 보고서는 직권조사의 결과물이다. 구술자료집의 경우 채록된 증언자료를 피해자의 동의를 얻어 발간한 것이다. 이는 피해자에 대한 사례분석의 기반이 되었다.

여성노무동원의 자료로서 활용되는 사례의 수는 위원회에서 발표한 1,000여 건 중 일부에 불과하다. 이 책에서 분석한 내용은 2005년부터 2013년 10월까지 위원회의 조사결과에 기반한 것으로 당시 여성노동력동원 건수는 1,018건으로 확인되었다. 당시 피해조사는 자료조사, 현지조사 및 면접조사 등을 통해 이루어졌고, 사안에 따라 보완조사 등이 병행되기도 하였다.[28] 지역별 동 현황은 1,018건 중 국내 327건, 국외 691건으로 확인되었다. 국내외 동원사례는 기본적으로 이들 자료를 중심으로 분석하되, 관련 연구소 및 단체 등에서 발간된 자료 등도 함께 참고하였다.

현재로서는 여성동원의 전체수를 확인하는 것은 현실적으로 불가능한 상황이다. 1,000여 건을 통해 동원지역과 동원의 내용 등은 확인할 수 있으나, 업종별 혹은 지역별로 세분화하여 들어가면 세부적인 사항을 파악하기 어려운 경우도 있다. 70여 년이나 지난 일의 세세한 사항까지 확인하는 작업은 쉬운 일이 아니다. 조사가 진행되기 전에 피해자가 사망하거나 조사를 부담스러워 하는 경우도 있었다. 그렇기 때문에 현재까지 파악된 사례가 전체 피해자수의 일부라 할지라도 현재 확인된 사례 한 건 한 건은 매우 의미 있는 기록물이라 할 수 있다. 특히 이는 여성에 대한 강제동원의 문제를 국가에서 본격적으로 조사한 결과물로 여성 노무동원의 실태를 확인할 수 있는 유의미한 자료로 가치를 평가할 수 있다.

28) 피해조사결과 자료 활용 시 접수번호(예: 위원회-000), 전남 장성군-000 등)로 출처 인용을 하였다.

가부장제 사회에서 여성들의 경험은 사적인 영역에 한정되어 있고 주변적이기 때문에 공식적 역사에서 잘 드러나지 않는다. 또한 여성의 기억은 대체로 사적인 기억으로 간주되기 때문에 기록되지 않을 뿐 아니라 실제로 침묵되거나 지워지기도 한다.[29] 이러한 배경 속에서 확보된 정부의 조사결과물과 구술자료 등은 의미 있는 데이터이다. 그동안 문헌자료에 드러나지 않은 여성들의 강제노동·강제동원의 실상을 파악할 수 있기 때문이다. 증언은 개인의 주관적 경험을 '의미 있는' 데이터로 역사화 한다. 이러한 데이터가 역사적인 의미를 가지기 위해서는 증언에서 나타나고 있는 의미를 재해석하고 당대 사람들의 사회·문화적인 삶의 결 속에 표현된 의미 등을 포착할 수 있어야 한다.

여기서는 1,000여 건을 토대로 본적지별, 동원지역별, 동원 시 연령 등의 기본현황(통계 등)을 파악하고 피해조사보고서(보도자료 포함)와 구술자료[30], 진상조사보고서[31] 등을 분석자료로 활용하였다.[32]

조선총독부가 발행한 『朝鮮』, 『朝鮮總督府調査月報』(월간), 『朝鮮年鑑』, 『朝鮮農會報』, 『朝鮮行政』, 『朝鮮總督府統計年報』 등은 관련 정책

29) 김성례, 「여성주의 구술사의 방법론적 성찰」, 『여성주의 역사쓰기』, 아르케, 2012, 23쪽.

30) 피해신고 접수자를 대상으로 피해신고조사를 진행하여 그 결과를 피해신고 조사보고서를 작성하는데 필요에 따라 보완조사보고와 진출청취보고서를 첨부한다. 피해조사의 경우 동의를 얻어 구술녹취와 영상녹화 등이 이루어진다. 여기서는 동원실태를 살펴보기 위해 발간된 구술집(단행본)뿐 아니라 구술녹취와 진술청취보고서 등도 활용하였다. 단행본으로 발간된 구술자료집에서의 사례는 단행본에 제시된 이름을 사용하였으며, 그 밖의 사례는 가명을 사용하였다.

31) 「조선여자근로정신대 방식에 의한 노무동원」에 관한 직권조사는 2006.3.31~2008.7.15 진행되었다.

32) 구술사는 자전적 구술사와 집단적 구술사로 대별할 수 있다. 자전적 구술사는 과거의 경험을 연대기적으로 서술하는 생애사(life history)와 구술자의 주관적인 경험과 느낌을 표현하는 생애이야기(life story)가 대표적인 사례이다. 집단적 구술사는 비슷한 경험을 공유한 사람들의 이야기를 모아서 복합적인 서사 텍스트를 구성한 경우를 말한다(김성례, 앞의 책, 아르케, 2012, 24쪽).

을 파악하는 데 이용하였다. 『朝鮮勞務』는 당대 노무와 관련하여 조선에서 시행된 정책과 관련한 내용을 확인할 수 있다. 그리고 1942년 경무국에서 아시아태평양전쟁 이후 조선에 유포되어 있던 '流言蜚語' 관련 사건에 대한 보고를 수집하여 기록한 『朝鮮不穩言論取締集計書』 등을 통해 조선총독부의 정책과 관련한 당대 조선인들의 인식과 반응을 파악하고자 하였다.

『日帝下戰時體制期政策史料叢書』(民族問題研究所編, 제86권~98권), 『戰時下勞務動員基礎資料集』(綠陰書房, 1~5권), 국가기록원 관련기록물, 일본의 學習院大學 東洋文化研究所友邦文庫 등에서 수집한 자료, 그리고 아시아역사자료센터에 제공하는 자료도 참고하였다.

신문은 『每日新報』(이하 『매일신보』), 『京城日報』[33](이하 『경성일보』)를 중심으로 『東亞日報』(이하 『동아일보』), 『朝鮮日報』(이하 『조선일보』) 그리고 그밖에 잡지는 『家庭の友』, 『半島の光』, 『總動員』, 『國民總力』, 『女性』, 『新時代』, 『放送之友』, 『朝鮮社會事業資料集』, 『三千里』, 『大東亞』 등을 활용하였으며 일제시대 학교 교사(校史) 자료[34], 회고록 등도 참고하였다.

33) 『京城日報』는 1906년 창간되어 1945년까지 지속적으로 발간되었고, 일문으로 되어 있다. 현재 『京城日報』는 국립중앙도서관에 1924년부터 1944년까지 그 일부가 영인본으로 소장되어 있고, 나머지 연도는 국사편찬위원회에 마이크로 필름으로 소장되어 있으며, 기타 대학도서관에도 영인본 일부가 소장되어 있다.

34) 校史자료에는 일제시기 여학생들의 생활을 확인할 수 있는 회고문이나 학교 관련 통계, 학생들의 활동 내용 등이 소개되어 있기 때문에 전시기 여학생들의 교육내용이나 학교행사, 교내활동 등을 확인할 수 있다.

제1부
노동정책의 변화와 여성노무동원 정책

1부에서는 「국가총동원법」의 조선 적용 이후 노동정책의 변화와 여성노무동원 정책의 전개과정을 시기별로 구분하여 '법적 · 제도적 강제'를 중심으로 구분하여 살펴본다.

제1장
여성노무동원 준비기: 「국가총동원법」 시행 이후 여성노동력 활용 방안 모색

1. 「국가총동원법」의 조선 적용 및 근로보국대 조직

1938년 5월 「국가총동원법」(1938.4.1. 법률 제55호)이 적용되면서 조선에서 전시 노동정책이 본격화되었다. 「국가총동원법」은 "전시—전쟁에 준하는 사변의 경우를 포함—에 국방목적을 달성하기 위해 국가의 전력을 가장 유효하게 발휘할 수 있도록 인적, 물적자원을 통제 운용하는 것"[1]이 목적이었다. 「국가총동원법」에서 '총동원업무'는 물자의 생산 · 유통 · 수출입을 비롯해서 운수 · 통신 · 금융 · 위생 · 교육 · 연구 · 정보 · 선전 등으로 규정되었다. 또한 효율적인 '총동원체제'를 유지하기 위해 회사의 설립 · 자본증가 · 합병 등 일상적인 기업 활동에 대해서 규제하였다.[2]

일본 정부는 「국가총동원법」을 조선에 적용하면서 전쟁 수행을 위해 반드시 필요한 노동력 · 자금 · 물자 등을 원활하게 공급할 수 있는 '법

---

1) 大同書院編輯部, 『勞務統制法規總攬』, 1942, 1쪽; 『매일신보』 1938.5.6.

2) 藤原彰編, 『戰爭と民衆』, 三省堂, 1975, 168쪽.

적' 근거를 마련했다. 각종 칙령(勅令), 각령(閣令), 성령(省令) 및 고시(告示) 등을 통해 인적·물적 동원을 가능케 하였다. 동원의 근거가 마련된 이후 인적·물적동원을 위한 각종 계획이 수립되었다. 일제는 1939년부터 일본의 군수산업 노동력을 보충하기 위해 조선인 노동력의 이입을 계획하였다. 이후 군수산업, 생산력확충산업, 동 부대사업, 생활필수품산업, 운수·통신 및 국방·건축·토목사업에 중점적으로 노동력을 배치하는 노무동원 정책이 전개되었다. 일제의 노무동원 정책하에 조선내의 노동력 수요와 공급량을 정한 노동력동원계획이 책정되었다.[3]

「국가총동원법」의 특징은 '총동원체제'를 지향하는 포괄적인 수권법(授權法)[4]이라는 점이다. 각 조의 규정이 "국가총동원상 필요할 때", "공익상 필요할 때", "군사상 필요할 때", "적당하다고 인정될 때", "기타의 사유가 있을 때" 등 추상적이고 포괄적인 문장으로 되어 있기 때문에 세부적인 규정은 정부 입법인 하위 법령에 위임되었으며, '要綱'행정, 행정지도와 같은 광범위한 행정권의 행사를 통하여 국가총동원계획의 편성과 '총동원체제'의 구축이 가능하였다. 또한 물자, 물가에 대한 포괄적인 통제와 아울러 노무와 기업에 대한 통제까지 규정하였다.

「국가총동원법」에서 중점을 둔 노무통제는 "국가총동원상 필요한 때에는 칙령이 정하는 바에 의하여 제국신민을 징용하여 총동원업무에 종사시킬 수 있다"(제4조)는 '징용규정'을 골자로 노동력조사, 직업소개, 기능자양성, 고용제한, 이동방지, 임금통제 등을 포괄하는 노무동원체제의 확립에 목표를 두고 있었다. 「국가총동원법」 가운데 특히 제4조, 5조, 6조, 21조가 노무동원정책과 관계가 있다고 볼 수 있는데 이들 각 조와 그 하위법령 등의 내용은 다음과 같다.

3) 戰後補償問題研究會, 『戰後補償問題資料集』 第1輯, 1990, 14~31쪽.

4) 행정부에 법률을 정립할 수 있는 권한을 위임하는 법률이다.

제4조 정부는 전시에 국가총동원 상 필요가 있을 때에는 칙령에서 정하는 바에 의하여 제국신민을 징용하고 총동원 업무에 종사시킬 수 있다. 다만 병역법의 적용을 방해해선 안 된다.

제5조 정부는 전시에 국가총동원 상 필요가 있을 때에는 칙령에서 정하는 바에 의하여 제국 신민 및 제국 법인, 그 외의 단체로 하여금 나라 또는 지방공공단체가 행하는 총동원 업무에 대해 협력시킬 수 있도록 한다.

제6조 정부는 전시에 국가총동원 상 필요가 있을 때에는 칙령에서 정하는 바에 의하여 종업자의 사용, 고용 혹은 해고 또는 임금, 그 외의 종업(근로)조건에 대해 필요한 명령을 할 수 있다.

제21조 정부는 전시에 국가총동원 상 필요가 있을 때에는 칙령에서 정하는 바에 의하여 제국신민을 고용 혹은 사용하는 사람으로 하여금 제국 신민의 직업능력에 관한 사항을 신고하도록 하거나 혹은 직업능력에 관하여 검사하는 것이 가능하다.

〈표 Ⅰ-1〉「국가총동원법」 관련 하위법령

국가총동원법 조항	관련 하위법령(조선)
제4조	· 1939.10.1.「국민징용령」 시행(일본 1939.7.15) · 1943.10월「군수회사법」 제정 및 동년 12월「군수회사징용규칙」 제정 (厚生省令 제52호) · 1945.4.1.「국민근로동원령」 시행(「국민징용령」 및「국민근로보국협력령」,「여자정신근로령」 등은 폐지되고 통합)(일본 1945.3.10)
제5조	· 1941.12.1.「국민근로보국협력령」 시행(일본 1941.11) · 1944.8.23.「여자정신근로령」과「학도근로령」 공포, 시행 · 1943.9.13. '여자근로동원의 촉진에 관한 건' 각의 결정
제6조	· 1938.9.8.「학교졸업자제한령」 시행 · 1939.7.31.「종업자고입제한령」 시행 · 1940.8.31.「청소년고입제한령」 시행 · 1940.12.5.「종업자이동방지령」 시행 · 1942.1.10.「노무조정령」 시행 · 1939.8.1.「공장취업시간제한령」 시행 · 1943.7.5.「공장취업시간제한령」 폐지 · 1939.8.1.「임금통제령」 시행 · 1939.10.27.「임금임시조치령」 · 1939.8.1.「종업원고입제한령」(일본 1939.4.20) · 1940.12.5.「종업자이동방지령」 시행(일본 1940.11.20)

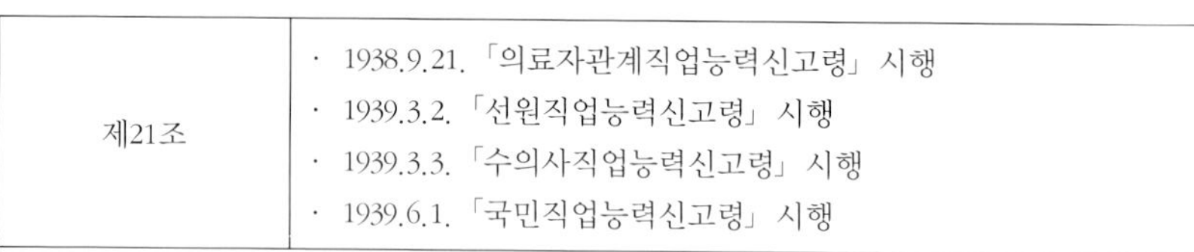

제21조	· 1938.9.21.「의료자관계직업능력신고령」 시행 · 1939.3.2.「선원직업능력신고령」 시행 · 1939.3.3.「수의사직업능력신고령」 시행 · 1939.6.1.「국민직업능력신고령」 시행

출처: 강정숙 · 서현숙,「일제말기 노동력 수탈정책」,『한일간의 미청산과제』, 아세아문화사, 112~113쪽 참고하여 표로 정리.

「국가총동원법」 제4조에 근거한 국민징용령이 1939년 10월 1일 시행되었고, 1943년 10월에 제정된「군수회사법」 및 동년 12월에 제정된「군수회사징용규칙」에 의해 후생대신이 지정한 군수회사의 종업원 등은 원칙적으로「국가총동원법」에 의하여 징용된 자만이 될 수 있었다. 그리고 1945년 4월 1일에「국민징용령 및 국민근로보국협력령」,「여자정신근로령」 등은 폐지되고 이것을 통합하여「국민근로동원령」이 시행되었다.[5)]

「국가총동원법」 제5조와 관련해서 조선에서는 1941년 12월 1일에「국민근로보국협력령」이 시행되었다. 지방장관 등은 각종 단체의 장에게 근로보국대 편성을 명령하고 참가해야 할 자에게 '국민근로보국대 협력령서'를 교부하여 대(隊)에 편성하고 1년 중 30일 이내(특별한 경우 30일 이상) 총동원 업무에 협력하도록 하였다. 또한 1944년 8월 23일에는「여자정신근로령」과「학도근로령」이 공포, 시행되었다. 전자는 단체의 장이나 학교장이 '정신근로령서'를 교부하고 여자정신대를 선발, 조직하여 원칙적으로는 1년간 총동원 업무의 상시요원으로서 일하는 것을 규정하고 있다. 이 법령에 앞서 1943년 9월 13일 여자근로정신대를 조직하여 장기 출동시킨다는 방침을 담은「여자근로동원의 촉진에 관한 건」이 각의에서 결정된 바 있었다.

「국가총동원법」 제6조에 관련하여서는 숙련공, 기술자의 빼돌리기를

5) 김윤미,「근로보국대 제도의 수립과 운용(1938~1941)」, 부경대학교 사학과 석사논문, 2007.

방지하기 위한 「종업원고용제한령」이 1939년 8월 1일 조선에서 시행되었다. 이어 1940년 12월 5일에는 동법을 대신하여 제한 대상의 확대와 벌칙을 강화한 「종업자이동방지령」이 시행되었다. 그리고 21조에 근거한 「국민직업신고령」이 1939년 6월 1일에 시행되었다. 이는 일정 연령층의 대상이 자신의 직업능력 등을 직업소개소에 등록하도록 하는 것이었다.

이렇게 일제는 「국가총동원법」에 근거하여 인적동원을 위한 하위법령들을 계획적으로 시행하였다. 일본에서 법의 공포와 시행 후, 몇 개월의 차를 두고 조선에 시행하거나 법령에 따라 일본과 조선에 동시에 적용하기도 하였다. 「여자정신근로령」의 경우 조선과 일본에서 1944년 8월 공포 즉일 시행되었다.

> …(중략) 실로 문자그대로 총력전이다… 전쟁후방에서의 사람들의 최저생활을 유지하는 데 필요한 이외의 일체의 자금과 물자는 모두 국가에 바치고, 한사람의 쉬는 사람도 없이 각자가 자신의 최선을 발휘하는 일, 그것이 총력전 경제동원의 지상명령이다. 조선의 인적자원을 고찰할 경우에도 출발점은 여기에 있다…(중략)[6]

「국가총동원법」의 적용을 통해 조선 내에도 인적동원을 위한 법적인 근거가 마련되었고, 남녀를 포함한 인적동원 즉 노동력 동원을 위한 여러 조치들이 모색되기 시작하였다.

「국가총동원법」 이후 여성에 대한 노동정책은 '제국신민'이라는 포괄적인 범주 안에서 동원의 가능성을 시사한 것이라 할 수 있다. 여성노동 정책적 관점에서 보면, 이 시기는 여성노동력 동원을 위한 준비기라 할 수 있겠다.

---

6) 마사히사 히로시(正久宏至), 「半島の人的資源」, 『大東亞戰爭と半島』, 人文社, 1942 (인문사편집부 엮음, 신승모 · 오태영 공역, 『아시아태평양전쟁과 조선』, 제이앤씨, 2011, 110쪽).

1938년 「국가총동원법」이 조선에 적용된 이후 1938년 7월 7일 국민정신총동원연맹이 결성되었다. 「국민정신총동원 근로보국운동에 관한 건」이 통첩되자 각 지역에서 근로보국운동이 시작되었다. 1938년 7월 7일 국민정신총동원운동과 함께 국민정신총동원연맹의 애국반의 반원을 대상으로 근로보국대의 출범식을 거행하였다. 근로보국대는 국민정신총동원운동의 실천방안으로 전 조선의 행정구역과 학교, 단체 등을 기본단위로 조직되었다.[7]

근로보국대는 학생과 일반인 각 대상에 대한 별개의 법령에 근거하여 구성·결성되었다. 학생근로보국대는 1938년 6월 11일 정무총감이 「학생생도의 근로봉임작업실시에 관한 건」을 통첩하여 구성되었고[8], 학교근로보국대 지도총본부는 총독부 학무국에 두었다. 그리고 각 도에는 학무과 내지 지도본부를 두어 도내 각 학교의 보국대를 지도하였다. 일반인을 대상으로 한 근로보국대도 구성하였고 근로보국대 실시요강(1938.6.28) 및 「국민정신총동원근로보국운동에 관한 건」(1938.7.1)을 통해 근로보국대의 동원 근거를 마련하였다. 근로보국대의 조직구성은 1930년대부터 행해진 농촌진흥운동 조직인 진흥회와 청년단, 부인회 등을 기반으로 하였다.[9]

청년단[10]은 도(道)연합청년단으로 통합되어 통제지도, 조사연구, 진

7) 김윤미, 앞의 논문, 13~14쪽.

8) 『매일신보』 1938.6.13(김윤미, 앞의 논문, 14쪽).

9) 김윤미, 앞의 논문, 15~16쪽.

10) 조선 각 도에서 청년단체의 대부분은 1919년 3·1운동 직후 설립된 것이 많아 일제는 처음에 그 설립을 억제하는 방침으로 대응했다. 그러다 만주사변을 계기로 이러한 방침이 변화되어 1936년 5월 학무국장·내무국장·정무국장·농림국장의 연명 통첩으로 청년단의 보급 및 지도기준을 제시하고 적극적으로 보급을 시도했다. 청년단체를 일제의 정책에 유용한 방식으로 통제·활용하기 위한 의도였다. 1937년 7월 정무총감의 통첩 이후 1939년 9월 조선연합청년단(朝鮮聯合靑年團)이 결성되었다(『국역 조선총독부 30년사(下)』, 민속원, 2018, 1283~1284쪽).

흥조성, 산업개발 및 지방개량, 체육오락사회봉사, 공로자표장, 강습회, 기타회합 개최 등 각종 필요사업을 실행하게 되었다.[11] 여자청년단의 경우 도(道)여자연합청년단을 결성한 것은 1940년 9월이었고, 도(道)연합청년단과 마찬가지로 여자연합청년단은 남자들의 청년단에 대응하여 활동하도록 하여[12] 근로보국대의 조직으로서 역할을 하였다.

20세로부터 40세까지의 남녀를 대상으로 각 부락마다 근로보국대를 결성하고 지도를 명분으로 통제 · 관리하였다. 근로보국대의 취지는 "공역봉사의 습관을 가지게 하고 애국심의 함양과 국역의 증강에 도움이 되도록 공동일치적 훈련과 근로애호의 미풍의 환기"를 하는 것이었다. 구체적인 목표는 ①국가관념의 함양, 내선일체의 심화 ②근로호애(勤勞好愛), 인고단련(忍苦鍛鍊), 희생봉공정신의 함양 ③공동일치적 행동의 훈련 ④체력의 증진 ⑤지방의 개발 ⑥비상시국 인식의 철저를 기하는 것이었다. 작업의 경우 지역의 실정에 따라 남녀연령 등에 의해 반을 나누어 구성하였고, 작업을 위한 작업용 도구는 각자가 지참해야 했다. 작업의 횟수는 지방의 일정과 같은 실정에 의해 결정하더라도 애국일의 집회 시에는 월 1회 작업을 실행하도록 하였다. 또한 원칙적으로 작업의 보수를 받을 수 없고, 보수를 받았을 때는 "공적인 일에 헌금할 것, 애국저금을 할 것, 대의 비용으로 할 것, 이외의 어떤 경우에도 절대로 사적 용도로 소비하지 말 것"을 규정했다.[13]

근로보국대의 적용대상은 20세에서 40세 미만의 남녀였지만 이는 지역의 실정에 따라 차이가 있었던 것으로 파악된다. 작업이나 작업횟수 등도 지방의 상황에 의해 결정하도록 한 것으로 보아 지역 사정에 따라

11) 『동아일보』 1938.9.23 「朝鮮聯盟의 完成」.

12) 『매일신보』 1940.9.3 「女子聯合青年團 十六個小校의 千八百名會員 開豊서 盛大히 發會」.

13) 『동아일보』 1938.6.28 「勤勞의 收入은 公共事業에 쓰기로」.

『總動員』, 1939.12

조치를 할 수 있었던 것으로 생각된다. 경기도 장단(長湍)의 경우 법령에서 규정한 연령 범위와 달리 "군내 장년 18세 이상에서 35세까지의 남녀를 총동원"하도록 하였다.[14]

농산어촌의 노무 부족을 완화하기 위한 방안으로 근로보국대의 결성과 이들의 활동을 모색하였던 것이다.[15] 근로보국운동의 초기에는 군직원 관공서 직원 등을 중심으로 근로보국작업을 실시하도록 하였고[16] 이후 각 지방에서는 부녀자를 중심으로 한 근로대(勤勞隊) 조직도 추진하였다.[17] 여성들은 옥외노동, 폐품수집, 공동작업,

14) 『동아일보』 1938.7.11 「長湍勤勞報國團 結成式 擧行」.

15) 『동아일보』 1938.8.7 「學校, 農山漁村動員 勤勞報國義務制化」.

16) 『동아일보』 1938.9.22; 『동아일보』 1938.9.20. 경북 영주의 경우 군청원 60명을 필두로 각 관공서가 합동하여 면내 11면에 각각 보국대를 조직하였다. 군내 보국대수와 반수 대원수는 다음과 같다.

面別	영주	이산	평은	문수	장수	안정	봉현	순흥	단산	부석
隊數	27	31	26	26	23	40	28	28	31	42
班數	85	132	154	88	661	95	84	55	85	270
隊員數	2,936	2,254	2,081	1,361	641	3,052	5,320	1,815	1,613	2,814

경기도 근로보국단의 경우 군읍면을 단위로 274단체가 결성되어 있었다. 이들을 생업보국에 매진시키기 위해 근로보국단지도자 강습회를 개최하기도 하였다(『동아일보』 1938.7.10).

17) 『동아일보』 1939.6.7 「婦女子勤勞隊 組織」.

위문대 만들기 등 후방의 경제활동과 함께 부인근로단, 부인근로대 등의 조직 결성을 통해 동원의 대상이 되었다.

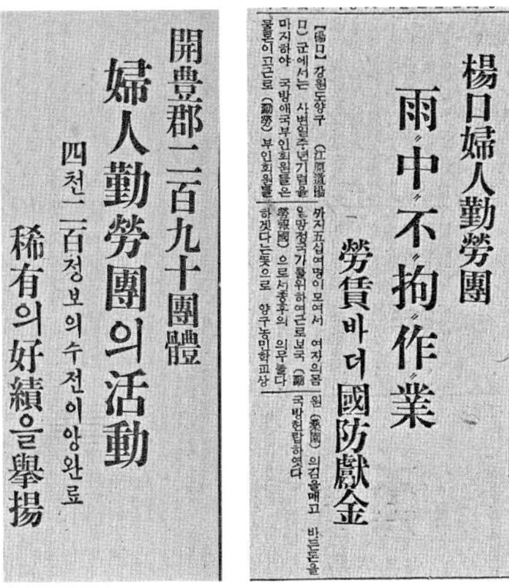

開豊郡二百九十團體
婦人勤勞團의活動
四천二百정보의수전이앙완료
稀有의好績을擧揚

楊口婦人勤勞團
雨〃中〃不〃拘〃作〃業
勞賃바더國防獻金

【楊口】강원도양구（江原道楊口）군에서는 사변일주년기렴을 마지하야 국방애국부인회원들은 물론이고근로（勤勞）부인회원들까지五십여명이모여서 여자의몸은망정국가를위하여근로보국（勤勞報國）으로서총후의 의무를다하겟다는뜻으로 양구농민학교상원（桑園）의김을매고 바든돈을 국방헌금하엿다

『매일신보』 1938.7.12. 婦人勤勞團의 活動

始興婦人勤勞團
移秧期에準備出動

【永登浦】전시체제하에 잇서서의 노력부족의보충과아울너 부인의 근로정신을올닐 목적으로 시흥（始興）군에서는 부인근로보국단출동계획을 수립하야 금월말일까지 부락별로 분단（分團）과 반의재편성을맛치고 六월十三일부터 二十二일까지 모내기（田植）、보리수확등의 집단작업에 동원하기로 되엿는데 면내각분단의 출동기간은 다음과갓다

（東面）六月十三日－九日（新面）十四日－二十八日（新東面）十五日－二十一日（果川面）十六日－二十二日（西二面）十六日－十九日（秀岩面）十五日－二十一日（君子面十六日－二十二日

『매일신보』 1939.5.13

경기도 개풍군에서는 이번 농번기를 당하야 부인근로보국단 289단체를 조직하고 전군내의 논에서 모를 심게 하야 삼할 오부 즉 사천이백정보에 이앙을 부인의 손으로 맞추어 타군에서 보지 못하는 호성적을 드러내었다.[18]

경기도 개풍군의 경우 농번기에 "부인근로보국단 289단체를 조직"하여 이앙을 하도록 하고 이를 통해 받은 돈을 헌금으로 바치게 하였다. 원칙적으로 작업의 보수를 받을 수 없도록 하여 노동의 대가로 받은 돈은 보통 다시 헌금을 통해 회수함으로써 일석이조의 효과를 거두었다.

18) 『매일신보』 1938.7.12 「開豊郡 290團體 婦人勤勞團의 活動 4千2百町步의 水田移秧完了」.

> 강원도 양구군에서는 사변일주년 기념을 맞이하야 국방애국부인회원들은 물론이고 근로부인회원들까지 50여 명이 모여서 여자의 몸일 망정 국가를 위하여 근로보국으로서 총후의 의무를 다하겠다는 뜻으로 양구농민학교 상원(桑園)의 김을 매고 받은 돈을 국방헌납하였다.[19]

전시기 "노동력 부족의 보충과 아울러 근로정신을 올릴 목적으로" 시흥군에서도 "부인근로보국단의 출동계획"을 수립하였다. 부락별 분단과 반의 재편성 후 모내기, 보리수확 등의 집단작업에 동원할 계획이었던 것이다.[20] 일제는 농번기에 농촌여성들을 부인근로보국대 혹은 부인근로단으로 조직하여 이들의 노동력을 동원하였을 뿐 아니라 노동의 대가에 대해서도 헌금 등으로 다시 거두어갔다.

농촌진흥운동 시기에도 부인의 노동력을 활용하기 위한 움직임이 없었던 것은 아니다. 그러나 전시기에 들어서 근로보국대가 만들어지고 근로보국운동이 이루어지면서 여성들에게 부인노동단 혹은 부인근로대를 조직하도록 하여 이들을 농촌노동력으로 적극적으로 활용하는 시책을 펼쳤다.[21] 일제는 부인근로단의 조직을 통해서 여성의 옥외노동을 장려하고 농번기 이앙, 제초작업 등에 여성을 동원하고자 하였다. 1940년 5월 공장, 광산 등으로 노동력을 돌리기 위한 잉여노동력의 실제 수효조사를 하였고, 1940년 이후에는 여성들이 도로공사에 동원되기도 하였다.[22]

이렇듯 전시기 여성에 대한 노동력 동원의 시작은 근로보국대의 활동과 밀접한 관련이 있다. 근로보국대의 경우 앞서 정리한 바와 같이 학생과 일반인을 구분하여 활동을 하도록 하였는데 여학생을 비롯하여

19) 『매일신보』 1938.7.12 「楊口婦人勤勞團 雨中不拘 作業勞賃 받어 國防獻金」.

20) 『매일신보』 1939.5.13 「始興婦人勤勞團 移秧期에 準備出動」.

21) 신문기사에는 부인근로대, 부인노동단, 부인근로보국단이라는 명칭이 혼재되어 사용되고 있다. 호칭은 조금씩 다르게 표현되지만 대상이나 활동내용을 볼 때 일반여성을 대상으로 한 근로보국대로 볼 수 있다(『조선일보』 1940.6.11).

22) 『매일신보』 1940.5.11 「婦人勤勞熱膨脹, 春川道路工事에 多數出役」.

일반여성들 역시 근로보국대를 통해 노동력 공출의 대상이 되었다. 일반인 여성을 대상으로 한 근로보국대는 부인근로단, 부인근로대 등의 이름으로 조직되어 도내 노동력 수급에 적극적인 활용 방안의 하나가 되었고, 이는 여성노무동원의 초기단계 모습이었다.

2. 지역별 노동력자원조사와 동원가능 여성 현황 파악

일제는 노동력 수요가 증가함에 따라 총동원과 관련하여 조선에서 인적자원에 대한 동원계획을 수립하고 조선 내에서 활용할 수 있는 '유휴노동력'을 파악하기 시작하였다. 1940년에 '농촌과잉노동력'을 해소하여 '적정한 노무배치'를 위해 전국차원에서 대대적으로 '노무자원조사'를 실시했는데 이에 따르면, 조선총독부는 12~19세의 미혼여성 중 출가가 능한 수 즉, '유휴노동력'을 총 23만여 명이라고 보았다. 일제는 이들 23만여 명을 언제든지 동원될 수 있는 잠재적인 대상으로 파악하였다.[23]

총독부는 전면에 나서서 계획적 · 조직적으로 노동력 조사를 시행하였다. 1930년대 농촌통제의 전개와 함께 전시기 '국민정신총동원운동(國民精神總動員運動)', '국민총력운동(國民總力運動)'이 전개됨에 따라 농촌은 부락단위까지 조직화되었다. 이를 바탕으로 조선총독부는 면(面) 단위마다 노동력 조사원을 파견하고, '이상경지면적(理想耕地面積)' '이상농가호수(理想農家戶數)'까지 파악하였고, 이 조사를 기초로 농업생산력 증강에 필요한 최소인원을 제외한 모든 노동력을 생산현장에 동원하고자 하였다.

23) 1940년 조선의 전체 인구는 23,547,465명이고, 일본인과 외국인을 제외한 조선 여성의 인구는 11,392,528명이다(『朝鮮總督府統計年報』, 朝鮮總督府編纂, 1940, 2쪽).

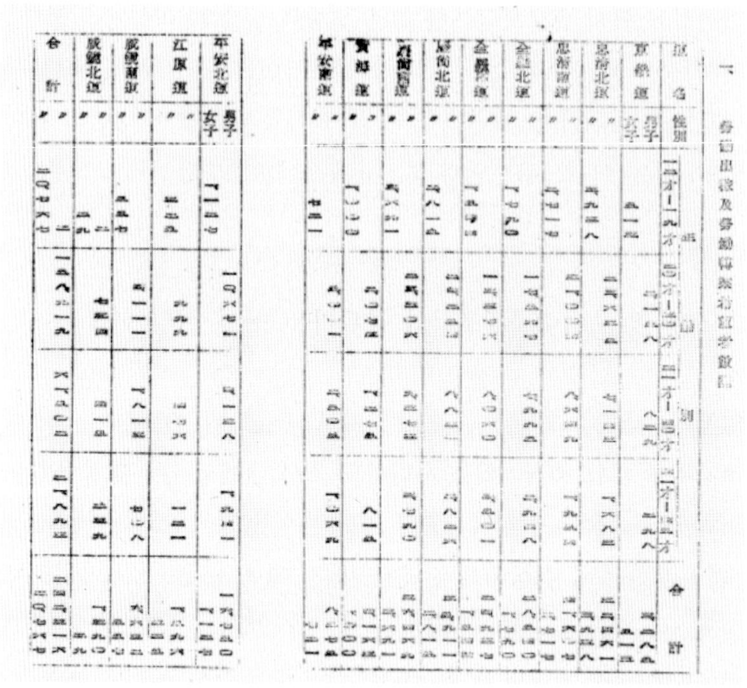

朝鮮總督府 內務局 社會果, 『昭和15年 勞務資源調査に關する件』, 1940, 국가기록원

노무자원조사(勞務資源調査)[24](內務局 社會課, 1940)는 내무국(內務局)의 요청에 따라 각 도지사가 올린 각지 농가의 노동력 실태보고서이다. 내무국은 각 도지사에게 1939년 7월 말 공문을 통해(노무자원조사에 관한 건, 기안일 7.24) 조사보고를 하도록 했다. 내무국장은 이 공문

24) 이 기록물 철에는 각 도에서 내무국에 올린 조사보고서가 지역별로 편철되어 있다. 이때 내무국이 밝힌 조사보고의 목적은 '조선 내 노동력의 수요와 공급을 원활히 하고, 군수산업을 비롯한 시국산업의 강화'였다. 조사보고는 내무국이 첨부한 '노무자원조사요강'에 의거하여 하도록 되어 있는데, 요강과 지침에 따라 각 도가 올린 조사보고 내용은 노무자원조사서, 이상호수 및 과잉호수조서, 노동자출가 및 노동전업가능자수 조서, 노동출가 및 노동전업희망자수 조서, 노무자원조사표 등이다. 이들 내용은 각각 지정된 양식에 의거하여 도내군별, 성별로 작성되어있다(朝鮮總督府內務局社會果, 『昭和15年勞務資源調査に關する件』, 국가기록원 CJA0016565).

에서 "근래 조선에서 노동력의 수요는 매년 누증일로(累增一路)를 걸어 노동주업자(勞働主業者)의 공급력이 아주 바닥나고 관청의 주선에 의하지 않으면 도저히 충족의 원활을 기할 수 없는 실정에 이르렀다. 이에 덧붙여 시국하 생산력확충산업 · 군수산업 등의 강화는 더욱 노동력의 수요를 초래하여 이제 그 수급조정은 종래 통상의 수단으로는 도저히 소기의 효과를 기대할 수 없는 사태에 직면하기에 이르렀다. 그리고 앞으로 이들 소요 노동력의 대부분은 농촌의 인적자원에서 구할 수밖에 없는 실정에 있다"고 조사배경을 언급하였다. 또한 "전시 노무정책에 이바지하는 것이 현재 긴요한 요수(要須)"라고 밝혔다.

1930년대 말 군수산업의 급격한 팽창과 함께 각종 공사가 진행되고, 일본과 만주로 이주하는 인구가 급증함에 따라 노동력의 공급원이던 농촌에 노동력 부족 현상이 나타났다. 그 결과 조선 농촌으로부터 추가적인 노동력 공출은 농업생산을 위축시킬 수준에 이르렀다. 조선농촌이 식량공급기지와 노동력 조달이라는 두 가지 역할을 수행하기 위해서는 체계적인 농촌노동력 조사가 필요했다. 그러한 배경에서 일제는 농촌에 대한 노무자원조사를 실시하였던 것이다. 조사보고는 내무국(內務局)이 첨부한 「勞務資源調查要綱」에 의거 하도록 되어 있다. 요강에는 조사대상과 제출기일, 조사양식 기입방식 등이 열거되어 있다.[25] 조사는 조사원과 연락원에 의해 이루어졌는데, 조사를 담당할 조사원은 노동사정에 밝은 사람으로, 각 면당 평균 4명씩 도지사가 임명하도록 했다. 이들은 1인당 3엔씩 수당을 받도록 규정했다.

25) 조사대상은 농가의 이상경지(理想京地)면적을 기준으로 규정된 경작지 소유농가와 농업노동자로서, 제시된 표에 따라 이들에 대한 인적사항을 상세히 기입하고 출가(出稼) 가능성 여부도 조사하도록 되어 있다. 산출방법은 각 도 경지면적을 이상면적으로 나누어 이상호수를 산출하고, 이를 1939년도 현재 호수와 비교하여 과잉호수를 찾아내도록 예시하였다. 조사는 읍 단위까지 실시하도록 되었다.

〈표 Ⅰ-2〉 노동출가·노동전업 가능자수(단위: 명)

지역		12~19세	20~30세	31~40세	41~45세	합계
경기도	남		14,744	8,661	2,823	26,234
	여	6,017				6,017
충청북도	남		89,503	44,861	14,759	149,123
	여	39,967				39,967
충청남도	남		66,017	19,408	4,751	90,176
	여	17,185				17,785
전라북도	남		36,332	20,423	8,330	65,085
	여	11,408				11,408
전라남도	남		37,765	26,092	15,258	79,113
	여	17,631				17,631
경상북도	남		64,969	30,035	12,108	107,112
	여	19,304				19,304
경상남도	남		71,384	40,502	21,719	133,605
	여	44,671				44,671
황해도	남		16,218	10,930	6,271	33,419
	여	11,030				11,030
평안남도	남		50,396	32,201	14,547	97,144
	여	33,179				33,179
평안북도	남		34,076	17,480	8,084	59,640
	여	12,667				12,667
강원도	남		14,104	7,869	3,312	25,285
	여	4,760				4,760
함경남도	남		32,692	13,310	5,292	51,294
	여	10,744				10,744
함경북도	남		5,870	3,115	1,321	10,506
	여	3,478				3,478
합계	남		534,068	274,887	118,581	927,536
	여	232,041				232,641

출처: 朝鮮總督府, 『昭和15年 勞務資源調査に關する件』, 1940, 국가기록원.

〈표 Ⅰ-2〉는 각 지역별 남녀의 노동출가 및 노동전업 가능자수를 파악한 것인데 특이한 것은 여성의 경우 모든 연령대에 대한 조사를 시행하지 않고 12세~19세 연령대만 조사대상으로 삼았다는 점이다. 남성의 경우 20세~30세, 31~40세, 41~45세의 연령대를 조사대상으로 하였던 것과는 대조적이다. 이 자료에서 남자의 경우 20대 이상의 연령대만을 조사한 이유는 기재되어 있지 않다. 그러나 농촌으로부터 추가적인 노동력 공출을 하기 위한 조사의 목적에서 그 이유를 추측해 볼 수 있다. 부족한 노동력을 확보하기 위해 조사를 진행하였다는 점을 고려하면 당시 남성 노동력이 필요한 곳은 군수산업과 연관되는 분야일 가능성이 높다. 이들 산업의 특성을 감안하여 노동력으로 활용 가능한 연령대를 20대 이상으로 파악한 것으로 볼 수 있다.

그렇다면 여성의 경우 12~19세의 연령대만 조사대상으로 삼은 것은 무슨 이유에서였을까. 각 지역별로 동원 가능한 현황을 조사하도록 한 것은 이 조사 결과를 토대로 필요한 노동력을 바로 활용하기 위함이었을 것이다. 12~19세 연령대의 여성들은 20~30대 연령대가 가지는 다양한 노동 경험을 가지고 있지 못하다. 그러나 20~30대 이상 기혼여성의 경우, 자녀양육 및 가사노동 등 가정내에서 부여된 역할이 미혼여성에 비해 상대적으로 많다. 농촌의 기혼여성은 가사 노동뿐만 아니라 농업노동, 부업노동 등을 병행하고 있었고 거기에 자녀양육이나 시부모 공양은 모두 여성의 몫이었다. 기혼여성의 경우 상황의 제약이 많았다. 관리하는 측면에서도 변수가 발생할 가능성이 높은 기혼여성 보다 20세 미만의 여성을 관리하고 통제하는 것이 상대적으로 효율적이다. 이러한 정황들로 미루어 볼 때 12~19세 연령대의 여성을 중심으로 동원 가능 현황을 파악한 것은 상당히 현실적인 판단에 근거한 것이라 보여진다. 실제 동원사례를 보면 공장 등으로 동원된 이들은 주로 이들 연령대였다.

노동력자원조사가 동원 가능한 인적자원의 현황을 파악하고자 한 것이라면, 다음 〈표 Ⅰ-3〉은 1940년도 노무동원계획 내에서 책정된 조선 내의 노동자신규수요목표수를 산업 및 동원지역별로 나타낸 것이다.

〈표 Ⅰ-3〉 조선의 신규일반노동자 수요목표수(단위: 명)

	1940년도		1941년도	
	목표수		목표수	
	남	여	남	여
군수산업	9,200	1,900	7,800	400
생확산업(生擴産業)	84,700	2,100	103,200	4,500
부대산업	32,400	800	16,400	1,700
필수품산업	1,000	500	9,000	3,300
운수통신업	14,600	700	13,500	500
국토토목건축업	-	-	5,700	700
소계	141,900	6,000	155,600	11,100
감모보충(減耗補充)요원수	96,700	53,500	61,700	61,200
일본이주수	88,800	-	100,000	-
화태이주수	8,500		-	-
만주개척민	20,000	10,000	2,000	10,000
하급사무직원	-	-	-	-
공무요원	-	-	-	-
합계	355,900	69,500	337,300	82,300

출처: 『勞務動員實施計劃』 各年度版, 前後補償問題硏究會, 1990, 『前後補償問題資料集』 第1集, 前後補償問題硏究會 各年度 1940년, 46쪽; 1941년, 79쪽(안자코 유카, 앞의 논문, 184~185쪽 재인용).

〈표 Ⅰ-3〉에 의하면 조선의 1940년도 신규 노동력수요목표수는 일본, 만주 등지로의 동원을 포함해서 총 42만 5,400명이었다. 이 가운데 여성 수요목표수를 보면 69,500명에 이른다. 조선 내 노동력동원계획수 속에서 가장 많은 항목은 이미 동원된 노동자 중에서 감소된 인원의 보충을 의미하는 '감모보충요원'이며, 76.9%를 차지한다. 다음으로 많은 것이 만주개척민으로 10,000명에 이른다. 이는 조선내 노동력동원계획수인 6,000명보다 4,000명이나 많은 수이다. 그리고 1940년과 1941년 여성 2만명을 만주지역으로 동원할 계획이 있었음을 확인할 수 있다.[26] 1940년도 조선 내 노동력동원계획에서 군수산업과 생산력확충사업에 계획된

수는 4,000명으로 조선 내 노동력동원계획수만을 놓고 보자면, 약 67%를 차지한다. 조선 내 여성의 노동력 수요계획은 주로 '군수산업'과 '생산력확충사업'에 중점을 두고 있음을 알 수 있다.

1941년의 경우 1940년과 비교해 노동력동원계획의 총수는 1만 2천 명 정도 증가하였고, 감모보충요원수가 74.3%를 차지한다.[27] '생산력확충산업'과 '필수품산업'이 그 다음을 차지한다. 특히 1941년에는 '국토토목건축업'에 700명이 신규로 추가되고 있다. 이는 토목 및 건설사업장 등으로 여성도 동원되었다는 동원 사례를 뒷받침한다. 항목별로 신규일반노동자의 수요목표수에서 실제 동원현황 결과까지 파악하기는 어렵지만, 조선총독부가 적어도 조선 내에서 어느 부분에 집중하여 노동력을 활용하고 배치하려고 하였는가를 알 수 있다는 점에서 의미가 있다.

〈표 Ⅰ-4〉 조선의 신규일반 노동공급원별 목표수(단위: 명)

	1940년도		1941년도	
	목표수		목표수	
	남	여	남	여
신규학교졸업자	42,100	14,600	72,300	8,800
물자동원관계 등 이직자	7,200	-	-	-
농촌이외에서의 공출가능자	56,600	-	41,600	11,900
농촌에서의 공출가능자	250,000	-	215,300	61,400
여자무업자	-	549	-	-
일본으로부터의 이주노무자	-	-	8,100	200
계	355,900	15,149	337,300	82,300

출처: 『勞務動員實施計劃』 各年度版, 戰後補償問題硏究會, 1990, 『前後補償問題資料集』 第1集, 前後補償問題硏究會, 1940년, 52쪽; 1941년, 80쪽(안자코 유카, 앞의 논문, 186쪽 재인용).

26) 위원회의 자료에 따르면, 동원지는 국내, 일본, 중국(만주 포함)순으로 다수의 동원자가 확인되었다.

27) 감모보충요원으로 계획된 인원이 어느 분야로 어떻게 배치될 예정이었는가 하는 점은 확인할 수가 없었다.

〈표 Ⅰ-4〉는 〈표 Ⅰ-3〉의 조선에서의 노무수요계획수 중 공급원별의 계획수이다. 1941년도 계획상에서는 농촌에서 공급될 여성 노동력이 61,400명을 차지한다. 1940년 노무자원조사의 노동출가 및 노동전업 가능자 총수(232,641명)의 26.3%에 해당한다. 1940년의 경우 노동공급의 대상으로 '신규학교졸업자'와 '여자무업자'만을 고려했던 것에 비해, 1941년의 경우 '농촌에서의 공출가능자'와 '농촌이외에서의 공출가능자', '일본으로부터의 이주노무자'에서도 노동공급을 계획하고 있다.

3. 소결

1930년대 농촌인구의 유출로 노동력이 부족해지면서 여성들도 생계유지를 위해 남성들이 담당했던 농업노동까지 자신의 노동력을 투여해야 했다. 일제는 농촌진흥운동을 통해 농촌여성들의 생산활동 참여를 요구하였고 미혼여성 노동자들은 그들의 노동에 대한 정당한 대가를 받지 못한 채 생산활동에 임하였다. 「국가총동원법」 이후 조선에서는 근로보국대가 조직되는데, 여성에 대한 노동력동원은 근로보국대의 활동과도 밀접한 관련이 있었다. 근로보국대의 경우, 학생과 일반인을 구분하여 활동하도록 하였는데 여학생을 비롯하여 일반 여성들 또한 근로보국대를 통해 노동력 공출을 당하였다. 일반인 여성을 대상으로 한 근로보국대는 부인근로단, 부인근로대 등의 이름으로 조직되어 도내 노동력 수급에 적극적으로 활용하였다.

일제는 노동력 수요가 증가함에 따라 총동원과 관련하여 조선에서 인적자원에 대한 동원계획을 수립하고 조선 내에서 활용할 수 있는 '유휴노동력'을 파악하기 시작하였다. 1940년 조선총독부는 동원가능 여성 현황을 파악하기 위해 12~19세 여성을 대상으로 조사하였다. 동원 피해

사례를 보면 공장 등으로 동원된 여성들은 대체로 이 연령대가 다수 확인된다.

제2장
여성노무동원 본격화기 : '법적 · 제도적 강제'로의 강화 · 확대

1. 여광부 동원: 「여자광부갱내취업허가제」

일본은 조선을 강점한 이후 광업개발을 통한 착취를 위해 여러 광업 관련 법령을 제정 · 시행하여 광업을 활성화시켰고 생산된 광산물을 거의 침략전쟁의 물자 조달에 사용하였다. 1937년 중일전쟁의 발발로 군수자원의 조달이 필요하게 되자 일본은 「朝鮮産金令」[1]을 공포하고 1938년 5월에는 「朝鮮重要鑛物增産令」[2]을 공포했다. 중일전쟁 이후 전쟁의 본격화로 전쟁물자의 생산과 확보가 중요해졌다. 특히 무기의 원재료인 광물자원의 확보는 최우선 사항이었다. 제1차 생산력확충계획(1938~1941)에서 특히 조선에서는 일본에서 거의 생산되지 않는 철광석과 특수광물 등의 광물자원 획득에 주목하고 있었다.[3]

1) 『朝鮮總督府制令』 제16호, 1937.9.7 제정.

2) 『朝鮮總督府制令』 제20호, 1938.5.12 제정.

3) 이 시기 조선의 생산력확충계획의 주된 사업은 경금속, 비철금속 등의 금속공업과 철강이라 분류된 광공업, 석탄, 철도차량, 전력, 석유 및 그 대용품 산업이었다.

女子도 鑛業戰士로
明日·坑內就業許可의 府令發布

總動員體制를 强化
各道社會課長會議의 成果期待

(왼 쪽) 『매일신보』 1941.4.19. 女子도 鑛業戰士로 明日 坑內就業許可의 府令發布
(오른쪽) 『매일신보』 1941.4.19. 總動員體制를 强化 各道社會課長會議 成果期待

광물자원 획득을 위해 조선인 노동자를 동원하기 시작하였으나, 그 수요를 채우지 못해 여성을 광부로 활용하기 위한 부령(府令)이 1941년 4월 반포되었다. 1941년 이전에는 여성들의 경우, 갱내 노동이 아닌 탄광 부근에서 부수 작업을 주로 수행하였는데, 일제는 1941년 「여자광부 갱내취업허가제」 특례를 통해 여성이 갱내에서 작업 할 수 있도록 허가하였다.[4] 이와 관련하여 당시 내무국장과 식산국장은 다음과 같은 내용의 담화를 발표하였다.

> 종래 광산의 갱내취로는 원칙으로 14세 이상의 남자에만 한하여 허가하였고 여자의 갱내취로는 금지되었던 것인데 작금의 정세외 및 업계의 요망에 따라 특별한 사정이 있는 광산에 대하여는 조선총독의 허가를 얻

4) 「鑛夫勞務扶助規則」(1938.5.12) 府令 제97호 이후 1941년 「鑛夫勞務扶助規則」 제9조 特例規定 마련(『朝鮮總督府官報』 제120호, 1941.4.19).

어가지고 만 16세 이상의 여자만은 갱내에서 일을 시킬 수 있도록 함에 따라 그래서 19일부 부령으로 이를 발표하고 즉일부터 시행하기로 되었는데 여자의 갱내취로에 대하여는 보건, 위생, 풍기 등의 견지로부터나 또는 작업의 종류 및 그 장소에 대하여 남자와 꼭 같은 취급을 하기는 곤란한 사정이 있다. 그러므로 이 같은 특수사정에 대하여는 충분 고려하기로 되었는데 하여간 이 제도를 실시함으로써 현하의 광산 노무 정세는 상당히 완화될 줄로 믿는 바이다.[5)]

"종래 광산의 갱내취로는 원칙적으로 14세 이상의 남자에 한해서만 허가"된 것이었다. 1937년 중일전쟁으로 군수공업용 광물원료의 수요가 폭증하자, 1938년 5월 「조선중요광물증산령(朝鮮重要鑛物增産令)」을 공포하여 군수용 광산자원 약탈을 대폭 강화하였다. 광산에서 남성노동자 부족문제가 발생되자 조선총독부는 이를 타개하기 위해 여성노동력을 활용하기로 결정하고[6)] 여성노동력을 광산에 동원할 근거를 마련한 것이다.

여자도 광업전사로 명일, 갱내취업허가의 부령 발포

최근 반도산업의 급격한 발전에 따라 노무자의 쓰임새는 날로 늘어가는 중이다. 특히 광업부문은 현저한 바 있어 노무자의 수급은 차츰 불균형 상태에 빠져 있다. 만일 이대로 간다면 당연한 급무인 지하자원의 개발은 물론 생산력의 확충운동에 중대 반영함이 있게 될 형편이다. 그래서 총독부 당국에서는 그 대책을 세워가지고 노무자의 알선에 힘써온 터이나 최근 광산노동자가 몹시도 모자라는 난관을 타개하고자 이번 조선광부노무부조규칙의 특례를 만들어가지고 여자도 갱내에서 일할 수 있다는 여자광부의 갱내취업 허가제도를 실시하기로 결정하였다.[7)]

5) 『매일신보』 1941.4.19 「女子도 廣業戰士로 明日 坑內就業許可의 府令發布」.

6) 『경성일보』 1941.4.19 「許諾되어진 女鑛夫」.

7) 『매일신보』 1941.4.19 「女子도 廣業戰士로 明日 坑內就業許可의 府令發布」.

여광부 동원을 위한 근거는 마련하였지만 여성을 탄광산으로 동원하기 위해서는 일정한 선전 논리가 필요했다. 1941년 이후 기존에 가정 내 여성의 역할을 강조해 왔던 정책선전 논리는 점차 여성노동력 동원을 위한 선전으로 전개된다. 이러한 선전은 다양한 수사적 표현을 동반하는데 "여자도 광업전사로"라는 제목도 그러하다.

전쟁수행을 위해서는 군수산업과 관련이 있는 지하자원의 개발이 중대하고 시급한 문제였다. 이러한 상황 속에서 남성 노동력 부족으로 인해 일련의 작업들은 제대로 진행되기 어려웠다. 이러한 어려움을 타개하기 위해 여자광부의 갱내취업허가를 발표하였다.[8] 이를 통해 광산노무정세를 완화시키고 생산된 자원은 전쟁 수행을 위한 중요 자원으로 활용되었다.

> 지하자원을 개발하는데 부인들도 동원하기로 된다. 이번에 조선광부부조규칙에 특례를 설정하여 16세 이상의 부인으로서 임신이나 산후 3주일을 경과하지 아닌 사람을 제외하고는 갱내에서 작업하는 것을 허락하기로 되었다. 내지에서는 이미 소화14년부터 생산확충을 위하여 허가되었었는데 조선에서도 요새와 같이 급격하게 긴박한 일정에 비추어서 금년도부터 실시하기로 된 것으로서 아직까지도 그 취업하는 수가 금방 노무자의 3퍼센트에 지나지 않으나 반도부인의 옥외노동이 증가되는 경향에 있음으로 보아 금후 반도부인이 지하자원을 개발하는 전사로서 큰 역할을 다할 것이라고 기대가 자못 크다.[9]

여자를 "광업전사"로 호명하며 "지하자원을 개발하는 전사"로서 역할을 부여하고 이에 대한 기대감을 표명하고 있다. 광산에서 일할 여성노동자를 확보하려는 시도는 도(道) 사회과가 적극적으로 개입하여 진

8) 『朝鮮總督府官報』 제120호, 1941.4.19.

9) 『매일신보』 1941.6.7 「婦人도 鑛夫로, 朝鮮서도 女子의 坑內 作業 認可」.

행되었다. 이러한 정황은 신문기사에서도 확인된다. 도(道) 사회과에서 본부의 허가를 얻어 삭주 신연(新延)광업에서 32명을 일하게 하였고 이들의 성과가 좋아 이후 구성금산, 의주(義州)광산 제2광업소도 여광부 채용을 결정하고 당국의 허가를 얻었다는 내용이 게재되었다. 이는 여성을 광부로 활용하는 방식이 점차 확대되는 상황을 보여주는 것이다.[10] 다음의 표는 『경성일보』에 소개된 신연(新延)광산, 의주(義州)광산의 소재지 및 생산품목을 정리한 것이다.

〈표 Ⅰ-5〉『경성일보』에 소개된 광산의 소재지 및 생산품목

도	부/군	직종	작업장명	소재지	설립일/생산품목	기업(최종)
평북	삭주군	광산	신연(新延) 광산	구곡, 삭주면	· 1909년 출원허가 /金銀	三成광업㈜
평북	의주군	광산	의주(義州) 광산	옥상, 고령삭면 친마동	· 義州광산㈜ 古寧朔分區/金銀	義州광산㈜

출처: 朝鮮總督府鑛務局, 『鑛區一覽』, 1943; 朝鮮總督府殖産局 鑛山果, 『朝鮮鑛業の趨勢』, 1933.

「여자광부갱내취업허가제」는 여성도 필요하면 어떤 노동에도 언제든지 투입시키겠다는 일제의 여성노동력 동원 경향의 변화라는 점에서 의미를 갖는다. 전통적인 관습이 강하게 남아 있는 조선 사회에서 여성이 갱내로 들어가 일을 한다는 것은 파격적인 일이라 할 수 있다. 갱내라는 덥고 습한 공간에서 작업을 수행해야 하며 작업의 특성상 남성노동자들과 완전히 분리된 채 일을 할 수 없는 구조라는 점에서 갱내외부의 작업 환경은 여성들에게 여러 부담을 안겨줄 수밖에 없다. 일제도 이러

10) 『경성일보』 1941.8.18 「죽도록 부끄러워하시오 놀고먹는 무리들, 女坑夫의 雄壯한 姿勢」.

한 갱내외의 '특수사정'에 대해 인지하고 있었다. 부령(府令)과 관련한 담화에서 "여자의 갱내취로에 대해서는 보건, 위생, 풍기 등의 견지로부터나 또는 작업의 종류 및 그 장소에 대하여 남자와 꼭 같은 취급을 하기는 곤란한 사정이 있"으므로 "이 같은 특수사정에 대해서는 충분 고려하기로" 하였다고 표명한 점 등에서 이를 알 수 있다. 이와 관련해 여성의 갱내작업에 대해 다음의 사항을 규정하였다.[11)]

- 취업하는 업무가 위험성과 신체상 괴로움이 없는 것으로 할 것
- 작업장의 온도는 섭씨 35도를 초과하지 말 것
- 일하는 시간은 낮으로 제한하고 밤 10시부터 아침 5시까지의 야간작업을 시키지 말 것
- 보육과 기타 필요한 시설이 없는 곳에서는 생후 1년이 안된 어린 아이를 가진 여성에 대한 취업시간 가운데 하루에 2회, 1회에 30분씩을 따로 수유하는 시간을 줄 것
- 1년에 2회 이상 건강진단을 실시할 것
- 풍기문제가 생기지 않도록 적절한 대책을 세울 것
- 갱내에서 일하는 부녀자는 원칙적으로 그 광산에서 일하는 광부들의 가족으로 제한할 것

실제 이를 지켜 노동자의 갱내 작업을 제한하는 것이 얼마나 가능했을지는 의문이다. 몇 가지 규정의 경우 적용이 가능했겠지만 이러한 규정이 실제 갱내작업을 하는 여성들에게 적용되기는 어려웠을 것으로 판단된다. 당시 신문기사를 보면 광산에서 증산의 필요성을 강조하고 이를 독려하는 내용들이 소개될 만큼 일제는 증산에 집중 하고 있는 상황이었다. 이러한 여러 환경 등의 문제를 인지하면서도 여자광부갱내취업을 허가했다는 점은 이전과 달리 전시 '총동원체제' 하에서 여성

11) 『매일신보』 1941.7.16; 『매일신보』 1941.4.19; 『매일신보』 1941.6.7(곽건홍, 앞의 책, 289쪽).

노동력을 본격적으로 활용하겠다는 일제의 의지를 보여주는 것이라 할 수 있다.

1941년 3월 조선광산연맹(朝鮮鑛山聯盟)이 국민총력조선연맹의 일부로서 결성되었다. 조선광산연맹에서는 지하자원의 개발과 광산의 증산 강조에 주력하였다. 같은 해 5월 경무국(警務局)과 국민총력조선연맹 문화부의 적극적인 지원 아래 평남의 광산 등으로 연예대(演藝隊)를 파견하기도 하였다. 이는 당시 조선총독부가 지하자원의 개발과 광산의 증산을 위해 광산에서 일할 노동자에 대한 관심이 높았음을 보여주는 것이다. 이러한 상황 가운데 광산에서 여성 노동력을 적극적으로 활용하기 위한 부령(府令)이 발표되었다.[12)]

조선총독부는 조선에서 노동력 확보를 최대 수준으로 높이기 위해 여성노동자까지 갱내로 몰아넣었다.[13)] 조선총독부가 1941년 10월~1942년 3월 사이 조사한 광산 여성노동자의 갱내 노동상황을 살펴보면, 허가광산 42개소(광종별(鑛種別)로는 금은광산 28개소, 철광산 4개소, 텅스텐 광산 4개소, 석탄광산 6개소) 가운데 37개소가 황해도, 평안도, 함경도 등 주로 북부지역에 집중되어 있다. 허가인원은 4,000명에 이르렀으며 광산여성노동자는 주로 선탄부(選鑛夫), 잡부(雜夫), 운반부(運搬夫), 지주부(支柱夫) 등에 종사했다. 갱내노동에 종사하는 여성노동자 대부분은 연령 30세 전후로 광산 노동자의 부인이었다.[14)]

당시 자료나 신문에 제시된 내용들을 보면 노동력부족에 직면한 조선총독부가 여성들을 적극적으로 탄광산 등으로 동원한 것을 확인할 수

12) 『매일신보』 1941.5.20 「鑛山激勵의 演藝隊 第一班 昨夜 平南으로 出發」.

13) 일본에서는 1933년 內務省令으로 薄層 또는 잔탄을 채굴하는 석탄갱에 대해서 여자의 갱내노동을 인정하였다(佐藤漸, 「鑛山に於ける女子の坑內就業に就て」, 『朝鮮勞務』 2권 4호, 1942.8, 45~47쪽).

14) 佐藤漸, 「鑛山にける女子の坑內就業に就て」, 『朝鮮勞務』 2권 3호, 1942.8, 47~49쪽(곽건홍, 앞의 책, 290쪽).

있다. 여성뿐 아니라 광산 인근지역에 거주하는 지역주민 대다수가 광산에 동원되기도 하였다.[15]

〈표 Ⅰ-6〉 광산 여성노동자의 연령별 구성(1942년)

	16세 미만	16~19세	20~24세	25~29세	30~39세	40~49세	50세 이상	합계
광산 여성노동자 총수	2,605 (19.2)	1,503 (11.1)	1,276 (9.4)	1,582 (11.7)	3,439 (25.4)	2,285 (16.9)	858 (6.3)	100 (100)

출처: 正久宏至, 「朝鮮に於ける主要工場鑛山の勞務事情」, 『殖産調査月報』, 1942.7, 2~3쪽; 朝鮮總督府, 『朝鮮勞動技術統計調査結果報告』, 1942, 202쪽(곽건홍, 앞의 책, 216쪽 재인용).

〈표 Ⅰ-6〉의 광산 여성노동자의 연령별 구성을 보면 25세 이상의 비율이 높게 나타남을 알 수 있다. 광산노동의 경우 노동의 강도가 크다는 점, 그리고 많은 남성들이 같은 광산에서 노동을 한다는 점에서 기혼여성의 동원 비율이 높게 나타났다.

요컨대 광산노동자의 부족으로 인해 여광부 동원의 필요성이 제기되었고, 이는 부령(府令)을 통해 여성이 광산의 갱내에서 노동을 할 수 있도록 허가하는 것으로 이어졌다. 부령(府令)이 실현되기까지 현실적으로 여러 문제가 있었지만, 일제는 이를 감수하면서 부령(府令)을 시행하였다. 여성을 광부로 동원하기 위해 기존 제도를 개정하여 이를 적용한 것이다. 갱외작업뿐 아니라 갱내작업도 여성들의 몫이 되었다. 광산지역 주변에 거주하는 조선인들 대부분은 광산에 동원되는 일이 빈번했고 광산동원에는 기혼여성들이 다수 동원되었다.

15) 『매일신보』 1943.9.16 「추석놀이도 全廢 어린애를 업고 일하는 부인전사」(곽건홍, 앞의 책, 292쪽).

2. 여성노동력 동원 범위의 확대: 「국민근로보국협력령」

「국민근로보국협력령」은 근로능력이 있는 국민 전부를 국가의 중요한 업무에 동원시킬 목적으로 1941년 11월 23일 칙령(勅令)으로 공포되었고, 1941년 12월 조선에 실시되었다.[16] 이는 1941년 10월 21일부터 전국적으로 실시된 국민개로운동(國民皆勞運動)을 한층 강화하여 법적인 근거를 부여한 것이라 할 수 있다.[17] 일본과 조선에서 동시에 시행된 「국민근로보국협력령」은 노무긴급대책에 기반한 제도였다.[18] 기존의 국민총력연맹의 지도하에 있던 근로보국대가 있던 상황에서 「국민근로보국협력령」에 의한 국민근로보국대를 시행하게 된 이유는 총동원 업무와 관련하여 보다 체계적이고 강화된 조치가 필요했기 때문이다.

"국민근로보국대가 편성되는 경우, 연맹의 근로보국대 조직 및 훈련은 이에 가장 유효히 활용"되는 것으로, 각종 근로보국대는 「국민근로보국협력령」 실시 이후에도 그대로 남겨두고 이 협력의 취지를 위해 일반보국대의 활동은 더욱 장려하였다.[19]

기존 근로보국대는 그대로 활용하면서 긴급하게 총동원과 관련한 업무를 수행해야 할 때 단기간에 고정된 인원을 투입하여 효율성을 높이는 것이 국민근로보국대의 역할이었다고 할 수 있다. "국가의 요구에 따라 중요한 업무에 노무를 동원할 필요가 있는 때" 조선총독의 명령을 받은 도지사가 부윤, 읍면장과 그 밖에 각 단체의 책임자와 각 학교장에게 근로보국대를 조직하라고 명령하면 이에 해당하는 이들을 동원하는 체

16) 勞動法令協會, 『勞務政策史』, 勞動省, 1961, 977~981쪽.

17) 『매일신보』 1941.11.23 「國民勤勞報國協力令全文」; 『매일신보』 1941.12.1 「國民皆勞의 法令 오늘부터 勤勞報國協力令實施」.

18) 『매일신보』 1941.12.1 「國民勤勞報國協力令 今日부터 實施, 大野政務摠監談」.

19) 『매일신보』 1941.12.2 「未婚女子는 다 參加 今日 勤勞報國協力令 施行規則을 公布」.

계인 것이다.[20]

「국민근로보국협력령」의 적용을 받는 여성의 범위는 14세 이상 25세 미만까지이다. 이 연령에 해당하는 미혼여성은 전부 국민근로보국대에 편성되는 것이다.[21] 그렇지만 연령의 범위에 해당하지 않더라도 "지원"에 의해 참가할 수 있도록 하였다. 도지사의 명령으로써 조직되는 근로보국대는 1대(隊)에 50명 정도의 단위로 구성되고,[22] 기간은 1년에 30일 이내로 정하였다. 그러나 "특별히 필요한 경우 또는 본인의 동의가 있는 때"는 30일을 초과할 수 있도록 하였다. 적용 범위와 작업 기간 등에 대한 조항을 통해 이전보다 여성에 대한 노동력 동원이 강화되었음을 알 수 있다. 미혼여성 대부분을 필요한 노동에 참여시킬 수 있고, 정해진 기간이라는 것도 사실상 "지원"과 "본인의 동의"라는 명분에 의해 얼마든지 연장할 수 있는 여지가 있었기 때문이다.

그러면 동원한 이들의 노동에 대한 임금은 지급되고 있었을까. 근로보국대는 원칙적으로 무보수를 지향하였고, 만일 보수를 받을 경우에는 公事헌금, 애국저금, 근로보국대의 비용으로 사용하도록 하였다.[23] 국민근로보국대 역시 기존의 근로보국대의 조직을 포섭하여 기능을 확충하고, 조직과 활용방법 등을 그대로 수용하였다는 점에서[24] 노동에 대

20) 『매일신보』 1941.11.23 「國民勤勞報國協力令全文; 『매일신보』 1941.12.1 國民皆勞의 法令 오늘부터 勤勞報國協力令實施」.

21) 병역관계자와 지원병훈련소 생도와 군사상 필요한 업무에 종사하는 사람은 제외되지만 다음의 경우는 편입의 대상이다. ①연령에 해당하지 않는 사람이라도 자진하여 지망하는 사람 ②국민학교 초등과 졸업자를 입학자격자로 하는 학교의 제3학년 이상 생도 ③국민학교 고등과 제1학년 수업자를 입학자격자로 하는 학교의 제2학년 이상 생도 ④국민학교 등과 제2학년 수업자를 입학자격자로 하는 학교의 생도 등은 14세 미만이라도 대원에 편입

22) 『매일신보』 1941.12.2 「未婚女子는 다 參加. 今日 勤勞報國協力令 施行規則을 公布」.

23) 김윤미, 앞의 논문, 17쪽.

24) 朝鮮勞務協會, 「別冊: 國民勤勞報國協力令施行に就て」, 『朝鮮勞務』 3권, 1943.2.

한 보수는 별도로 지급하지 않았을 것으로 추정된다.[25] 다음은 근로보국대와 「국민근로보국협력령」에 따른 국민근로보국대를 비교한 것이다.

〈표 Ⅰ-7〉 근로보국대와 국민근로보국대 비교

구분	근로보국대(1938)	「국민근로보국협력령」에 따른 국민근로보국대(1941)
적용 대상	· 20세~40세 미만의 남녀	· 14세 이상~40세 미만의 남성 · 14세 이상~25세 미만의 여성
목적	· 농산어촌의 노무부족 완화 · 근로정신양양	· 시국의 중대성 인식, 국가의식에 기반한 근로보국정신 확립 - 총동원체제의 확립 강화 · 노무동원의 원활한 운영 - 전시하 중요산업 부문에서의 노동력 부족 현상 완화 · 노무동원의 일원적 종합조정
작업 내용	· 기존에 시행되어 오던 부역과 국책공사 - 옥외노동, 폐품수집, 공동작업, 위문대 만들기 등 - 부인근로보국단 조직 - 사업장 등	· 총동원 업무에 한정 - 총동원 물자의 생산·수리·배급에 관한 업무 및 국가총동원상 필요한 운반·통신·위생·구호 등에 관한 업무와 군사상특히 필요한 토목건축업무 등
작업 기간	· 작업회수나 기간 지방 실정에 따라 다름 · 학생은 대체로 10일간 · 일반인은 필요할 때마다 일시적으로 결성 · 월 1회 정례적으로 근로보국	· 1년에 30일 의무 노동

25) 「국민근로보국협력령」의 제9조에 의하면 "국민근로보국대에 의한 협력에 요하는 경비는 명령의 정한 바에 의하야 특별한 사정이 있는 경우를 제외한 외 그 협력을 받는 자가 이것을 부담할 것"이라고 규정 되어 있다. 그러나 근로보국대의 경우를 볼 때 이 조항이 제대로 지켜지기 어려웠을 것으로 판단된다.

비고	· 일반인 대상 근로보국대 -「國民精神總動員勤勞報國運動에 관한 件」 1938.7.1 내무부장 통첩 · 학교근로보국대 -「學生生徒의 勤勞奉仕作業實施에 관한 件」의 통첩, 1938.6.11 정무총감 통첩	·「국민근로보국협력령」 1941.12 시행

출처: 『國民精神總動員聯盟要覽』(『日帝下戰時體制期政策史料叢書』 51, 학술정보주식회사, 2001, 353~357쪽); 『매일신보』 1938.6.14; 『매일신보』 1938.6.28; 『매일신보』 1941.12.1; 『매일신보』 1941.12.2. 참고).

〈표 Ⅰ-7〉을 토대로 근로보국대와 국민근로보국대의 동원대상, 목적, 작업내용, 작업기간 등의 비교를 통해 1941년 이후 여성노동력 동원과 관련된 정책의 변화를 살펴보자.

첫째, 동원대상의 범위를 살펴보자. 근로보국대와 비교하면 대상 여성의 범위가 축소된 것처럼 보인다. 그러나 이는 오히려 남녀를 구분해 각 연령을 명확히 제시하여 대상을 구체적으로 지목한 것으로 보아야 한다. 동원대상이 되는 연령을 보면 남녀 모두 이전과 비교해 동원의 최소연령이 낮아진 것을 알 수 있다. 14세에서 25세 미만의 미혼여성은 모두 동원의 대상이 된 것이다. 미혼여성의 전면적 동원을 이끌어 내고자 하는 조선총독부의 의도를 엿볼 수 있다. "근로능력이 있는" 여성들을 중요 산업부문에 집중적으로 참여시키고자 하는 의도가 반영된 것이다.

둘째, 목적에 있어서도 1941년 이후 분명한 차이가 나타난다. 근로보국대가 농산어촌의 노동력 부족 문제 해결과 '근로의식의 앙양'이 주된 것이었다면, 「국민근로보국협력령」 이후 국민근로보국대는 시국의 중대성을 인식하고 '국가의식'에 기반한 '근로보국정신'의 확립이 주목적 중의 하나가 되었다. 조선여성들의 노동에 대한 천시 관습을 바꾸기 위한 '근로의식의 앙양'의 차원에서 '국가'인식이 부여된 '근로보국정신'을 요구한 것이다. 노동력부족 문제 해결이라는 목적은 이 시기에도 동일했지만, 1941년 이후 전시하 중요 산업부문의 부족한 노동력을 확보하는 데 주된 초점을 두고 있었다.

셋째, 동원된 여성들의 작업 내용을 비교하면 기존과 달라진 점이 확연히 드러난다. 근로보국대로 동원된 여성들의 주요 작업은 옥외노동, 폐품수집, 공동작업, 위문대 만들기 등이었다. 후방의 전시경제 활동을 보조하는 작업과 농번기 농촌 노무의 보충 수행이 주된 것이었다. 그런데 1941년 말부터는 "총동원 물자의 생산·수리·배급에 관한 업무 및 국가총동원상 필요한 운반·통신·위생·구호 등에 관한 업무, 군사상 필요한 토목건축업무 등의 작업"이 국민근로보국대의 주요업무로 내용이 명시되었다. 농번기에 농촌노무의 보충뿐 아니라 광산에서의 갱외작업, 군사상 필요한 토목·건축사업 중의 간이작업까지 확대되었다. 이와 더불어 종래 지방별, 단체, 학교 등을 통해 했던 '근로봉임'을 총합 조정하여 '노무동원의 일원적인 조정'을 기하도록 하였다.

넷째, 작업기간의 경우 1년에 30일을 의무화하여 필요할 때마다 일시적으로 노동력을 동원하는 수준에서 한층 강화되었다. 「국민근로보국협력령」의 실시와 관련해 함남도에서는 도내의 해당자를 30만 명으로 잡고 실제 이들을 각종 공공사업 국책사업에 1인 1개월씩 동원시킬 준비를 하였다.[26] 그동안 다른 지역에서 알선하여 왔던 노동력을 대신해 도내 노동력으로 이를 대체할 의지를 보인 것이다. 도내(道內)에서 필요한 인력을 강제적으로 동원할 수 있는 근거가 마련된 셈이다. 국민근로보국대를 통한 동원은 노동 가능한 인적자원을 확보하는 수단으로 자리잡았고, 여성노동력 동원도 이를 계기로 본격화되었다.

---

26) 『매일신보』 1941.12.4 「咸南에서는 三十萬名動員 國民勤勞報國協力令에 呼應」.

3. 전방위적 동원대상으로의 식민지 조선여성: 「생산증강노무강화대책요강」과 「여자정신근로령」

1943년 10월 7일 조선총독부 사정국(司政局) 노무과장(勞務課長)은 '중류계급의 遊休勞力을 전면적으로 동원할 계획'이라고 밝혔다. 학교출신자 즉, 국민학교 또는 여자전문출신자로서 연령 14세 이상 미혼여자에 대해 전면 생산전에 참여시키려는 계획이었다. 1943년 9월 「여자근로동원의 촉진에 관한 건」 결정 후 1943년 10월 8일 조선총독부는 여성노동력 동원에 대한 지시를 포함한 「生産增强勞務强化對策要綱」을 결정하였다.[27)]

『매일신보』 1943.10.19. 生産增强勞務强化對策要綱

조선총독부 정무총감은 「생산증강노무강화대책요강」의 결정에 대해 '남자노무의 보충 대치로서 적극적 규제의 방도를 강구'할 것이라는 담

27) 「生産增强勞務强化對策要綱」, 『朝鮮勞務』 3권 4호, 1943.9, 3~4쪽.

화를 발표하였다. 노동력동원을 위해 '유휴노동력(遊休勞動力)', '불요불급노동력(不要不急勞動力)'의 군수산업 배치, '근로보국대'의 강화', 징병검사자의 노동력동원, 여성노동력의 적극적 동원, 주요 도시 일용노동자의 통제, 죄수·사법보호대상자, 포로에 대한 노동력 동원을 꾀하였다.[28)]

「생산증강노무강화대책요강」의 중점사항은 크게 여섯 가지이다. 첫째, "국민징용령을 적극적으로 실시해서 놀고먹는 사람이 한 사람도 없도록" 하는 것과 둘째, "근로보국대의 활동을 강화"하고 셋째, "부인의 동원을 강화"하는 것 넷째, "학교졸업자의 사용을 통제"하는 것 다섯째는 "품팔이 삯꾼들(일용노동자)의 통제를 강화"하는 것 여섯째, "노무자의 이동을 방지하고 중요물자의 배급을 증가 또는 원활히" 하고 "연성을 철저히 하는 것"이다.[29)] 그 가운데 가장 중요한 것으로 지적된 것은 "국민징용의 철저와 부인동원의 강화"였다.[30)] 「생산증강노무강화대책요강」에 대해 "이로써 2천 5백만 동포에게도 완전한 동원령이 내린 것"이라 표명함으로써 여성을 포함한 모든 조선인을 "전투태세에 배치"하도록 명시한 것이다.[31)]

여성노동력 동원을 원활히 하기 위해 경성지방법원 히다카(日高) 호적계 주임은 다음과 같이 말한다.

---

28) 『매일신보』 1943.10.9 「生産增强勞務强化對策要綱」; 「日傭勞動者の統制要綱」, 『朝鮮勞務』 4권 3호, 1944.4, 28~29쪽.

29) 『매일신보』 1943.10.9 「生産增强勞務强化對策要綱:一, 方針 二, 實施要領 (一)經營對策 (二)勞務配置對策 (三)勞務移動防止對策 (四)賃金對策 (五)錬成對策」.

30) 『매일신보』 1943.10.9 「必勝에 半島勤勞力總動員 生産增强勞務强化對策要綱決定, 國民徵用全的 擴張 女子勞力도 積極活用」.

31) 『매일신보』 1943.10.10 「일하자! 일터로 나와라 各職場마다 報國隊 勤勞奉仕 積極的으로 動員」.

婦女子戶籍도整備

勞務強化運營에萬全

『매일신보』 1943.10.10. 婦女子戶籍도 整備

제1차 징병검사를 명년에 앞두고 남자의 호적정비에 온갖 힘을 집중해 왔기 때문에 여자에 대한 호적기류 정비를 소홀히 한 것은 부인할 수 없다…(중략) **이번 여자의 노무를 적극적으로 활용한다는 당국의 발표를 보고** 그 중요성을 통감히 느꼈다. 우리 관내에서는 남자에 대한 호적기류 상황이 거의 정비되었음으로 **오는 11월에는 20세 이하의 여자에 대해서 호적기류 일제 조사를 실시할 생각이다. 그리하여 한 사람 빠짐없이 남자든 여자든 전선배치에 나서는데 지장이 없도록 하고자 한다.**[32] (강조는 필자)

여성노동력 동원이 이미 다양한 직종에서 시작되고 있었지만 보다 원활한 동원령을 위해 여성에 대한 호적의 정비까지 고려한 것이다. “20세 이하의 여자에 대한 호적기류사항을 정비”한다는 것은 “노무동원에 조금도 지장이 없도록” 하기 위한 것으로, 이는 남성 징용과 같이 여성들에 대해서도 “완전한 동원령”을 시행하기 위한 사전조치라 할 수 있다. 이는 여성노동력 동원을 남성에 대한 징용과 거의 다를 바 없는 방식으로 진행하고자 한 조선총독부의 의도로 볼 수 있는 것이다.

여성노무동원과 관련하여 ‘여자노무자로서 지장 없는 직종에 대해 「노무조정령」에 의해 남자종업자의 고입(雇入)사용 취직과 종업의 금지 또는 제한을 실시할 것’과 여자유휴노동력을 적극 활용하기 위해 “여자의 특성에 적응하는 직종을 선정하야 신규학교졸업자 및 연령 14세 이

32) 『매일신보』 1943.10.10 「婦女子戶籍도 整備, 勞務强化運營에 萬全」.

상의 미혼자 등의 전면적 동원체제를 확립할 것" 등이 제시되었다. 또한 '노무조정령 개정에 따라 접객업, 오락업 등에 여자청소년의 사용제한'이 정해졌다.[33] 직업을 가지고 있는 여성의 경우에도 그 직업이 여자에게 적당하지 않거나 또는 생산증강에 방해가 된다고 여겨지는 경우 이를 철저히 제한하거나 정리하고자 했다.

1943년에 들어서면서 동원체제의 목표는 자금·설비·물자·노동력 등의 확충을 통하여 군수생산을 늘리는 것에서, "현재 가지고 있는 생산설비, 원료자원, 노동력 등의 생산력을 최고도로 움직여 가능한 한 많은 생산물을 생산하는 것"[34]으로 바뀌었다. 이를 위해 일제는 가사 및 일부 산업에 국한되어 있던 여성 노동력을 군수 관련 생산 활동에 직접 투입하여 이를 실현하고자 하였다

「생산증강노무강화대책요강」은 기존의 동원체제의 목표가 변화되는 것을 반영한 조치이며, 이를 통해 여성 노동력은 보조적인 수단을 넘어서 전면적인 생산주체가 될 것을 요구받게 된다. 1943년 10월 이후 여성노무동원 정책은 전면적 동원으로 그 대상과 범위가 강화된다.

일본에서 1944년 8월 23일 「女子挺身勤勞令」(勅令 제519호)이 공포·실시되었고, 조선에서도 같은 날짜에 동령이 실시되었다.[35] 「여자정신근로령」의 공포·시행 후 『경성일보』 1944년 8월 27일자 사설은 "여자의 근로동원이 장래 전국의 진전과 국내 노동력 동원의 추이에서 볼 때 불가결한 것이라면 법적태세를 지금이라도 정비하여 두는 것은 절대 필요하다"고 강조하였다. 1945년 3월 31일에는 「국민근로동원령」이 조선에도 공포·실시되어, 「여자정신근로령」도 이에 통합되었다.

---

33) 「勞務强化對策要綱」, 『朝鮮』, 1943.10, 96~97쪽; 『매일신보』 1943.10.9.

34) 「朝鮮産業の決戰再編成」, 東洋經濟新報社, 1943, 18쪽.

35) 여순주, 앞의 논문, 21~22쪽.

싸우는平壤女子勤勞挺身隊

"戰爭, 이길때까지"

軍規속에體得하는奉公의기쁨

(사진은작업광경)

『매일신보』 1944.4.19. 싸우는 平壤女子勤勞挺身隊

동원 사례를 보면, 조선에서는 이미 여자근로정신대의 동원이 법령 실시 이전부터 행해지고 있었음을 알 수 있다.[36] 피해사례뿐 아니라 여자정신대에 대한 기사 또한 법령 실시 이전부터 『매일신보』 등에서 확인된다. 평양정신대의 경우가 이러한 사례 중 하나이다.

평양여자정신대는 "평양의 각 지역별로 있는 여자청년대를 단위로 16세부터 22세까지의 미혼여자들로 조직"하였다. 이들은 "청년대에서 단체적 훈련을 쌓은" 여성들이었다. "청년단에서 훈련은 받았지만, 일을 하기 위해서는 엄격한 규칙을 지켜나가도록 하기 위해 다시 훈련을 받지 않으면 안"되었다. "일체의 행동을 군대식으로 하기 위한 것"이었다.[37] 전시기 조직을 확대시키고 있던 여자청년대를 토대로 미혼 여성들을 조직화하고 이들에 대해 단체훈련을 진행하고 있었다는 사실을 평양정신대의 내용을 통해서도 확인할 수 있다.

「여자정신근로령」(勅令 제519호, 1944.8.23)은 조선에서 이미 시행되고 있던 여자근로정신대 관련 활동에 법적 근거를 부여한 것이었다. 이를 근거로 필요한 경우에는 수시로 지방 장관(조선에서는 도지사)이 소

36) 『매일신보』 1944.4.19.

37) 『매일신보』 1944.4.19 「平壤女子勤勞挺身隊, 戰爭 이길때까지, 軍規속에 體得하는 奉公의 기쁨」.

요 인원에 대한 명령서를 교부하고, 12세 이상 40세 미만의 여자들 가운데 일정한 기능을 가진 등록자를 대상으로 정신대(挺身隊)로 편성하여 출동시킬 수 있게 되었다. 명령서를 받은 자는 원칙적으로 1년간의 근로정신의 의무가 생기는 것이다. 조선에서 남자가 담당해왔던 일들 중 여자가 할 수 있는 일은 여자가 하도록 하여 남자는 중요산업으로 전출하도록 하기 위한 것이다.[38] 그러나 실제 동원 내용을 보면 남자가 하던 일 중 일부만을 수행한 것이 아니라 남자만 가능하다고 생각되었던 노동도 여성들에게 주어졌다.

「여자정신근로령」 공포와 관련해 시오다(塩田)광공국장은 법령의 내용과 운영방침에 대해 『매일신보』를 통해 조선인들에게 설명한 바 있다. 문답형식으로 이루어진 기사에는 「여자정신근로령」의 목적, 범위, 대상, 불복시의 처리 등에 대한 것들을 자세하게 소개하고 있다.[39]

〈표 Ⅰ-8〉 『매일신보』 1944.8.26. 시오다 광공국장의 문답내용

문답	내용
문	조선의 여자근로는 어째서 필요한가
답	싸움이 한층 가울하여짐에 따라서 남자는 제일선의 군무에 또는 전쟁에 직접 필요한 중요 산업부문으로 동원되어 차츰 근로자원이 질과 양에서 부족하여 지고 있다. 이때에 남자를 대신해서 여자들이 용감하게 직장으로 진출하여 생산증강에 돌격하는 것은 가장 숭고한 의무이다. 즉 토목 건축 공공부문에는 물론이고 그 외의 직업방면에도 부인노무력은 거의 동원되지 않고 있는 현상이다. 따라서 부인의 힘을 급속히 동원시켜 근로화시키고 생산화시키고 전력화시킴은 긴급한 전국에 비추어 절대로 필요하다

38) 『朝鮮』, 「彙報」 9月號, 1944, 87~88쪽.

39) 『매일신보』 1944.8.26 「거룩한 皇國女性의 손, 生産戰에 男子와 同熱, 여자근로령 조선에도 실시, 법 23일부터 공포, 鑛工局長과 一問一答」(이하 내용은 이 기사에 의함).

문	종래에 있어 조선에서는 여자동원을 어떠한 방법으로 실시하여 왔는가
답	본인이 자진하여 일터로 나오는 것은 말할 것도 없고, 그 외에 관청에서 알선 장려하는 여자추진대와 국민근로보국협령에 의하는 근로보국대가 있었다.
문	여자정신근로령을 실시하는 취지는
답	일할수 있는 자는 남녀를 구별할 것 없이 모조리 멸적 생산전사가 된다는 숭고한 국민개로의 정신 아래에서 철벽같은 여자근로 태세를 정비한 다음 여자들의 씩씩한 힘을 생산증강에 더욱 효과 있게 집결시킬 것을 목표로 한 다음 그것에 새로이 법적인 근거를 두어 여자근로자들의 급여 대우 후생시설에도 만전을 꾀하기로 된 것이다.
문	여자정신근로령에서는 어떠한 자가 여자정신대의 대상이 되는가
답	여자정신근로령의 적용을 받을 대상이 되는 국민직업능력신고령에 의한 국민등록자인 여자로 한하기로 되어 있다…(중략) 조선에서는 여자의 교육정도 기타사정이 내지와 다르다는 실정에 비추어 일정한 기능을 가진 자에 한하여 국민등록에 올리게 되었다. 즉 조선에서는 12세 이상 40세 미만의 여자 중에서 남편을 가졌건 안가졌건 기능자로서 중등정도의 광공계통의 학교를 졸업하였거나 또는 실력과 경험에 의하여 광산전기 전기통신 기계항공 조선 화학 요업 목공 건축 기상 등의 기술자로서 현직에 일하고 있든가 또 일찍 일한 적이 있던 자만에 한하여 등록키로 되어있다. 즉 조선은 내지에 비하여 일정한 기능자를 제하고는 아직 결혼을 안했거나 이왕 결혼을 했던 여자라도 남편이 없으면 국민등록에서 빠진다. 이점 내지와 다른 점이다. 따라서 조선에서 '여자근로령'의 작용을 받을 여자는 국민직업능력신고령에 의한 기능자 등록에 신고하여야 할 될 범위의 여자에 한하게 된다.
문	그러면 현재 조선에서 정신대의 대상이 될 자는 얼마나 되는가
답	조선에 여자정신근로령이 실시되어 실제로 적용될 대상자는 극히 적은 범위에 지나지 않는다.
문	본령과 국민근로보국협력령과의 관계는 어떠한가
답	여자정신근로령의 대상이 되지 않는 자라도 연령 14세 이상 25세 미만의 미혼자는 국민근로보국협력령에 의하여 그 협력령이 있으면 1년을 통하여 60일 이상의 근로에 복무할 의무가 있다.
문	그러면 지난번 내지에 노송을 한 여자정신대는 법령상으로 보아 어떻게 취급되었는가

답	지난번 내지에 출동한 여자정신대는 관청의 지도 장려에 의한 관의 알선한 방법에 의한 것으로서 법령상의 명령에 의한 것은 아니었다.
문	정신근로의 기간은 어느 정도인가
답	관의 알선에 의한 여자정신대의 기간은 대개 2개년인데 본령에 의한 기간은 1개년이다
문	어떠한 일에 종사하게 되는가
답	총동원 물자의 생산 수리 배급 보관 등 여자에 적당한 총동원 업무이다.
문	본령에 의한 정신대에 까닭 없이 참가치 않는 경우는 어떻게 되는가
답	처음에 정신근로령서의 백지가 교부되어 그것을 받아가지고 출동치 않는 자에 대하여서는 시칙령서가 계속하여 교부되고 그래도 그 명령에 복종치 않는 자는 국가총동원법에 의한 1년 이하의 징역 또는 천원이하의 벌금에 처하게 된다. 또한 필요에 의하여서는 긴요한 도수가 여ㅁ요행 회사 등에 일하고 있는 자는 여자정신대에 가입 출동하도록 명하는 경우도 있다.

위의 문답내용은 「여자정신근로령」의 주요 조항 관련 내용을 토대로 「여자정신근로령」의 목적(취지) 및 대상범위 그리고 이를 거부했을 경우의 조치 등이 담겨있다.[40] 이 문답에서도 드러나듯 「여자정신근로령」 공포 이전부터 여성노동력 동원이 이루어지고 있었다는 사실을 알 수 있다. 종래 조선에서는 "관청에서 알선 장려하는 여자추진대와 국민근로보국협력령에 의한 근로보국대가 있었"는데 지금은 "일할 수 있는 자는 남녀를 구별할 것 없이" 동원하기 위해 새로 법적인 근거를 마련했다고 말하고 있다. 여성의 "근로화", "생산화", "전력화"의 필요성을 제기하며 여성의 적극적인 동원을 피력하였다.

"여자근로자들의 급여 대우 후생시설에도 만전을 꾀하기로 한 것"을 언급했지만 이는 「여자정신근로령」 제13조 "사업주에 대해 대원의

40) 각 시기별로 여성노동력 동원의 정책을 이해하는 데 「여자정신근로령」의 구체적인 내용을 재확인하는 차원에서 표로 제시하였다. 여순주(1994) 연구 참고 바람.

사용 또는 급여 기타 종업조건에 관해 필요한 명령을 할 수 있다"라는 조항을 그럴듯하게 설명한 것에 불과하다. 이와 관련하여 「여자정신근로령」 공포 이후 구체적인 조치나 명령 등은 보이지 않는다. 여성들에 대한 급여 및 후생시설과 관련해서는 실제 동원된 여성들의 사례에서 그 실상을 확인할 수 있다. 후생시설이나 급여, 대우 등은 매우 열악하였으며 군대식 통제와 강제적 규율이 있는 생활을 해야 했다.

대상범위와 관련해 「여자정신근로령」 제3조에 의하면 "정신근로를 해야 하는 자는 국민직업능력신고령에 의한 국민등록자인 여자로 한다"고 되어 있다. 그래서 광공국장은 조선에서 그 대상이 되는 여성이 극히 적을 것이라고 말하고 있다. 그러나 조선에서는 여성에 대한 대상 연령이 엄격하게 적용되지 않고 있었다는 점을 주지할 필요가 있다. 특히 학교를 통해 일본으로 동원된 여자정신대를 보면 어린 소녀가 동원된 사례도 있었던 것으로 보아 연령에 대한 기준이 제대로 지켜졌다고 보기 어려운 측면이 있다. 그리고 제3조에는 "전항 해당자 이외의 여자는 지원을 할 경우에 한해 대원이 될 수 있다"는 내용도 포함되어 있기 때문에 국민등록자인 여자가 아니더라도 사실상 필요에 따라 여성에 대한 동원이 가능했다.

"지원(志願)"의 사전적 의미는, '어떤 일이나 조직에 뜻을 두어 한 구성원이 되기를 바라는 것'을 말한다. 그러나 전쟁말기에 이루어진 "지원"은 자발적 의지에 의한 경우보다 주변의 상황과 압박 등에 의해 어쩔 수 없는 선택에 의해 이루어지는 경우가 많았다는 점을 이해할 필요가 있다.

「여자정신근로령」의 대상이 되지 않는 여성이라도 이미 "14세 이상 25세 미만의 미혼자는 국민근로보국협력령에 의하여 1년 중 60일 이상의 근로에 복무할 의무"가 부여되고 있던 상황에서 「여자정신근로령」은 동원되는 여성의 연령기준을 낮추고 대상범위를 40세 미만까지 확대하였다.

『매일신보』 1944.8.26. 「여자정신근로령」 조항 중 처벌 관련 내용(하단)

'정신대근로령서'를 받으면 이를 받아들여 출동해야 하고, 이에 복종하지 않을 경우 "국가총동원법에 의해 1년 이하의 징역이나 천원 이하의 벌금에 처하게 된다". 또 필요할 경우에는 이미 회사 등에서 일을 하고 있는 여성이라 할지라도 여자정신대로 동원할 수 있도록 규정함으로써 필요한 여성 인력을 언제든 동원이 가능하도록 하였다. 이 내용을 토대로 정리하면 「여자정신근로령」은 이전의 「국민근로보국협력령」보다 강화된 법령으로 볼 수 있다.[41)]

41) 『매일신보』 1944.9.9 「勤勞動員問答, 女子는 徵用하는가」.

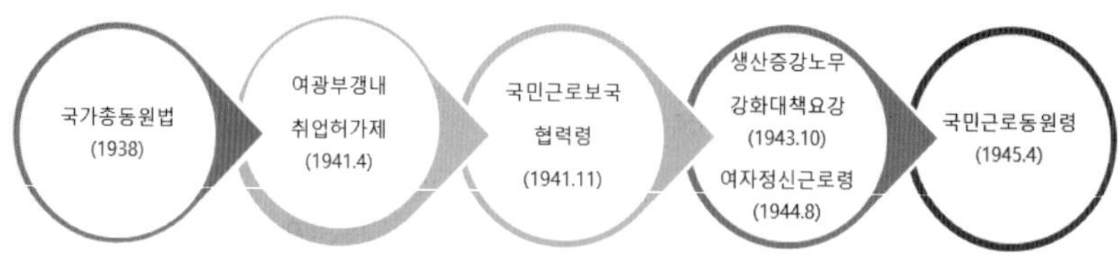

〈표 Ⅰ-9〉 여성동원 관련 법령과 동원대상

관련 법령	동원 최소연령	동원대상(연령)	내용
국가총동원법 (1938.5)	20세	근로보국대 20세~40세 미만 (지역실정에 따라 차이 존재)	· 전시—전쟁에 준하는 사변의 경우를 포함—에 국방목적을 달성하기 위해 국가의 전력을 가장 유효하게 발휘할 수 있도록 인적, 물적자원을 통해 운용하는 것
여자광부갱내 취업허가제 (1941.4)	16세	16세 이상 부인 (임신이나 산후 3주일 경과하지 않은 사람 제외)	· 광물자원 획득을 위한 노동자 수요를 확보하기 위하여 1941년 '여자광부갱내취업허가제' 특례를 통해 여성이 갱내에서 작업할 수 있도록 허가
국민근로보국협력령 (1941.11)	14세	14세~25세 미만(1941.11) 14세~40세, 배우자가 없는 여성(1944.11)	· "국가의 요구에 따라 중요한 업무에 노무를 동원할 필요가 있는 때" 조선총독의 명령을 받은 도지사가 부윤, 읍면장과 그 밖에 각 단체의 책임자와 각 학교장에게 근로보국대를 조직하라고 명령하면 이에 해당하는 이들을 동원하는 체계 · 근로능력이 있는 국민 전부를 국가의 중요한 업무에 동원시킬 목적

생산증강노무강화 대책요강 (1943.10)	14세	14세 이상 미혼여성 (학교출신자 등을 전면적 대상으로 포함하고자 함)	· '유휴노동력(遊休勞動力)', '불요불급노동력(不要不急勞動力)'의 군수산업 배치, '근로보국대'의 강화', 징병검사자의 노동력동원, 여성노동력의 적극적 동원, 주요 도시 일용노동자의 통제, 죄수 · 사법보호대상자, 포로에 대한 노동력 동원
여자정신근로령 (1944.8)	12세	12세~40세 미만	· 수시로 필요한 경우에는 지방장관(조선에서는 도지사)이 소요 인원에 대한 명령서를 교부하고, 12세 이상 40세 미만의 여자들을 정신대(挺身隊)로 편성하여 출동시킬 수 있게 함 · 총동원 물자의 생산 · 수리 · 배급 · 보관 등 여자에 적당한 총동원 업무 수행

〈표 Ⅰ-9〉는 1938년 이후 여성동원과 관련한 법령 등에서 제시한 동원대상을 정리한 것이다. 이에 따르면 근로보국대의 경우 20~40세 미만, 국민근로보국대는 14~25세 미만(1944.11, 14세~40세, 배우자가 없는 여성), 여광부갱내취업허가제의 조선광부부조규칙 특례의 경우 16세 이상의 부인, 「여자정신근로령」은 12~40세 미만 여성이 동원대상이다. 동원의 최소연령이 20세 → 16세 → 14세 → 12세로 점차 낮아지고 있음을 알 수 있다.

「여자정신근로령」이 실시되는 1944년 동원의 최소연령은 12세였다. 조선총독부는 이미 1940년 노무자원조사(1부 1장)에서 각 지역별 12~19세 여성의 노동가능 인력을 파악하고 있었다. 1944년 시행된 「여자정신근로령」의 동원 최소연령은 1940년 노무자원조사 대상의 연령과 일치한다. 이는 일제가 1940년대 초부터 동원가능한 조선 여성의 최소연령을

12세로 염두하고 있었다는 것을 의미한다.

『매일신보』에 게재된 여자정신대 관련 기사를 보면 1944년 8월 「여자정신근로령」이 공포되기 이전부터 일본으로 여자정신대를 보냈다는 사실을 확인할 수 있다. 일제는 「국가총동원법」 이후 근로보국대나 여자정신대 등을 통해 이미 여성을 동원하고 있었고, 「여자정신근로령」은 이러한 동원에 대한 사후법제화가 이루어진 것이다. 그렇다면 사후법제화는 여성노동력 동원에 어떠한 영향을 준 것일까.

「여자정신근로령」 이전의 여성노동력 동원 방법은 크게 세 가지로 볼 수 있다. '관의 알선에 의한 것', '자진하여 일터로 나오는 것' 그리고 '근로보국대'에 의한 것이다. 이들 동원은 대부분 관이 주도하여 진행하였다. 근로보국대의 동원도 사실상 학생과 일반인을 대상으로 정해진 장소, 정해진 일정에서 행해진 반강제적인 형태의 동원이었고 공동작업 등의 동원에도 말단행정기관의 관여를 통해 수행되었다.[42] 이미 관에 의해 주도적으로 이루어지고 있던 여성노무동원은 법제를 통해 이전보다 강력한 통제 하에서 이루어지게 된다.

신문 등에서 확인할 수 있는 것은 동원의 실상보다는 여성에게 적극적으로 노동에 나설 것을 촉구하는 선전의 내용이 주였다. 이는 여자정신대 등에 응모하거나 자원을 한 여성들을 자세하게 소개하고 여성의 역할을 강조하는 방식으로 전개되었다.

> 광공국장님, …(중략) 저희들은 이곳에서 겨우 반년 밖에 안되었사오나 내지의 풍습도 약간이나마 배우고 일도 이제는 익숙하게 되엿나이다. 그리하여 지금까지 조선부인들이 너무나 일을 하지 않는 것을 부끄럽게 생각하였나이다. 이곳에서는 모든 사람이 실로 잘 일하고 조금이라도 나라에 도움이 되게 하고저 성심성의껏 일하고 있습니다. …(중략) 국장님께서

42) 국사편찬위원회, 『구술사료선집3: 지방을 살다, 지방행정 1930년대에서 1950년대까지』, 2006, 91쪽.

말씀하신바와 같이 조선부인들이 일하지 않는다는 나쁜 풍습을 저희들은 저희들의 일로서 깨끗이 씻어버리려고 하나이다. (중략)…

정신대원의 편지, 수기, 현지시찰보고회 등은 여자정신대를 선전하는 주요 소재 중 하나였다. 편지나 수기의 형식을 빌어 여성 노동이 필요한 이유, 여성 역할의 중요성 등을 역설하며 여성들로 하여금 노동현장으로 나설 것을 주장한다. 식민지 조선여성들도 전쟁을 위해 일정한 역할을 해야 한다는 이러한 논리는 편지, 보고회, 수기, 좌담회 등과 같은 방식을 통해 선전되었다.[43]

이미 많은 여성들이 공장이나 탄광산 등으로 동원되었지만 더 많은 여성을 노동 현장으로 끌어내기 위한 선전을 계속해 나갔다. 선전을 통해 이미 다양한 분야에서 이루어지고 있던 여성노동력 동원에 대한 강제적 성격을 희석시키고자 한 것이다. 그러나 소문 등을 통해 일부 조선인들은 전쟁의 추이나 정책의 변화 내용 등을 인지하기도 했다.

중일전쟁 이후부터 일제가 '유언비어'라 칭하며 단속을 하였던 각종 소문은 1941년 12월 태평양전쟁을 전후한 시기에도 계속 등장하였다. 조선 민중들 사이에 떠돌았던 소문 등은 실제 전황(戰況)의 전개, 그리고 그에 따른 일제당국의 구체적인 정책 변화 등과 밀접한 관계가 있는 내용도 있었고, 여성동원과 관련한 내용이 조선인들 사이에 구체적으로 나돌기도 하였다.

1943년 1월 15일 함흥에서 함남 장진군 북면 이상리로 향하는 도중 여객 자동차 내에서 동승중인 이름 불명의 조선인(氏名不詳鮮) 부인 4명에게 "강원도에서는 17, 18세가 되는 처녀 중에서 곱고 아름다운(綺麗) 사람을 뽑아 무리하게 전쟁하는 곳으로 보냈기에 15, 16세가 되는 처녀는 한창

43) 김미정, 『일제말기 여성동원 선전논리』, 2021, 72~74쪽.

때 결혼식을 거행하고 있다"는 취지의 방언(放言)을 하여 조선임시보안령 위반으로 처리되었다.[44]

식민권력이 추진한 여성동원에 대해 징용이 아니라며 형식적인 명분이라도 유지하고자 했던 이유는 여성동원에 대한 조선인의 반발을 우려한 때문으로 생각된다. 특히 여성에 대한 동원은 조선사회에서 강력한 반발이 제기될 소지가 있다. 그렇지만 전쟁 말기가 되면 기존의 형식적인 명분을 유지하려는 방식조차 희미해지고, 노골적으로 여성 노동을 강조하는 방향으로 전환되었다. 이는 여성노무동원이 실제 각종 현장으로 강화·확대되는 방식으로 이어졌다.

「여자정신근로령」의 시행은 여성을 직접적인 대상으로 한 법제라는 점에서 이전의 다른 법령들과는 구별된다. 시오다 광공국장이 「여자정신근로령」에 해당되는 조선인 여성이 많지 않다고 이야기한 것과 달리 앞서 언급한 바와 같이 그 대상 범위는 이전보다 오히려 확대되었다. 그리고 「여자정신근로령」은 여성에게도 실질적인 강제징용이 이루어지게 되는 법적인 토대를 제공하였다. 대상의 범위와 동원방식 그리고 이를 따르지 않는 자에 대한 처벌까지도 언급함으로써 동원하고자 하는 대상이 저항할 수 없도록 하는 기제를 마련하여 관의 노골적인 강제차출의 방식을 강화하였다.

4. 소결

일제는 1941년 여성노동력의 안정적 확보를 위해 「여자광부갱내취업

44) 전금순(田錦順) 25세, 1943.2.22. 조선임시보안령 위반으로 기소유예(朝鮮總督府警務局, 『朝鮮不穩言論取締集計書』, 1942, 197쪽).

허가제」와 「국민근로보국협력령」을 실시하여, 그동안 금지해왔던 여성들의 갱내작업을 허가하고 여성 노동의 작업 범위도 농촌노동력의 보조적 수준이 아니라 총동원의 직접 대상인 노동으로 범위를 확대하였다. 동년 11월 「국민근로보국협력령」을 통해 제시된 동원대상, 작업내용, 작업기간은 기존 근로보국대에 비해 강화된 것으로 볼 수 있다. 또한 근로보국대와 비교하면 동원의 최소연령이 낮아졌으며, 14세에서 25세 미만의 미혼여성은 모두 동원의 대상이 되었다.

작업내용은 "총동원 물자의 생산 · 수리 · 배급에 관한 업무 및 국가총동원상 필요한 운반 · 통신 · 위생 · 구호 등에 관한 업무, 군사상 필요한 토목건축업무 등의 작업"을 수행하도록 명시하였다. 구체적으로 농번기에 농촌노무의 보충뿐 아니라 광산에서의 갱외작업, 군사상 필요한 토목 건축사업 중의 간이작업까지 작업내용이 확대되었다. 이렇게 여성노동력을 활용하기 위한 방안들이 모색되면서 여성노동력 동원 영역도 다양화되었다. 여성노무동원이 다양한 영역에서 진행된 것은 조선여성들이 남성을 대신하는 노동력으로 적극 활용되었다는 것을 보여주는 것이다.

1943년 10월 「생산증강노무강화대책요강」이 발표되면서 모든 계층의 여성들에게 노동력 동원이 확대되기에 이른다. 여성노무동원이 본격화되면서 '사회적 강제'가 사회전반에 확대되면서 당시 조선인들은 여성동원을 거부할 수 없는 사실로 인식하게 되었고 「여자정신근로령」의 공포 · 실시를 통해 '법적 · 제도적 강제'도 강화되었다. 1944년 8월 「여자정신근로령」의 공포는 이미 시행되고 있던 여성노무동원에 대한 사후법제적 성격을 가진 것으로 여성을 대상으로 한 법령이라는 점에서 주목된다.

제2부

여성동원의 선전논리와 조직

2부에서는 1부에서 다룬 전시기 여성노무동원정책의 전개 과정 속에서 진행된 여성동원 논리와 동원을 강화하기 위한 조직 등을 살펴본다. 조선총독부가 내세운 '전시여성상'의 내용과 이러한 논리 속에서 수행된 여성노무동원의 특징을 여성성 동원과 노동력동원의 관계 속에서 이해해 보고자 한다.

식민지 조선에서는 '총동원체제'가 본격화되면서 동원을 위한 법령 등 제도를 마련함과 동시에 이를 식민지 조선인들이 받아들이고 실행할 수 있도록 분위기를 만들어야 했다. 전쟁에 필요한 인적자원을 안정적으로 확보하기 위해서는 전시동원체제에 순응하여 전시정책에 협력하도록 만들어야 했기 때문이다. 특히 여성의 경우, 국내외로 동원되는 남성노동력을 대신할 인력이면서 후방에서 전쟁을 지원해야 하는 존재였기 때문에 가정부인을 비롯한 여성들에 대한 이데올로기적 공세가 필요했다.

제3장
강요된 '전시형여성(戰時型女性)'

전쟁이 본격화되면서 어머니의 역할은 '군국의 어머니', 재생산의 주체라는 정의에 근로여성이라는 심상이 추가되었다. 징용과 징집으로 남성의 빈자리를 채우기 위한 가정유지 주체로서 모성은 전쟁 수행을 위한 인력으로서 활용하기에는 사회정서적 저항이 존재했다. 일제는 이를 극복하기 위해 식민지 조선 여성들에게 근로여성의 심상을 심고자 하였다. 모성을 전시기 식민지배와 동원에 활용하려는 일제의 조선 여성에 대한 정책은 모성의 정의(定義) 내부에 또 다른 층을 만들어 균열을 가져왔다.

1. 보호받지 못한 조선여성의 '모성'

식민지 근대화과정에서 여성들은 기본적으로 식민통치에 합당하도록 그 역할이 정의되고 재구성되었을 뿐 가부장제의 영향은 축소되지 않았

다. 여성들의 역할을 규정하는 이데올로기는 계층적 차이에 따라 상이하게 진행되었다.[1)]

식민지 교육이 생산해낸 대표적인 여성 집단은 '신여성'과 '현모양처'라고 할 수 있다. 식민지시기 대다수의 여성들은 여전히 농업에 종사하고 있었고, 기존의 관습을 유지하며 생활하고 있었다. 따라서 당시 가족과 여성 역할에 대한 흐름을 주도한 층은 근대교육을 접해 본 경험이 있는 도시의 중상류 여성들이었다고 할 수 있다.[2)] 계몽주의적 민족주의자들은 민족의 실력양성을 위해 '가정개량론'을 내세웠으며 일제 식민정부 역시 통치 목적에 맞게 가정생활의 풍속을 교정하려는 정책을 시행하였다. 이러한 과정 속에서 소비절약, 위생생활, 가사노동 등에 대한 담론과 계몽교육 등이 이어졌다. 일제는 중상류 여성들에게 현모양처 이데올로기를 여성 역할의 이상적인 가치로 제시하였다. 일제는 통감부 시기에 이미 '양처현모'주의 교육을 조선에 도입하였고 근대적 여성교육 기관의 교육내용도 가정에 필요한 교육(가사, 재봉 등) 중심이었다. 일제는 식민지 조선에서 현모양처 교육과 이데올로기를 보급하며 식민체제에 순응하는 여성상을 강조하면서, 또 다른 한편에서는 식민지적 산업화에 적응하기를 원했다.[3)]

일제하 식민지 산업화의 전개는 전반적인 산업구조의 변화를 가져왔고 그 과정에서 여성의 사회적노동 참여의 유형이나 형태도 완만하게나마 변화를 겪게 된다. 산업별 유업자의 분포를 보면 일제시대 전체적으로 남녀 모두 농업부문에 집중되어 있었다.

상업교통업, 공무자유업 등 새로운 직업군이 등장하였고 식민지 산업

1) 강이수, 「일제하 여성의 근대경험과 여성성 형성의 '차이'」, 『사회과학연구』, 서강대 사회과학연구소, 2005, 103쪽.

2) 김경일, 앞의 책, 54쪽.

3) 강이수, 앞의 논문, 2005, 108~109쪽.

화과정을 통해 도시를 중심으로 새로운 직업을 갖는 여성들도 있었지만 소수였다. 대부분의 여성들은 여전히 농업에 종사하고 있었다. 다수의 식민지 조선 여성들은 농촌을 기반으로 생활하고 있었고 먹고사는 것을 걱정해야 하는 궁핍한 생활을 하였다.

〈표 Ⅱ-1〉 조선인 주업자의 성별(여성)·업종별 구성 비율 (단위:%)

연도	농업	공업	상업교통업	공무자유업	기타
1920	93.3	1.2	3.8	0.5	1.3
1930	91.2	1.0	3.9	0.8	3.1
1940	90.5	1.0	4.0	0.8	3.7
1942	89.1	1.4	3.8	1.1	4.6

출처: 조선총독부통계연보 각년도.

일제의 농업정책은 조선 농민들의 궁핍을 심화시켜 대다수 농민들은 빈곤에 시달렸다. 농업경영에 의한 수입만으로 생계를 유지하기가 어려워지자, 농가의 여성들은 임노동이나 겸업 · 부업으로 생계를 보충했고 이마저도 어려운 농민은 생계를 위해 도시로 이주하기도 하였다.[4] 이농민들은 도시에서 광범위한 실업자군을 형성하며 고용의 기회와 조건을 악화시켰다.

식민지하 일제의 수탈과 강제동원으로 몰락 일로에 놓인 농가생계 유지는 농촌여성이 담당해야 했고, 미혼여성의 경우는 가계보조를 위하여 도시로 나가 여공이 되기도 하였다. 식민지하 가족은 기본적으로 일제의 식민지적 산업화에 적응하며, 식민통치의 기본단위로서 기능해야

4) 농촌여성들의 생활은 여성 잡지에서 다음과 같이 언급되기도 하였다.
"한달에 한번이나 세수를 할까 말까. 일년에 한번이나 목욕을 할까 말까. 손톱, 발톱 깎지 않아도 너무 달아져서 솥곱고 호미쥐어 김매는 손이 발바닥과 같이 굳어졌다가 겨울에 풀려지노라면 또 차디찬 겨울물과 바람에 거칠어지고 터져 피가 날 지경이다…(중략)"(韓黑鳩, 「농촌부인은 고달프다」, 『女性』 제5권 제1호, 1940.1, 97쪽).

한다는 전제 위에서 새로운 유형으로 변화가 진행되었다. 여기에 일본식 '이에(家)제도'[5]가 도입되면서 적장자 우대 상속제와 가부장권이 강화되었다. 일제하 조선의 여성들이 노동현장에 참여하게 된 배경에는 전통사회의 내적 붕괴와 일제의 식민정책으로 인한 생활의 궁핍화에 있었다.

여성의 역할을 기본적으로 가정으로 한정하였기 때문에 여성의 생산활동은 남성의 활동에 대한 보조로 규정되었고, 여성 노동력에 대한 낮은 평가는 저임금으로 연결되었다.[6] 현모양처 이데올로기는 식민통치에 부응하고 가부장적 사회체제에 적합한 여성을 생산해내기 위한 것이었다.[7] 현모양처는 '어진 아내'와 '현명한 어머니'라는 의미에 천황제 국가에 봉임하는 역할과 의미도 포함된 것이었다.[8]

1920년대 중반 이래 일간지 등에서는 여학교의 가사교사 등이 중심이 되어 가사노동의 효율과, 위생과 청결, 전업주부론 및 부엌구조의 개선 등을 제안했다. 특히 주부가 가사를 전담해야 한다는 논의와 '식모'에게 들어가는 비용을 아껴야 한다는 논리는 1930년대까지 신문과 잡지 등에서 언급되었다.[9] 뿐만 아니라 1920~30년대 신문이나 잡지에서는 여성의 특수한 힘은 바로 가정에서 자녀를 보살피고, 남자에게 위안을 주는 것

---

5) 1912년 3월 공포한 「朝鮮民事令」 제1조와 제8조에 따라 조선인의 민사에 관한 사항은 「조선민사령」이나 그 밖의 법령에 특별한 규정이 없는 한 일본의 명치민법을 적용할 수 있게 되었다. 명치민법의 적용으로 종전의 '집안어른'으로서의 가장의 개념과 분명히 다른 호주제가 이식되었다. 戶主權은 호주가 일가의 주재자, 통솔자로서 가족을 지배하는 권리이며, 가족원의 부모의 親權보다 우선한다(이만열 · 김영희, 앞의 책, 292쪽).

6) 이만열 · 김영희, 앞의 책, 294쪽.

7) 가와모토 아야, 「한국과 일본의 현모양처 사상: 개화기로부터 1940년대 전반까지」, 『모성의 담론과 현실』, 나남, 1999, 229쪽.

8) 홍양희, 「현모양처론과 식민지 '국민' 만들기」, 『역사비평』 52, 2000년 가을호.

9) 한일여성공동역사교재 편찬위원회, 『여성의 눈으로 본 한일근현대사』, 한울아카데미, 2005, 128쪽.

이며, 가정을 책임지는 역할은 여성의 천성이자 천직이라는 내용 등이 게재되곤 하였다. 나아가서 가정생활과 직업을 동시에 유지할 수 없다면 여성은 직업을 버리고 가정을 가져야 한다는 권고를 하거나 직업을 갖는 것을 여성의 본성에 손상을 주는 것이라고 지적하기도 했다.[10] '가정부인'으로서의 역할을 할 수 없는 여성에 대한 연민 또는 불신과 불안의 시선, 여성의 직업을 둘러싼 논의들이 공존하고 있었다. 그런데 전시체제가 되면서 기존에 논의되었던 '가정부인'과 '직업부인'에 대한 다양한 논의들은 점차 '총후'여성의 임무와 역할에 대한 내용으로 대체되게 된다. 기존에 전개된 여성의 일, 여성노동에 대한 논의들은 전쟁을 위해 바뀌어야 하는 여성상과 이에 대한 선전논리에 대한 내용들로 전환되었다.

식민권력은 전쟁 지원 논리의 일환으로 여성에게 '군국의 모성'을 강조했다. '군국의 모성'은 '모성'의 일반적인 개념[11]에 식민권력의 정치적 의도를 입힌 개념이라 할 수 있다. 전시기 여성들은 임신, 출산, 양육과 관련하여 국가의 통제와 간섭을 받게 된다. 인적자원의 확보라는 명분을 가지고 개인의 결혼, 임신, 출산, 양육의 방식에 국가가 개입하고 이들에 공적인 의미를 부여하는 것이다.[12]

> (중략)… 군국의 어머님되신 조선어머니에게 삼가 몇 말씀을 드립니다. 귀여운 아드님을 씩씩하고도 용감하게 길러 나라에 바치신 군국의 어머님은 이세상에 나은 보람이 있으십니다. …(중략) 귀여운 아드님을 나라에

10) 『동아일보』 1925.11.7~11.8 「일반여성의 타고난 텬직과 직업」; 『동아일보』 1926.1.1.~1.3 「허영숙 남자 할 일, 여자 할 일」; 『동아일보』 1936.2.20 「여성과 직업」

11) 모성(母性, Motherhood)은 여성이 어머니로서 가지는 정신적·육체적 성질 또는 그런 본능을 말한다(국립국어원, 『표준국어대백과사전』).

12) 안태윤, 『식민정치와 모성』, 한국학술정보, 2006, 120~144쪽; 와카쿠와 미도리, 『전쟁이 만들어낸 여성상』, 소명출판, 2011.

바쳐서 그 몹쓸 악마를 단칼에 무찌르도록 큰 공적을 쌓으셨으니 그 얼마나 정신이 고상하다고 하겠습니까. …(중략) 그러면 그 몹쓸 악마들을 쳐부스러간 자제님이니 그 얼마나 씩씩하고 용감하고 통쾌합니까. 그런데 넌즈시 알려드리는 말씀은 **귀여운 자제를 나라에 바칠 때에 군인의 어머니다웁게 웃음으로 내놓으시지요. …(중략) 눈물로 보내느니보다 웃음으로 보내는 것이 자제에게는 더욱 용기를 북돋아주는 비결입니다.** "아! 우리 어머님은 참으로 훌륭한 어른이시다. 이런 늠름한 어머님의 자식된 본분을 다하겠다"는 결심이 더욱 용솟음칠 것입니다.[13] (강조는 필자)

『매일신보』 1944.12.17. 군국의 어머니에게

전시기 모성 관리(乳幼兒정책 포함)의 측면에서 조선과 일본의 정책에는 차이가 있다. 일본의 경우 1938년 설립된 후생성(厚生省) 체력국(體力局)에서 모자보건문제를 담당했고, 1941년 8월 후생성 인구국(人口局)이 설치, 인구국 안에 모자과(母子課)가 만들어졌다. 1942년 후생성은 「임산부수첩규정」을 만들어 11월 임산부수첩을 지급하였고, 임산부

13) 『매일신보』 1944.12.17 「군국의 어머니에게 ①어떠한 각오를 가져야 할까」.

에게 최저 3회의 검진을 의무화하는 방침 등을 시행하였다. 이는 출산을 증가시키고 모자보호를 하기 위함이었다. 1942년 후생성에서는 모자보호법에 근거하여 생활보조 · 양육보조 · 생업보조금액을 인상했다.[14] 또한 「중요사업장노무관리령」을 통해 200인 이상의 여자종업원을 채용하고 있는 사업주에 대해서 필요한 경우에는 유아시설 설치를 명할 수 있게 하였다. 임산부수첩과 같이 2세 미만의 유아를 대상으로 체력수첩을 교부하여 출생부터 체력에 관한 중요사항을 기록하게 함으로써 임산부뿐 아니라 유아까지 보호관리의 대상으로 삼았다.[15]

후생국의 모델은 1938년 내무성의 위생국 · 사회국, 체신성에 보험국 업무를 묶어서 설치된 일본 후생성이다. 후생성은 1930년대 노동 · 보건 · 방역 · 의료 · 체육 등을 담당할 '위생성'으로 구성되었다. 육군이 후생성 창설에 깊이 개입한 것은 정예의 병사, '健兵'을 확보하기 위해 그 모집단 인구를 '健民'으로 관리한다는 취지에서였다. 조선에서도 1938년부터 "사회시설 확장, 체위향상"을 위한 후생국 설치와 그에 따른 내무국 재편 등이 논의되었으나 조선에서 후생국은 1941년에 가서야 설치되었고, 그 사무 역시 보건위생보다는 노동력 확보에 치우쳤다.[16]

1941년 11월 설립된 후생국은 조선내 노동자의 수급조절, 국민체위향상시설 확충, 군사원호사업의 강화, 사회사업체제의 정비, 인적자원의 증강 등 사무를 관장하기 위한 목적을 가졌다. 후생국에는 보건과, 위생과, 사회과 및 노무과(勞務課)의 4개과를 두었다.[17] 이들 과(課) 중에서

14) 와카쿠라 미도리, 앞의 책, 63~64쪽; 김경주, 『아시아 · 태평양전쟁기 일본의 모성에 관한 연구: 여성동원 수단으로써의 모성의 관점에서』, 숙명여대일본학과 석사논문, 2008, 17~19쪽.

15) 김경주, 앞의 논문, 21쪽.

16) 서호철, 「조선총독부 내무부서와 식민지의 내무행정: 지방과와 사회과를 중심으로」, 『사회와역사』 102집, 2014, 70쪽.

17) 『朝鮮總督府訓令』 제103호, 1941.11.19.

보건과가 모성 및 유유아(乳幼兒)의 보건에 관한 사항을 담당하도록 사무가 분장되어 있었다.[18]

조선에서도 인적자원의 확보를 위해 결혼과 다산을 장려하고 있었지만, 실제 조선에서는 일본에서와 같이 검진을 의무화하여 모체를 관리하고 보호하려는 조치는 시행되지 않았다.[19] 인적자원을 확보하기 위해 "임산부 보호와 육아지도를 철저히 하야 튼튼한 애기를 나어 씩씩하게 기르는 것이 특히 요구"되어 총독부 후생국(厚生局)이 "구체적 방책을 연구중"[20]이라고 했지만 후생국 신설 1년 후인 1942년 11월 후생국은 폐지되었다. 후생국 보건과에서 다루던 업무들 중 일부는 1942년 11월 개편된 위생과(衛生課)로 이관되었지만, 전쟁수행을 위해 자원 및 인적자원을 동원하는 것에 집중되어 있던 상황에서 모성 및 유유아 보건 업무의 비중은 크지 않았다. 후생국 하부조직이었던 노무과가 후생국 폐지 이후 노동력 확보와 수급을 위해 점차 세분화되어 강화되고 있었다는

18) 제12조 후생국(厚生局)에 보건과, 위생과, 사회과 및 노무과(勞務課)를 둔다.
보건과에서는 다음의 사무를 관장한다.
1. 체력향상 기획에 관한 사항
2. 체력의 조사 및 관리에 관한 사항
3. 체육운동의 조사, 연구 및 지도에 관한 사항
4. 모성 및 유유아의 보건에 관한 사항
5. 음식물, 착색료, 유해물 등에 관한 사항
6. 도장, 도축, 식육 및 우유에 관한 사항
7. 생활환경의 위생 및 청소위생에 관한 사항
8. 관천장, 해수욕장, 극장, 영화관 등의 위생에 관한 사항
9. 묘지, 화장장, 매장 및 화장에 관한 사항
10. 결핵, 癩, 화류병, 지방병 및 정신병에 관한 사항
11. 급성전염병예방에 관한 사항
12. 세균의 검사 및 혈청예방액류의 제조에 관한 사항
13. 局內 다른 과의 주관에 속하지 않는 사항

19) 안태윤, 앞의 책, 135~136쪽.

20) 『매일신보』 1942.7.14 「人的資源確保策으로 먼저 姙産婦를 保護 厚生局서 熱意成案 中」.

점과 비교된다. 동원 업무를 담당하는 부서의 비중과 역할은 점차 커지고 있었다. 사실상 1942년 11월 이후 조선에서 모성 및 유유아 보건을 위한 정책은 거의 부재하다시피 하였고 그나마 추진되고 있던 정책들은 전시행정(展示行政)에 가까웠다.

아동의 건강상담, 구강위생상담, 우량아 심사회, 아동건강기원제 등을 실시하고[21], 1941년 12월 아시아태평양전쟁이 시작된 후에는 아동애호운동을 아동애호(兒童愛好)에 관한 건민운동(健民運動)으로 전개하기도 하였다. 결혼과 다산을 장려하고, 어머니와 아기를 보호한다고 선전하고 있었지만 일본과 비교하면 모성과 유유아를 위한 실질적인 내용을 갖고 있지 않은[22] 캠페인성 행사에 가까웠다. 일제는 인적자원을 동원하기 위한 논리로 모성을 활용하면서도 정작 조선 여성을 위한 모성보호의 정책에는 관심을 기울이지 않고 있었다.

일본내에서도 노동력 부족 문제로 여성들을 노동현장으로 부를 수밖에 없는 상황이었다. 그러나 일본에서는 노동현장으로 동원된 여성들을 위해 여성과 유아의 보건 및 영양에 관한 정책들을 내놓았다. 일본 여성노동자를 보호하기 위한 정책들을 마련하고 있었던 것이다.

일제는 공장 등과 같은 환경에서 일하는 것이 여성들의 건강에 문제가 될 수 있다는 점을 우려해 출산가능성이 있는 일본 여성을 관리하고자 하였다. 이러한 정책적인 관리가 얼마나 효과가 있었는지는 알 수 없으나 적어도 일본 여성노동자에 대한 정책은 조선과 다른 모습이었다는 것은 분명하다. 부족한 노동력을 위해 여성을 동원하고자 한 목적은 동일했지만 식민지 조선여성들에게는 장차 어머니가 될 여성,

21) 『매일신보』 1938.5.5 「제1회 全鮮 우량유아 심사발표 일생두고 빛날 영광」; 『매일신보』 1942.4.29 「소국민 보호에 만전, 아동애호의 각종행사」.

22) 안태윤, 앞의 책, 126~136쪽.

건민운동 포스터, 국립민속박물관 소장

아이를 낳을 여성을 보호하기 위한 식민권력의 정책이나 의지는 그다지 보이지 않는다. 구호 수준의 선전이나 캠페인 정도만이 있을 뿐이었다. 식민지 조선 여성은 보호의 대상이라기보다 동원의 대상이며 통제의 대상이었다.

1939년 일본 후생성에서는 일본 내 노동력자원 확보를 위해 여성노동자의 특수보호를 요청하는 통첩을 각 지방청 장관 앞으로 보내는데 그 내용은 여성노동자에게 체력과 능력에 따라 적당한 직업을 주고 직종과 작업내용에 유의해서 육체 및 정신에 악영향을 주지 않도록 하는 것이었다. 이와 함께 여성노동자가 많은 공장에서는 여성전용 화장실, 휴게실, 탈의실 및 여성감독자를 둘 것 등을 제안하였다.[23] 일본 내 여성노동자를 보호하기 위한 조치를 모색하였던 것이다. 1943년 11월 후생성은 여성들의 건강관리, 생활지도, 후생문제 등을 제시한 “여자근로관리의 지침”을 정하였다.[24] 노동을 수행하는 데

23) 「女性厚生の設計: 友邦と携へて進軍」, 『東京朝日新聞』 夕刊, 1939.3.15(김경옥, 앞의 논문, 36쪽, 재인용).
김경옥은 일본의 여성노동정책과 인구정책의 상관성에 대해 분석하였는데, 전시체제기 일본 내 일본 여성의 근로동원과 인구정책과의 갈등관계를 파악하였다. 김경옥은 전시라는 특수한 상황 속에서 일본의 노동정책과 인구정책과의 관계가 각각 개별적으로 기능한 것이 아니라 이 둘의 상관관계 속에서 유기적으로 기능했다는 점을 지적하였다. 그리고 이 두 정책이 모두 여성이 공통대상이었기 때문에 정책 시행 과정에서 일본정부의 딜레마가 되었다는 점을 언급하였다. 그리고 전시노무관리 등을 통해 노동정책과 인구정책의 문제를 극복하려고 했으나 일본은 이 딜레마를 해소하지 못하였다고 보고 있다.

향후 어머니의 역할에 지장이 없도록 하기 위한 정책을 모색하였던 것이다. 이러한 정책의 결과들이 당초의 목적에 부응하였는가 하는 것은 또 다른 문제이다. 다만 주목할 것은 이러한 정책을 고민하고 시도하였다는 것이 가지는 의미이다. 즉 이러한 시도는 일본 여성을 보호해야 한다는 정책적 기조가 전제된 것이다. 이는 1943년 7월 주보(週報)에 실린 「決戰下女性の勤勞問題」라는 글에서도 드러난다. 전시라는 상황에서 일본 여성의 노동력 동원에 대해 일본이 가지고 있던 기본방침과 고민들이 무엇이었는지 알 수 있다.[25] 일본 여성의 근로동원이 여자근로자의 모성을 파괴하거나 모성으로서의 중대한 사명에 지장이 된다면 결국 그것이 일본의 민족력, 즉 전력에 영향을 미치는 것으로 파악하였다. 그렇기 때문에 전쟁으로 인해 일본 여성이 근로를 하더라도 "모(母)로서의 임무에 지장이 없도록" 근로관리를 강력히 추진해야 한다고 피력한다. 전쟁으로 인해 여성의 근로동원이 불가피한 상황이지만 일본 여성의 모성을 보호하기 위한 조치를 수행해야 한다는 의지가 확인된다.

일본의 공장법은 1911년 공포되어 1916년부터 시행[26]되었지만 조선에서는 공장법에 대한 논의만 있었을 뿐 시행되지 않았다. 열악한 공장노동과 작업환경 등은 전시기 이후 나아지지 않았다. 무엇보다 근본적

24) 내용은 여자의 생리적 특성과 심리적 소질에 따라 직장 내의 적정배치를 하고, 근로조건이나 취업시간의 적정을 기하도록 하는 것 등에 관한 것이다(김경옥, 앞의 논문, 46~47쪽).

25) 厚生省, 「決戰下女性の勤勞問題」, 『週報』 351號, 1943.7.7

26) 공장법은 유년공, 부인노동자 문제에 관하여 야간업무 및 위험하고 위해한 작업에 대한 금지, 산전산후의 보호가 규정되어 있는 일본 법규이다. 1911년 공포되고, 1916년 시행되었다. 조선에서는 공장법에 대한 논의가 이루어지긴 하였으나 결국 시행되지 않았다(『동아일보』 1922.7.18 「工場法 실시 조사」; 『동아일보』 1929.7.2 「幼年 및 婦人의 深夜業 撤廢 일본 공업계의 劃期的 再現 7월 1일부터 端行」; 『동아일보』 1931.7.25 「工場法을 實施하라」; 『동아일보』 1931.2.2 「工場法施行延期」; 『동아일보』 1935.10.11 「工場法實施 明年에도 절말 시기상조라고 立案中止」; 『동아일보』 1940.2.19 「부국비결은 첫째 노동자의 보호, 조선에도 공장법 실시 금년내로 시행코저 공장취체강화」).

으로 일제는 식민지 조선여성에게 기대한 역할 자체가 달랐다. 식민지 조선여성에게 요구한 것은 노동력과 성(性)을 동원하기 위한 측면이 컸다고 볼 수 있다.

일제는 1938년 2월 「육군특별지원병령」을 공포하고 4월부터는 지원병제도를 실시하였다. 1942년 5월에는 1944년부터 징병제를 실시하기로 결정하였다.[27] 자식을 낳아 키우는 것에서 전쟁터에 내보내는 역할까지 어머니들에게 요구한 일제는 조선 여성들을 설득시키기 위한 논리로 '국민의 의무'를 내세웠다. 일본여성과 동등하게 전쟁터로 아들을 내보내는 것이 마치 식민지 어머니들에게 주어진 명예인 것처럼 선전을 하였다.[28]

실제 이러한 선전에 조선 어머니들의 호응이 크지 않았음에도 지원병 모집을 위한 '군국의 어머니'에 대한 예찬은 계속 선전되었다. 『매일신보』의 가정란에 아들을 훌륭한 군인으로 길러낸 어머니들을 예찬하는 내용이 게재되었으며[29], 병사들의 사기진작을 위해 어머니 역할이 필요함을 역설하였다.

> 나는 우선 교육자인 입장에서 반도의 여성을 어떻게 교육하며 더구나 군인의 아내요 어머니인 중책을 감당하야 나갈 군국여성을 연성하는데 종래보다 더 한층 결의를 새로히 하며 교양과 지식을 길러 나갈지를 다시 한번 느끼는 기회를 가지게 될것입니다. 먼저 내지여성들의 본을 받어 역사에 나은 군인의 어머니 유명한 군인의 아내뿐만 아니라 군인 가족의 가정훈(家庭訓)을 배워 반도에서도 그런 위대한 여성들을 배출해 나가는데

27) 朴慶植, 앞의 책, 1986, 353쪽.

28) 「軍國の女學生に'徵兵'を聞」, 『東洋之光』 제4권 제6호, 1942.6, 75~80쪽; 『매일신보』 1942.5.10; 『매일신보』 1942.5.30(안태윤, 앞의 책, 158쪽).

29) 『매일신보』 1942.3.9 「어머니 품에서 길러지다 진충의 정신과 필승의 용기, 하와이 공격에 얼킨 어머니의 힘」; 『매일신보』 1943.5.30 「군신과 어머니」(안태윤, 앞의 책, 159~160쪽).

학교교육과 가정교육이 일체가 되어 매진하지 않으면 안될줄 압니다. 이와같이 **군국의 여성이 되려면 육체의 건강에 힘쓸 것은 말할 나위도 없는 일이지만 정신의 건강 즉 일본정신에 입장과 강하고 위대한 필승불패의 신념이 강한 정신력을 함양**하여야 될 것입니다.[30] (강조는 필자)

남편이 징병 혹은 징병을 가게 되면 부인은 가정 안팎으로 남편의 역할까지 수행해야 했다. 징병으로 훈련소에 가기 전 찍은 가족사진. 앞줄 왼쪽에서 두 번째 최문식 여사(최문식 제공)

장차 조선 여성이 '군국여성'이 되기 위해 "육체의 건강"뿐 아니라 "정신의 건강" 즉 일본정신에 입각한 정신력을 함양해야 한다는 것이다.

(중략) 즉 **국가를 위해서는 즐겁게 생명을 바친다는 정신**이다. 모든 것이 내 것이 아니다. **내 남편도 내 아들도 물론 국가에 속한 것이다. 최후에 내 생명까지 국가에 속한 것**이라는 것을 절실히 깨달아야 한다. 그러

30) 『매일신보』 1942.5.13 「영광스러운 징병제도 실시를 앞두고 半島母性의 결의는 굿다, 역사에 남을 여성이 되자(祥明女高敎長 裵祥明氏談)」.

고 보면 **국가에 속한 내 남편이나 아들 또 내 생명이 국가에서 요구될 때 쓰인다는 것은 너무나 당연한 일**이다. 못 쓰인다면 오히려 그 얼마나 부끄러운 일인가. 꼬집어 말하자면 나라를 위해서 무엇을 바친다는 것도 말이 안된다. 나라의 것을 나라가 쓰는 것이지 내가 바칠 것은 아무것도 없는 것이다. **잠깐 맡았던 내 아들이 훌륭히 자라서 나라가 다시 찾아 가는 것이다**…(중략)[31] (강조는 필자)

수많은 조선의 젊은이들이 징병제 실시 이후 군인으로 끌려갔다. 훈련소 단체사진(김홍식 제공).

국가를 위해 즐겁게, 기꺼이 생명을 바쳐야 하며 나의 생명조차 국가에 속한 것이기 때문에 남편과 아들의 생명을 국가에 바치라는 것이다.

친일지식인 여성들은 이렇게 일제의 정책에 적극 동조하고 있었다. 박인덕은 "오늘의 반도의 여성은 훌륭한 군인의 어머니나 아내가 될 영

31) 金活蘭(梨花女專校長), 「징병제와 반도여성의 각오」, 『新時代』, 1942.12.

광스러운 지위를 갖게 되었"다며 징병제 실시에 대해 "황군으로 충군 애국할 기회"로 선전하였다. 아들이나 남편들로 하여금 "충군 애국할 기회"를 갖도록 하기 위해서는 어머니의 역할이 중요함을 강조한다. 지원병제도로 인해 "내지인과 나란히 어깨를 겨누"게 된 것이라며 "이럴 때 나라의 은혜를 갚으러"가야 "조선의 장래가 더욱더 가치 있는 것이 될 것"이라고 주장한다.32) 조선 어머니들은 전쟁터로 아들을 내보내는 것을 명예로운 일로 여기는 "황국(皇國)어머니"가 되도록 각성을 요구받았고33), 일본정신에 입각한 '군국여성'이 되어야 했다.

> 오냐! 志願을 해라 엄마보다 나라가/重하지 않으냐 가정보다 나라가 크지 않으냐/생명보다 重한 나라 그 나라가/ 지금 너를 나오란다 너를 오란다/조국을 위해 반도 동포를 위해 나가라/폭탄인들 마다하랴 어서 가거라/엄마도 너와 함께 네 魂을 따라 싸우리라.34)

일제는 "조국"으로 명명되고 "생명보다 重한 나라"로 표현된다. "나가라", "가거라", "싸우리라"는 선동적 문구를 통해 자식을 양육하고 보호하는 모성의 의미는 사라지고 어머니들은 나라를 위해 자식을 희생시키는 파괴적 모성을 가질 것을 강요받는다. 충군과 애국이라는 허울을 내세워 전쟁터에 자식을 바치라는 주장은 모성의 본질적인 개념과는 상반되는 것이다.

> (중략) 다시 묻노니 朝鮮의 아버지와 어머니와 아내와 자식과 누이와 동생들아, 그대들 중에 혹시나 그내의 사랑하는 아늘과 남편과 형과 동생

32) 『매일신보』 1943.11.14; 『매일신보』 1943.11.17; 『매일신보』 1943.11.18 「학도출진격려 어머니 좌담회 ①③④」.

33) 「皇國の母たる覺醒へ」, 『半島學徒出陣譜』, 高宮太平編 京城日報社, 1944.3.15, 60쪽.

34) 『매일신보』 1943.11.12 「내 어머니 한 말씀에(모윤숙)」.

이 병정으로 나갈 것 때문에 슬퍼하고 근심하는 자가 없는가. 만일 그렇다하면 묻노니 아버지여, 어머니여 당신은 과연 무엇을 근심하고 무엇을 슬퍼합니까. 당신의 사랑하는 아들을 이별함이 슬프다 하십니까. 당신의 사랑하는 아들이 죽는 것을 아프다 하십니까. 나는 그런 분이 한 분도 없을 줄 꽉 믿습니다마는 만일에 그런 슬픔과 그런 근심이 있다고 한다면 잘못된 생각입니다. 당신은 슬퍼하는 대신에 기뻐날뛰며 근심하는 대신에 축하연을 베풀 것입니다. 이제야 우리들이 皇國의 무한한 은혜를 갚을 날이 온 것입니다. 이제야 당신들이 애쓰고 기른 자손들이 기른 보람있게 그 생명을 나라를 위해 바칠 수 있게 된 것입니다…(중략)[35]

사랑하는 남편과 자식이 병사가 되는 것을 슬퍼하고 근심하는 것조차 잘못된 행동이라 비난하고 있다. "슬퍼하는 대신에 기뻐 날뛰"어야 하고, 생명을 바칠 수 있게 된 것을 기뻐해야 한다는 주장에는 자식을 보호해야 하는 존재로서 어머니의 역할은 보이지 않는다.

요컨대 일제 초기 여성교육은 '부녀자의 덕목'을 기르고 '생활에 유용한 지식기능'을 가르치는 교육이념에 따라 식민체제에 순응할 수 있는 순종적인 식민지 여성을 양성하는 데 주력하였고 이를 식민통치에 이용하였다.[36] 일제가 요구하는 여성상은 순종적이지만 필요할 때 활용될 수 있는 인적자원이 되는 것이었다. 일제는 인적자원의 확보를 위해 결혼, 임신, 출산, 양육 등에 개입하고 이를 통제하고자 하였으며 전쟁에 참여할 지원병 모집을 위해 어머니도 선전의 대상으로 삼았다. 전쟁 동원의 수단으로 모성을 이용한 것과는 대조적으로 모성보호 등과 관련한 정책은 빈약했다.

35) 松村紘一(舊名 朱耀翰), 「새로운 覺悟」, 『大東亞』 제14권 제5호, 1942.7.1.
36) 한국여성연구회, 『한국여성사: 근대편』, 풀빛, 1992, 61쪽.

『小國民』 제2권 제6호, 경성일보사, 1944.6, 국립민속박물관 소장
일본 해군복을 입은 아이의 그림이 있는 월간 아동잡지 『小國民』. 사진, 삽화, 만화, 소설, 시 등을 통해 일본의 침략전쟁을 옹호하고 전쟁지원을 독려하는 내용이 수록되어 있다.

일본의 경우 1938년 1월 「모자보호법」이 마련되고 후생성이 설치된 후 계속 유지되어 관련 정책을 만들고 관리했던 데 반해, 조선은 1942년 11월 후생국이 폐지되고 모성보호와 관련한 업무는 형식적인 수준에서 이루어지고 있었다. 일제는 일본 여성은 모성으로서 보호해야 할 대상으로 여겼지만 조선 여성에 대해서는 그렇지 않았다.

2. 노동력동원 미화의 모순 - '여성성' 강조

가정도 전장(戰場)이다!

본래 저금이란 것은 자기의 일신과 또한 가족을 위하여 해왔습니다마

> 는 지금에 있어서는 위에 말씀 드린 것은 물론이거니와 한걸음 더 나아가 국가를 생각하지 않으면 안됩니다. 아시다시피 지금 우리나라는 중대한 문제를 해결해 나가지 않으면 안됩니다.[37)]

일제는 저금도 개인을 위해서가 아니라 국가를 위해 해야 하며, 의식주를 절약하여 몇 원씩이라도 저축할 것을 강조한다. 저축을 총후국민의 의무[38)]로 규정하며 가정 내 여성들이 이에 앞장설 것을 주장한다. 반찬 가짓수에 대해서도 지적하며 한 가지 반찬을 먹는 습관을 가지라고 종용하기도 한다. 반찬 만드는 데 드는 힘과 시간을 다른 곳에 쓸 것을 요구하며[39)] 먹는 것, 입는 것, 그리고 가정살림을 꾸리는 것까지 식민권력의 통제 하에 두고자 하였다.

> 현 시국에 처하여 있는 우리는 새로운 각오 밑에서 새로운 계획을 세워 가지고 실행을 합시다. 우리집의 일년간 계획은 모든 것을 경제적으로 하는 의미에서 의복은 새로 지어 입지 말고 낡은 것이라도 염색하여 입도록 할 것이며 영양에 유의하면서도 **반찬의 가짓수를 줄여서 간편하게 하려고 합니다.** …(중략) **주택에 대하여서는 되도록 사치스럽게 장식을 피하려고 합니다. 이리하여 의식주 이 세가지에 대하여 간편하고도 실제적인 생활을 도모하려고 합니다.**[40)] (강조는 필자)

> 지금의 전쟁이야말로 결말을 보아야겠으니 죽자고 대항할 마음을 가다듬어야 하겠습니다… 무엇보다도 우리의 마음을 먹고 가다듬어야겠습니다. 그러려면 **우리의 가정부인은 절약하는 생활을 하지 않으면 안될줄 압니다.** 생산확충에 있어서도 말로만 할 것이 아니라 실천으로 ㅁㅁㅁ입니다.[41)] (강조는 필자)

---

37) 『매일신보』 1940.12.12 「저금은 국가 위한 것 채권 사는데 씁니다」.

38) 『매일신보』 1942.1.14 「나의 貯蓄訓」.

39) 『매일신보』 1940.11.18 「영양에 유의해서 일체주의를 실행」.

40) 『매일신보』 1941.1.14 「의식주 세 가지를 간결하고 경제적으로」.

41) 『매일신보』 1941.12.9 「필승의 결심으로 총후는 부인이 지키자(永河仁德)」.

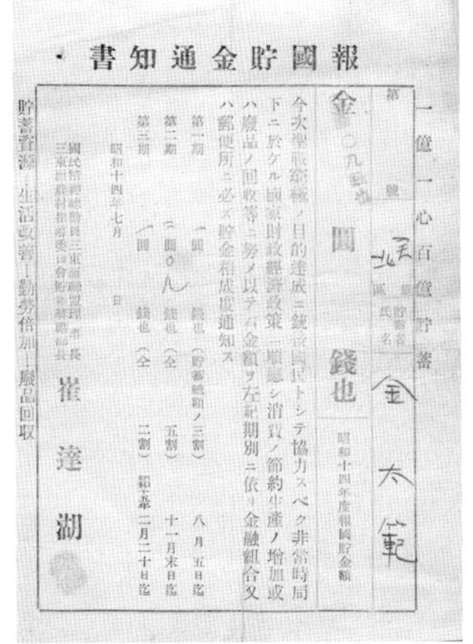

報國貯金通知書

一億一心百億貯蓄

第　號　區　里　貯蓄者氏名　金太範

金○九拾圓　錢也　昭和十四年度報國貯金額

今次聖戰ノ目的達成ニ銃後國民トシテ協力スベク非常時局下ニ於ケル國家財政經濟政策ニ順應シ消費ノ節約生産ノ增加或ハ廢品ノ回收等ニ努メ以テ右金額ヲ左記期別ニ依リ金融組合又ハ郵便所ニ必ズ貯金相成度通知ス

第一期　一圓　錢也（貯蓄總額ノ三割）　八月五日迄
第二期　二圓○八　錢也（仝　五割）　十一月末日迄
第三期　一圓　錢也（仝　二割）　昭和十五年二月二十日迄

昭和十四年七月　日

國民精神總動員三東面聯盟理事長
三東面農村指導委員會貯金獎勵部長　崔達湖

貯蓄資源─生活改善─勤勞倍加─廢品回收

(왼　쪽) 비상시국에 기입된 금액을 저금하라고 통지하는 문서, 국립민속박물관소장
(오른쪽) 愛國赤誠貯蓄을 강조하는 표지(『半島の光』 제47호, 1941.11)

나의貯蓄訓

우리의日常生活에서第一必要한것이貯蓄이겟는데지금에와서새로히貯蓄貯蓄하고써드는것은오히려뒤써러진感이듬니다

저는二十餘年間收入一割天引貯金을繼續해왓는데四年前부터二割로하고昨年부터戰時貯金으로二割天引貯金하고 收入되는데서 一割貯蓄합니다

德成女子實業學校長
福澤 玲子

『매일신보』 1942.1.14. 나의 貯蓄訓

전시생활을 책임져야 한다는 사명감에 호소하고 맹목적으로 강요되는 절약, 의복의 통제, 반찬수의 제한 등에 이르기까지 '총후'생활에 순

종하는 여성이 될 것을 강조하였다. 기존의 가정 내 여성의 역할에 '전시생활을 위한' 의무를 부가한 것이다. 1940년대 전반이 되면서 가정을 유지하는 여성들에게도 이전과는 다른 의미의 변화를 촉구하는데, 전시기 초반 "총후를 지킨다는 소극적 관념에서" "총후의 전사"가 될 것을 요구하였다.[42] 단순히 식민통치에 부합하는 가정을 유지하는 역할에만 머물러서는 안된다는 것이다.

> (중략) **가정과 국가와의 관계는 벽돌과 건물과 같은 책무**입니다. …(중략) 가정이 천하일품인 멋진 벽돌로 있으려면 **가족 총동원의 형태를 강화**하여 사람과 물건과 시간 낭비와 사치가 없도록 생활을 쇄신하여 소비 생활의 개선에 노력하여…(중략) 나아가서 **후방의 후원** 기타 충분히 봉사가 할 수 있어야 합니다.
>
> **각 가정의 주부가 각기 가정의 중심이 되고 가족을 앞서서 이러한 가정의 경영에 전념함과** 동시에 이러한 긴장되는 생활환경에 있어서 자녀의 교양에 힘쓰고 장래의 황국 일본의 각 부문의 경영에 봉사할 만한 **충량유식한 국민 전사의 교양에 노력**하는 것은 국가 총력전 하에 있어서의 **황국 여성의 가장 영광스러운 실무이며 국력의 원천을 증강하는 바**입니다 (중략)[43] (강조는 필자)

1942년 부인근로에 대한 글에는 가정과 국가의 관계를 벽돌과 건물에 비유하며 가정이 하나의 훌륭한 벽돌이고 이를 "천하일품의 충군애국 멸사봉공"으로 굳게 만들어야 한다는 점을 강조하였다. 이를 위해 "가족 총동원의 형태를 강화" 해야 함을 주장하며 가정경영, 자녀교양에 노력하는 것을 "황국여성의 가장 영광스러운 실무"라고 언급하였다.

> (중략) 이번에 우리들의 아들, 사위, 남편을 제일선에 내보내면서의 결심은 〈총후는 우리 여성이 손으로〉라는 것입니다. …(중략) 이 중역을 짊

42) 「여성의 무장」, 『朝光』 제8권 2호, 1942.2, 122~124쪽.
43) 「婦人の勤勞に就て」, 『朝鮮勞務』 제2권 3호, 1942.6.

어질 여성들은 어떠한 형의 여성이 되어야 하겠느냐가 지금 결전하에 생활하는 우리 일반 여성들이 깊이 생각하고 연구 실천해야할 문제입니다.

첫째, 戰時型女性은 건강형이 되어야 할 것은 우리 국가 전체가 다 같이 인정하는 바입니다. …(중략) 이 기회에 우리 여성들은 노력에 노력을 가하여 일제히 튼튼해지도록 전시훈련을 받으십시다. …(중략)

둘째, 전시형의 여성은 勤勉型이 되어야 겠습니다. …(중략) 근면 역시 건강이나 마찬가지로 어느때 어느사람을 물론하고 반드시 가져야만 할 아름다운 성질이나 전시에는 우리 국민된 이 한사람, 한사람이 몇 배의 근면성을 나타내어야 제일선과 총후에서 요구하는 물자와 식량을 공급할 수 있을 것입니다.

셋째 전시형 여성은 굳세고 강한 여성이 되어야 겠습니다. 마음이 용감하고 정신이 건전하여서 **어떠한 곤란이 닥쳐오든지** 조금도 마음이 흔들리지 않고 **군인의 어머니로, 아내로, 누이로서** 꿋꿋이 서서 실행의 길로 행진할 것뿐입니다. …(중략)[44] (강조는 필자)

'戰時型女性'은 건강하고 근면하고 굳세고 강한 여성이 되는 것이다. 가정에서는 전쟁을 위해 저축과 물자절약을 해야 하고 전쟁수행을 위한 물자와 식량이 공급될 수 있도록 하는 '총후여성'을 요구하였다. 가정부인은 가족구성원이 전시동원정책에 순응하여 불만을 가지지 않도록 조정하는 역할을 해야 했고 궁핍한 생활을 감내하고 부족한 생활 배급을 가지고 참고 견딜 수 있는 정신력을 가져야 했다. 이는 조선인 전체에 해당하는 것이었지만 특히 가정살림을 하는 여성들의 각오를 강조하였다.

위안, 위로, 위문에 동원된 여성들

일본 군인으로 전쟁에 나가는 남성들을 배웅하는 것은 여성들의 몫

44) 박인덕, 「戰時型女性 · 戰時型服裝」, 『半島の光』 제74호, 조선금융조합연합회, 1944.3, 20쪽.

이었다. 여학생들을 응원부대로 동원하고, 천인침(千人針)과 위문대(慰問袋)를 만들어 전쟁에 나가는 남성에게 전달하는 것은 군인들에게 정신적 위로를 주기 위함이다. 천인침은 아시아태평양전쟁 중 일본에서 유행한 풍습으로 센닌바리(せんにんばり)로도 알려져 있다. 전쟁에 참전한 사람의 무운장구를 빌기 위하여 1미터 정도의 길이의 흰 천 하나에 붉은 실로 천 명이 한 땀씩 꿰매어 만들어준다. 천인침은 부적과 같은 역할을 하여, 총탄이 피해가는 힘을 갖고 있다고 믿어졌고 군인들은 이것을 배에 두르거나 모자에 꿰매어 소지하였다. 위문대(慰問袋)는 위로의 뜻으로 보내는 물품을 넣은 주머니를 지칭한다. 일반적으로 후방국민이 일선에 근무하는 군인에게 보내는 것을 가리키는데 제일선에 근무하는 군인들에 대한 감사의 뜻과 그들의 사기를 앙양시킬 목적으로 만들어 불특정한 군인들에게 보냈다.

그런데 이러한 위안을 위해 천인침과 위문대를 만들고 이를 헌납하는 것은 주로 여성에 의해 이루어졌다. 전쟁에 나간 군인에게 정신적 위로를 하는 것은 여성의 역할로 규정되었다. 남성들이 위문대와 천인침을 만들었다는 이야기는 없었다. 이는 여성들이 해야 하는 임무로 간주되었다. 천인침과 위문대 모집에 대한 기사는 지속적으로 등장하고 있으며 조선여성들에게 군인들을 위한 천인침과 위문대를 만들도록 독려하였다. "전 조선의 여학생이 정성의 물품을 사드려서 적심의 위문대 일만개를 조정시켜서 각 도(道)연맹을 통하여서 전선에" 보내고[45] 부인단, 부인단체 등도 이에 동참하도록 하였다.[46]

45) 『동아일보』 1939.6.15 「여학생 위문대 만개를 전선에」.

46) 『매일신보』 1938.7.30 「강릉부인단 위문대 제작」; 『매일신보』 1939.7.8 「영등포 국방부인 위문대 백개 헌납」; 『매일신보』 1939.12.8 「춘천고녀에서 위문대」; 『매일신보』 1940.11.2 「菊水女給들 慰問袋 獻納」; 『매일신보』 1943.10.10 「赤誠 담은 慰問袋」.

(왼　쪽) 위문대. 전쟁터의 군인들에게 위문품을 넣어 보내는 주머니, 국립민속박물관 소장
(오른쪽) 한복을 입은 여인들이 각종 위문품을 담는 위문대를 만들고 있는 사진이 인쇄된 엽서, 국립민속박물관 소장

천인침과 위문대 헌납과 관련한 기사에는 '소녀', '처녀', '여학생'[47]들이 자주 언급된다. 여성들이 만든 위문대 등을 참전한 군인들에게 전달하고 이들을 위로하는 것은 여성들이 후방에서 전쟁을 지원할 수 있는 하나의 방법으로 여겨졌다. 이러한 헌납은 학교별 혹은 단체별로 조직적으로 이루어졌다.

매일같이 근로동원으로 수업시간을 메우고 여학교는 근로동원 이외에도 위문대 작성과 가두에 나가 천인침(千人針)이라는 일본군대의 방탄용이 된다는 내의와 심지어는 팬티까지 짓게 하고 일본군대가 출행할 때마다 정거장에 나가 출행 위군을 전송하는 것이 일과였다.[48]

47) 『매일신보』 1937.12.21 「十二歲少女의 感激의 千人針 총독부 당국자들을 울녓다 農村에 핀 銃後美談」; 『매일신보』 1941.8.26 「千人針獻納, 두處女의 軍國美譚」; 『매일신보』 1942.8.1 「삼베짜서 千人針, 將兵을 感激케한 一少女의 赤誠」; 『매일신보』 1943.11.21 「천사람 精誠모아, 學兵에게 드리는 處女들의 千人針」; 『매일신보』 1944.8.2 「丹誠의 千人針, 女學生들이 學兵에게」.

48) 『全州女子高等學校六十年史』, 1986, 141~142쪽.

전선에 慰問袋를 보내자는 광고(『國民總力』 제4권 4월호, 1942.4)

일제가 '처녀', '여학생', '소녀'들에게 천인침(千人針)과 위문대(慰問袋)의 헌납을 유도한 것은 미혼여성이 가지는 '순결함'이라는 상징성을 이용한 것이다. 종군간호부를 호명하는 방식도 이와 유사한데, 종군간호부 모집과 지원의 독려 기사에서 종군간호부를 '백의천사'[49], '진중에 피는 꽃'[50], '전장의 백합화'[51], '전선의 천사들'[52], '천사부대'[53] 등으로 표현하고 있다. 이러한 표현은 '순결하고, 아름답고, 깨끗한 젊은 여성'의 이미지를 연상시킨다.

일제시기 간호부는 전문직 여성으로 근대적 이미지의 여성상을 가지고 있었다. 그런데 전시기 종군간호부 모집에 나타난 여성이미지는 전문성보다는 여성의 아름다움과 깨끗함을 주로 강조하였다. 부상병 간호의 업무를 연상시키는 이미지뿐 아니라, '젊고 아름다운 여성'의 이미지를 종군간호부에게 투영하고자 했다. '반도처녀', '군국처녀', '군국소녀'

49) 『매일신보』 1941.3.23; 『매일신보』 1941.1.12; 『매일신보』 1941.6.17; 『매일신보』 1942.3.20; 『매일신보』 1943.3.6; 『매일신보』 1943.7.8; 『매일신보』 1943.11.23; 『매일신보』 1944.9.21.

50) 『매일신보』 1945.1.12 「陣中에 피는 꽃들, 從軍看護婦 列傳에 반도출신 四處女」.

51) 『매일신보』 1941.3.23 「戰場의 白合花 白衣의 天使 訓練 쌓는 從軍看護婦」.

52) 『매일신보』 1940.11.17 「戰線의 天使들, 赤十字社의 認識이 깊어라 石垣大佐 談」.

53) 『매일신보』 1943.9.5 「天使部隊 戰線으로 今日, 赤十字看護婦一行 勇躍 出發」.

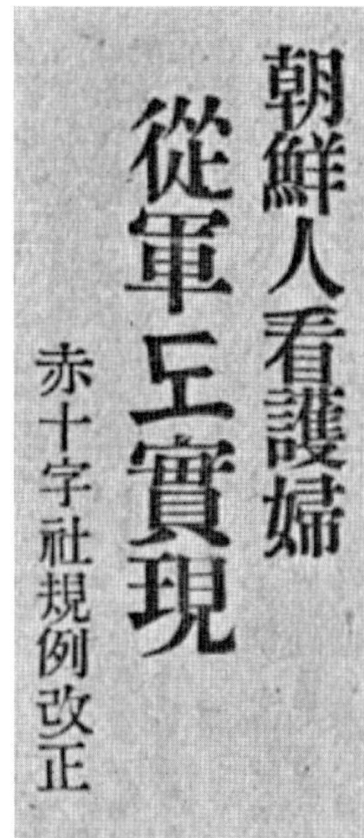
朝鮮人看護婦
從軍도實現
赤十字社規例改正

『매일신보』
1938.8.7. 朝鮮人看護婦 從軍도 實現

戰場의百合花
白衣의天使
訓練쌋는從軍看護婦

『매일신보』
1941.3.23. 戰場의 白合花 白衣의 天使

陣中에피는꼿들
從軍看護婦戰列에半島出身四處女

『매일신보』
1945.1.12. 진중에 피는 꼿들

등과 같이 '처녀'[54]들에 의한 간호를 강조하는 것은 '젊고 아름다운 여성'에 의한 '위로'와 '위안'을 강조하기 위한 것이다. 일본군인에게 어머니의 모정을 느낄 수 있도록 하는 위문행위뿐 아니라 전쟁에 나간 오빠나 동생에게 힘이 되어주는 누이의 역할을 해야 했다. 어머니, 누이와 같은 정성어린 마음으로 일본군인을 위로해야 했다. '위안'과 순결한 여성에 의한 '위로', 이 두 가지 모두 포함된 것이다.

종군간호부 모집에 사용된 언술들을 살펴보면 여성들은 '위안', '위로',

54) 『매일신보』 1940.3.27 「군국소녀의 표본 두명이 종군간호부 자원」; 『매일신보』 1943.2.1 「여성의 성직을 인식, 半島處女들 救護看護婦로 나가라, 皆川軍醫部長 談」; 『매일신보』 1943.3.26 「동생 대신 전선에, 白衣天使를 지원한 軍國處女」.

'위문'을 위한 존재로서 표상된다. 이와 같이 일제는 여성성을 활용하여 전쟁 수행을 하는 남성을 위한 존재로서, 여성을 다양한 방식으로 동원하였다. 종군간호부나 여학생의 노무동원뿐 아니라 '위안', '위로', '위문', '환송' 등을 위한 여성성 동원도 강요되었다. 전시기 조선 여성에 대한 노동력동원은 여성성의 동원 문제와 밀접한 관련을 가지고 있다. 전시기 여성노무동원은 단순 노동력 동원에서부터 노동력과 여성성을 함께 동원하는 복합적인 방식이 얽혀 있다.

'생산전(生産戰)'에 나서는 여성이 되라

일제초기 학교교육에서는 현모양처상, 내조하는 여성, 아이를 잘 키우는 여성 등이 강조되고 있었지만 농촌 등에서는 남성의 역할을 대신한 여성의 노동이 가중되고 있는 상황이었다. 이에 따라 일제는 전시 가정경제를 담당하는 여성의 역할은 유지하되, 가정 밖 노동현장에서 여성의 역할도 강조하였다.

일제는 조선에서 여성 징용의 계획은 없다고 주장하였지만, 여성노동력을 활용하고자 하는 모색을 계속하고 있었다.[55] 전쟁으로 인해 노동력 부족문제가 시급해지자 이를 해결하기 위한 방안들을 제시하였는데, 1943년 10월 「생산증강노무강화대책요강」도 그중 하나였다. 이 요강에 따라 조선에서 중류층 이상의 여성들까지 동원대상이 되면서 이들을 동원하기 위한 선전논리도 이에 조응하는 방향으로 바뀌게된다.

55) 독일은 제2차세계대전 중에 250만 명이나 되는 여성에게 군의 보조적 임무를 맡겼다. 영국과 미국의 경우는 적극적으로 여성을 등용하였는데, 미국은 제2차세계대전 중 해군의 보조작업으로 1만 3천 명의 여성병사를 채용했다. 1942년에는 육군보조부대, 해군보조대, 연안경비대 부인예비부대가 편성되었으며, 1943년에는 해병대 부인 예비부대가 생겼다. 가장 많을때는 35만 명의 여성이 전쟁 보조임무에 종사하였다(와카쿠와 미도리, 앞의 책, 2011, 72쪽).

> 우리 반도 여성들로서 이때 천직을 다하고 가정살림에 극도로 소비절약을 하여 공채를 살 수 있는 대로 많이 사고 물자생산확충에 적어도 하로 한시간씩 바치고 농장에서 우리가 농사를 짓고 공장이나 광산에 노력(勞力)을 제공하고 필요하면 제일선에 나가서 군수품을 나르는 일 또는 총을 메고 직접 싸우는 일까지 하는 것이 전승의 길이라 하겠습니다.[56)]

소비절약, 공채매입, 물자생산확충 등 후방전시경제활동을 여성의 "천직"으로 여기라고 하였고 이와 더불어 산업현장에서 여성들이 직접 노동을 하는 것 또한 전쟁을 이기기 위한 길이라고 강조하였다. 여성노동력에 주목하지 않을 수 없는 상황에 직면하면서 여성들이 가지고 있던 노동에 대한 고정관념을 해체하는 것이 중요해졌다.

> 이번 대동아전쟁은 역사 이래의 대전이고 일국 흥망을 건 대전이다. 따라서 부인도 단단히 마음을 먹고 **남자에 뒤지지 않게 근로를 하고 남자의 노동 부문까지도 여성이 부담하여 일해야 하는 시세이다.** …(중략) 단순하게 도회라고 하지 말고 농촌이라고 하지 말고 이왕 **세간 체면과 같은 인습은 일체 탈피하고 진정한 황국신민으로서 황국 여성으로서 자각을 철저히 하고 노인도 젊은이도 사모님도 아가씨도 적어도 일할 수 있는 부인들은 근로애호의 정신을 발휘 고양시켜 국가를 위해 기꺼이 일해야 한다는 정신을 가지고 근로에 매진하기 바란다.** 이렇게 여성들이 한꺼번에 일어나서 남자의 노력을 보충하게 되면 조선의 노력 증강은 상당히 큰 결과가 되어 생산력 확충에 큰 도움이 될 것으로 생각된다. …(중략)[57)]

조선 여성들이 가진 노동에 대한 관념과 인습, 체면 등을 벗어나 "황국여성으로서 자각"할 것을 강조하였다. 일제는 조선여성들의 인식을 변화시키기 위해 친일지식인 여성들을 내세워 다음과 같이 조선여성들이 가져야 할 각오를 적극 선전하였다.

---

56) 박인덕, 「東亞黎明과 반도여성」, 『大東亞』 제14권 3호, 1942.3, 90~92쪽.

57) 「婦人の勤勞に就て」, 『朝鮮勞務』 제2권 3호, 1942.6

> …(중략) 과거에 있어서는 가정을 가지고 일한다는 것은 한 수치와 같이 생각했을지도 모릅니다마는 지금은 그러한 관념은 허용되지 않습니다. 各人이 중대한 사명을 가지고 일에 나서지 않으면 안될 **銃後의 부인으로서는 일하지 않는다는 것이 얼마나 수치스러운 일인가를 생각지 않아서는 안됩니다.** 그렇다면 우리들은 조금이라도 노는 일 없이 일하는 것을 한개의 자랑으로 삼읍시다. …(중략)[58] (강조는 필자)

위의 내용을 보면 일을 하지 않는 것을 수치스럽게 생각해야 하며 기존의 관념을 허물어야 한다고 강조한다. 가정을 가지고 일한다는 것을 수치로 여기는 생각을 비난하며 '총후의 부인'으로 일하지 않는 것이 오히려 수치스러운 것이라고 말하고 있다.

당시 친일지식인 여성들은 이러한 일제 정책의 선전책 역할을 하였다. 각종 강연회와 강습회 그리고 신문, 잡지 등에 발표된 친일지식인 여성들의 언술 속에는 당시 일제가 원하는 여성상의 모습이 담겨 있다. 『매일신보』 1941년 7월 5일자 김활란이 쓴 2천만 조선 여성에게 바라는 "銃後의 覺悟"에는[59] 여성을 학생, 직업여성, 가정부인으로 구분해 이들 각자에게 기대하는 '총후' 여성의 모습을 구체적으로 설명하였다.

여학생에게는 "시국을 인식하고 국가의 정신을 마음속에 새긴 후" 자신의 나아갈 길을 찾아 갈 것을 권하고, 직장에 다니는 여성에게는 자기 직업생활만을 보장하는 직업이라는 생각을 버리고 "직업을 통하여 그 인격을 세우고 그 국민된 의무를 다해야" 한다는 점을 지적하였다. 더불어 전쟁이 길어지게 되면 여성의 역할이 커질 것이라는 점을 전망하며 이때는 여성들이 "충실한 건설의 병사로서 나아가야 할 시대"라고 언급한다. 가정부인의 경우 "시국을 해결하는 것도 새 시대를 건설하는 것도

58) 許河伯, 「銃後婦人의 覺悟」, 『大東亞』 제14권 3호, 1942.3, 110~111쪽.

59) 『매일신보』 1941.7.5 「二千萬女性의 翼贊, 愛國精神에 빛나는 銃後의 覺悟: 天城活蘭氏談」.

가정부인의 손 하나에 키워지는 것"이라며, "2세 국민을 굳세고 바르게 기르는 것"도 총후의 중요한 임무라는 점을 주지시킨다. 또한 주부로서 가정생활의 책임이 중요하다는 점을 인식하고 이에 가정살림을 꾸리는 식사, 주택, 의복 등에서 고쳐야 할 점들을 찾아내 생활개선 등에 앞장설 것을 촉구하였다.

식민권력은 학생, 직업부인과 가정부인 모두가 시국에 대한 인식을 갖고 "국민된 의무"를 다할 것을 요구하였다. 이와 함께 전황(戰況)에 따라 여성의 역할이 중요해질 수 있다는 점을 언급하며, 전쟁에서 여성도 "충실한 건설의 병사"가 되어야 한다고 규정한다. 전쟁터에서의 병사처럼, 후방에서 여성도 병사와 같이 충실한 역할을 수행해야 한다는 것이다.

1941년에는 「여자광부갱내취업허가제」와 「국민근로보국협력령」이 공포되는데, 「여자광부갱내취업허가제」를 통해 여광부를 확보할 수 있게 되었고, 「국민근로보국협력령」을 통해 16세에서 25세 미만의 미혼여성을 총동원 업무에 동원할 수 있게 되었다. 노동력동원 정책이 변화하면서 여성에 대한 선전 논리도 '가정부인'의 임무를 강조했던 것에서 '노동전사'가 될 것을 요구하는 비중이 늘어났다. 1941년 10월 12일 『매일신보』 〈시국중견부인간담회〉에서도 이러한 동원 논리의 경향을 읽을 수 있다.

> 여자로서는 가사가 자기의 천직인 것 같이 되어 왔으나 이제로는 한걸음 더 나가서 남녀가 같이 자기의 맡은 바 일에 정진하여 나갈 각오와 실천이 있지 않아서는 안되리라고 생각합니다.[60]

여성도 국책에 협력하여 남녀 모두 개로운동(皆勞運動)에 참가하자는 내용으로, 가사에서 한걸음 더 나아가 남녀가 함께 맡은 일을 해나가야

---

60) 『매일신보』 1941.10.12 「시국중견부인간담회, 여성도 국책에 협력, 함께 개로운동에 참가하자」.

함을 강조하였다. 가정안에서의 가사를 벗어나 가정 밖에서 남자와 같은 일을 해나가야 할 때라는 점을 언급함으로써 여성도 남성과 같이 노동 현장에서 그 역할을 수행할 것을 요구했다.

總力漫画(『國民總力』 제4권 제4호, 1942.4)

…(중략) 끝으로 **우리 여성들이 필요한 경우에는 군수품 만드는 공장으로 철과 석탄을 파내는 광산에 까지 우리의 노력을 다 바칠 것이요 한걸음 더 나아가 폭탄이 빗발칠 듯 하고 창검이 수림같은 때라도 담대하게 두렴없이 다니며 군수품을 공급할 것이요. 최후로 총을 메고 제1선에 나가서 싸우기까지라도 할 각오를 가지고 맘을 준비하고 체육을 단련시킬 것**입니다. 즉 다시 말씀하면 피흘릴 각오까지 하여야 하겠고 때가 오면 피를 흘리기까지 하여야겠습니다. 獨逸이나 伊太利는 물론이고 세계문명국에서 소녀단이 있어서 여자들에게 총과 칼을 쓰는 법을 가르칩니다. 현대 蘇聯에 여자부대가 있어서 그 활동이 남자부대를 경탄시키리 만치 용

감스럽고 민첩하다합니다. 그런 때가 우리에게도 온다면 우리는 조금도 손색없이 활약하여야 할 것입니다. …(중략)[61] (강조는 필자)

일미전쟁이 돌발하여 여러 가정주는 아직 가져보지 못하던 긴장한 가운데 한시간 한시간을 보내실 줄 압니다. 우리는 이러한 전시에 직면하여 어떻게 살아나갈 것인가는 먼저 여러분의 마음을 진정시킬 침착성을 가지실 것입니다. 다음으로는 종래부터 쌓여오던 우리 **국민의 의무인 저축에 더욱 힘쓸 것입니다.** 저금이 없이는 우리가 도무지 적국과 싸워서 이길 수 없다는 것을 생각하십시오. …(중략) **그리고 무엇보다도 근로를 사랑하여야겠습니다. 지금이야말로 누구 한사람 놀고 있을 때가 아닙니다. 근로를 사랑하고 절약해서 저축하려는 목표아래에서 생활하며 어떠한 어려운 일을 당하더라도 당황하지 말 것**입니다. 어떠한 어려운 일이라도 참고 이겨나갈 각오를 굳게 하시기 바랍니다.[62] (강조는 필자)

위의 내용을 보면, 전시기 이후 후방경제의 일환에서 언급되었던 저축에 더 힘쓸 것을 요구하며 또 다른 한편에서 근로를 사랑하라고까지 말하고 있다. 전시여성의 역할은 점점 가중되고 있었다. 누구 한사람 놀고 있으면 안될 만큼 한사람의 노동력이라도 필요한 시점이기 때문에 여성들도 이에 적극 동참해야 한다는 것이다. 다음은 부인시국 강연회에 대한 소개이다.

부인은 총후를 지키는 굳센 전사다! 1200만 반도 부인은 깊은 시국에 대한 인식과 타는 듯한 총후의 적성을 가슴에 안고 주방에서, 가정에서, 그리고 가두에서 가지가지의 실천을 통하여 우렁찬 진군 □□□려야만 할 때가 왔다. …(중략) 가정부인의 시국인식을 철저히 하여 '가정결전체제'를 갖추는데 이바지하고자.[63]

61) 박인덕, 「臨戰愛國者의大獅子吼!!, 勝戰의 길은 여기있다」, 『三千里』 제13권 제11호, 1941.11, 37~38쪽.

62) 『매일신보』 1941.12.10 「긴장과 용기와 신념 총후를 꿋꿋이 지킵시다」.

63) 『매일신보』 1941.12.20 「任, 毛 양여사 열변, 작일의 부인시국강연」.

여성의 역할을 점차 '주방<가정<가두'로 확장하여 "가정결전체제"를 갖출 것을 당부한다. "부인은 총후를 지키는 굳센 전사다"라는 표현에서 볼 수 있듯이, 부인을 '戰士'로 호명한다. '戰士'는 전투하는 군사나 혹은 제일선에 나서 힘껏 일하는 일꾼을 의미한다는 점에서, 여성을 '戰士'로 규정한 것은 조선여성들도 제일선에 나서 힘껏 일하는 일꾼이 될 것을 요구한 것이라 할 수 있다.

> (중략) 지금은 여자나 아씨나 마님이나 양반이나 상인이나 가문 문벌 가릴 것 없이 대일본제국의 평등한 국민이면 그만입니다. 가문에서 쫓겨나더라도 나라에서 쫓겨나지 않는 아내 며느리가 됩시다. **전쟁에 나간 남자들을 대신하여 공장이 비었으면 공장으로, 회사가 비었으면 회사로 들어가서 일합시다… 쌀도, 나무도, 옷도 다 아끼십시오.** 나를 위해 아끼십시오. **그러나 나라를 위해서 우리의 목숨만은 아끼지 맙시다. 아들의 생명 다 바치고 나서 우리 여성마저 나오라거든 생명을 폭탄으로 바꿔 전쟁 마당에 쓸모 있게 던집시다.**(중략)[64] (강조는 필자)

"여성도 戰士다" 라는 호명을 통해 여성에게 남성을 대신해 전투적으로 일할 것을 주장하였다. "전쟁에 나간 남자들을 대신하여 공장이 비었으면 공장으로, 회사가 비었으면 회사로 들어가서" 일하고, 목숨도 아끼지 말고, "생명을 폭탄으로 바꿔" 전쟁에 쓸모 있는 존재가 되라고 선전하기에 이른다.

1943년 10월 「생산증강노무강화대책요강」의 발표가 있고, 1944년 8월 「여자정신근로령」이 공포되며 여성노동력 동원도 확대되는데, 여성노무동원의 대표적인 사례가 바로 여자정신대였다. 여자근로정신대에 대한 기사를 통해 1944년 이후 일제가 여성노동력 동원을 위해 어떠한 내용으로 선전을 하고 있었는지 파악해 볼 수 있다. 당시 신문에서는 여

64) 『大東亞』 제14권 제3호, 三千里社, 1942.3, 112~115쪽.

자정신대의 모집에 대한 기사가 다수 게재되었는데, 동원된 여성들의 공장생활과 작업 등 일상생활을 공장방문기나 현지보고 등을 통해 소개하였다. 모집을 독려하기 위한 목적이 강한 글이었기 때문에 기사의 내용은 생활에 대한 긍정적인 측면이 주로 부각되었다.

여자정신대에 대한 선전은 "싸우는 반도여공"[65], "솔선정신"[66], "장하다"[67], "가정도 나라 있은 뒤에야"[68], "戰列로 나서라"[69], "애국열로 자진 참가하라"[70], "거룩한 황국여성의 손, 생산전에 남자와 동열"[71], "군국여성의 氣魂"[72], "반도처녀들"[73], "증산의 특공대"[74], "특공정신"[75] 등으로 신문에서 표현하고 있다.

---

65) 『매일신보』 1944.3.15 「싸우는 반도여공 東京麻絲 00공장방문기, 纖手끝에 滅敵의 鬪魂 ①"禁男의 庭園"에 넘치는 殉國精神」; 『매일신보』 1944.3.16 「싸우는 반도여공, 東京麻絲 00공장방문기, 內鮮一體로 能率倍加, 規律있는 日課 ②裁縫과 家事까지 교수」; 『매일신보』 1944.3.17 「싸우는 반도여공, 東京麻絲 00공장방문기, 여기서는 ③"工場 卽 學校"沈着하게 精進, 지금은 舍監 老女工이 陳頭에」; 『매일신보』 1944.4.19 「싸우는 평양 여자근로정신대」; 『매일신보』 1944.10.30 「싸우는 반도여자정신대, 가정과 같은 療생활, 아침저녁으로 부모계신 곳을 拜禮」; 『매일신보』 1944.10.31 「싸우는 반도여자정신대, 明朗, 직장의 전우애, 纖手끝에 피어나는 增産戰 不滅의 꽃」; 『매일신보』 1945.2.9 「싸우는 女性念願, 정신대에 自進出陳 殺到」.

66) 『매일신보』 1944.8.26 「솔선정신을 지원, 보라 반도여성의 단성」.

67) 『매일신보』 1945.2.26 「장하다 여자정신대 意氣, 全南에서 後續部隊 多數 出發」.

68) 『매일신보』 1944.9.20 「"가정도 나라 있은 뒤에야", 血書로 여자정신대 탄원한 有馬孃」.

69) 『매일신보』 1944.12.24 「戰列로 나서라, 女子廷身隊 모집」.

70) 『매일신보』 1944.8.28 「여자정신근로령, 내지와 다른 적용범위, 일정한 기능을 가진 국민등록자에 국한, 애국열의로 자진 참가하라」.

71) 『매일신보』 1944.8.26 「거룩한 皇國女性의 손, 生産戰에 男子와 同列, 女子勤勞令 條線에도 실시, 법 23일부로 공포, 광공국장과 일문일답」.

72) 『매일신보』 1944.6.26 「軍國女性의 氣魂, 大成女商서 十名이 정신대 지원」.

73) 『매일신보』 1944.7.4 「嚴然히 增産戰列로 半島處女들 大進軍」; 『매일신보』 1944.9.8 「고향의 處女들도 오라, 여자정신대원이 熟閱한 편지와 함께 獻金寄託」.

74) 『매일신보』 1945.4.23 「증산의 특공대로, 정식대원된 松井神鷲 姉妹 淑子 孃, 金川本社長에 편지」.

75) 『매일신보』 1945.1.25 「발랄한 정신대, 특공정신으로 응모하라」.

거륵한 皇國女性의 손
生産戰에 男子와 同列
女子勤勞令·朝鮮에도實施
去廿三日附로公布
鑛工局長과一問一答

『매일신보』 1944.8.26. 거룩한 皇國女性의 손, 生産戰에 男子와 同列

家庭과文化

발랄한 정신대
특공정신으로 응모하라

『매일신보』 1945.1.25. 발랄한 정신대, 특공정신으로 응모하라

동원된 여성들은 남자와 동등한 일을 할 수 있는 "거룩한 황국여성의 손"을 지닌 것으로 미화되고 장한 여성으로 포장되었다. 처녀들도 남자와 같은 노동을 할 수 있다는 점을 강조했다. 그리고 군대의 특공대처럼 "증산의 특공대"가 되어 후방에서도 마치 전쟁을 치르듯이 노동을 해야 한다고 강조하였다.

노동을 수행하는 여자정신대에 대한 기사임에도 전쟁을 떠올리게 되는 단어(戰列, 애국열, 특공정신, 군국여성 등)들을 사용하여 정신대원들이 하는 일이 전쟁과 관련한 것임을 명확히 드러낸다. 전쟁수행을 위한 노동이기에 개인이나 가정은 국가에 우선할 수 없고, 이에 조선 여성들도 적과 "싸우는" 심정으로 노동에 임해야 하는 것이다. '노동전사'로 호명되었던 여성은 전쟁에 나간 남성을 대신해 공장에서 적과 "싸우는" 여성이 되어야 했다.

3. '부인의 근로화'를 위한 '부인계발운동'과 시국인식의 주입

전시기 초반 일제는 여성에게 '옥외노동'이나 '공동작업'을 강조하고 가정 내 여성의 역할에 대해 선전하였다. 조선여성들에게 전시경제하의 가정생활을 유지하는 역할 및 각종 책무(자녀교육 등)에 대해 일본여성과 같은 각오를 가질 것을 요구하였다.

전시동원체제에 순응하도록 하여 전시정책에 적극적인 협력을 이끌어내야 했기 때문에 이를 위한 선전이 필요했다. 특히 국내외로 동원되는 남성 노동력을 대신할 여성노동력을 확보해야 했기에 이를 위한 체제를 마련하고 환경을 조성해야 했다.[76]

76) 김미정, 『일제말기 여성동원 선전논리』, 동북아역사재단, 2021, 23~24쪽.

1930년대 이전에도 농촌여성을 통제하기 위한 하부조직으로 부인부(婦人部)를 두기도 하였지만 관제의 성격을 띤 여성단체의 활동은 1930년대 이후 본격적으로 진행되었다고 볼 수 있다. 1930년대 농촌진흥운동이 전개되면서 부인회와 부인부 등의 이름으로 농촌진흥회의 하부조직으로서 관제 여성단체가 만들어졌다.[77]

전시체제가 되면서 농촌진흥회가 재편, 통합되고 부인회도 부락연맹의 부인부 등으로 재편되었다.[78]

婦人講習會 알범

始講式

우리도 깨다러야 하겟다 우리도
일해야 하겟다 하는 부르지즘이
우리농촌 부인들의 입으로 부터
힘잇게 조선텬지를 울니게되엿다
그 니러서려는힘 그 나아가려는
힘은 참으로크다 그러나 그들의

부인강습회 始講式(『家庭の友』 제9호, 1938)

동원정책이 강화되면서 부인단체, 부인부 등을 대상으로 한 공동작업 등도 점차 확대되고 여성들은 각종 작업에 일상적으로 동원되기에 이른

77) 이만열 · 김영희, 「1930 · 40년대 조선여성의 존재양태」, 『國史館論叢』 89輯, 2000, 303쪽.

78) 이만열 · 김영희, 앞의 책, 308쪽.

다. '법적 · 제도적 강제'가 확대되면서 부인단체, 부인부 등의 활동 또한 통제의 대상이자, 동원을 위한 하부조직의 한 부분이 되었다.

(왼 쪽) 『朝鮮國防婦人』 제27호(1940.5.10), 국립한글박물관 소장
부인들을 대상으로 일본의 전쟁에 대한 후방활동을 지원하고 고무하기 위한 목적으로 발행되었다. '태평양행진곡(太平洋行進曲)', '황국신민 서사(皇國臣民 誓詞)' 등의 내용이 실려 있다.
(오른쪽) 국민총력조선연맹(國民總力朝鮮聯盟), 『國民總力』 제5권(1943.2.15), 국립한글박물관 소장.
'半島の魚雷をつくれ', '億北一心時局の突破' 등의 내용이 실려 있다.

1938년 농촌여자강습 내용이 확충되었고 이후 면화증산계획, 농촌부인양성소, 농촌중견부인[79]의 시찰단 등을 계획하는 지역도 있었다. 농

79) 1937년 이후 중견부인 강습이 이루어지기 시작하여 1939년에는 각 지역 곳곳에서 이러한 강습이 확대되었다. '중견부인'이 신문에 처음 등장하는 것은 1933년이다. 이후 한동안 '중견부인에 관한 내용이 등장하지 않다가 1937년 이후 빈번하게 기사화되고 있다. 주로 각 지역에서 '중견부인'들을 대상으로 한 강습회나 강연회 등을 소개하는 것이었다.

촌청년을 양성하려는 계획에는 여성과 관련한 여러 시책들이 함께 등장하였다.[80] 1938년~1941년 사이 여성을 상대로 한 부인좌담회의 내용은 주로 '총후절약'이나 '신생활 설계'와 관련한 것으로,[81] 후방 전시경제와 관련된 내용들이 주로 논의되었다.

1940년 12월 '총력연맹'은 각 도(道)연맹에 통첩을 보내 정·동리·부락연맹에 부인부를 설치하게 하였다.[82] 1941년부터 각지의 하부연맹에 부인부가 설치되기 시작했지만 전국에 일괄적으로 원활하게 설치된 것은 아니었다. 이후 신문 등에서는 부인부가 설치된 지역을 소개하고 그 목적 등을 상세하게 설명하였다.[83] '총력연맹'은 부인운동의 지도기관으로 1941년 부인지도위원회(婦人指導委員會)도 설치하였다.[84] 부인지도위원회는 1941년 2월 7일 위원회를 열고, 부인연맹원(婦人聯盟員)의 실천요강을 제시하였다.[85] 총력연맹의 부인지도위원회를 통해 제시된 세부적인 실시요항에는 전시경제를 꾸려나가기 위한 가정경제에서의 역할, 인적자원의 보호를 위한 위생관리 및 심신단련의 방법, 가정방공을 위한 여성의 역할 등이 포함되어 있다.

1942년 2월 '총력연맹'은 「婦人啓發運動要綱」을 발표하고 3월부터 이

---

80) 『동아일보』 1938.4.8 「農村女子講習 內容을 擴充」.

81) 『매일신보』 1938.6.8 「銃後節約은」; 『매일신보』 1939.12.9 「指導協議會와 婦人座談會도 開催」; 『매일신보』 1940.2.9 「銃後 新生活 設計 "精動" 開城府聯盟主催下에 婦人座談會를 開催」; 『매일신보』 1940.3.18 「婦人座談會 楊州서 開催」; 『매일신보』 1940.8.13 「銃後 新生活 設計에 主婦들 智囊을 總動京畿道서 夫人座談會」; 『매일신보』 1940.8.20 「新生活 體制確立은 主婦의 손으로! 今日, 府民官서婦人座談會」; 『매일신보』 1941.5.6 「主婦의 活動促進 全北 各地에서 婦人座談會 開催」.

82) 「聯盟彙報」, 『國民總力』, 1941.2.

83) 『매일신보』 1941.7.29 「戰時生活을 確立, 農村女性의 指導와 實踐, 生活改善과 生産擴充으로! 國民總力 淸州郡 聯盟婦人部」; 『매일신보』 1941.1.21 「町, 部落聯盟에 婦人部를 設置」; 『매일신보』 1941.1.15 「"總力" 陣容整備 咸南서 文化, 婦人部를 新設」.

84) 부인지도위원회의 조선인 위원 7명은 모두 임전보국단 부인대(臨戰報國團 婦人隊), 애국금차회(愛國金釵會) 등의 여성단체의 일원으로 구성되었다.

85) 『매일신보』 1941.2.7 「生活簡易化運動 家族總力戰과 豫算生活確保 實踐要綱」.

른바 '부인계발운동'을 전개하기로 결정하였다.[86] '부인계발운동'의 근본 목표는 "황국여성으로서 덕을 쌓게 하여 전시하 국가의 요청에 맞추어 부인의 활동을 촉진하는 것"이었다.[87] 1942년부터 '총력연맹'의 사업계획에는 '부인계발운동' 관련 사업이 포함되었다.

1938.7	국민정신총동원 조선연맹 조직
1940.10	국민정신총동원 조선연맹 개편 국민총력조선연맹 발족(국민총력운동 돌입)
1940.12	총력연맹. 각 도연맹에 통첩(정 · 동리 · 부락연맹에 부인부 설치)
1941	각지의 하부연맹 부인부 설치 시작 부인지도위원회 설치
1941.2	부인연맹원의 실천요강 제시
1942.2	「부인계발운동요강」 발표

연맹은 1942년도 사업으로 "부인계발운동에 적극적으로 나서고, 일본부덕의 함양, 자녀의 육성, 생활쇄신 등의 철저를 기하고 대일본부인회와 협력하여 부인계발을 도모"하도록 하였다.[88] 사업계획에 따르면 '부인계발운동'은 주로 부인의 '지도와 계발', 부인지도원 양성과 일반 여성을 대상으로 하는 다양한 훈련이 주를 이루고 있다. 부인지도원 양성과 관련해 양성소나 훈련소 등을 설치하고 강습회를 개최하도록 하였다. 이러한 강습회에서 다루어지는 내용은 대개 국민총력운동의 실천 사항과 관련되는 것이었다.[89]

86) 김광규, 『日帝末 '朝鮮聯盟'의 婦女强制動員과 煽動』, 서울대학교 사회교육과석사논문, 2007.

87) 永田種秀, 「婦人啓發運動の精神について」, 『文敎の朝鮮』 207, 1942.12.

88) 京城日報社, 『朝鮮年鑑』, 1943, 564쪽.

動、聖地巡拜又は鮮內優良聯盟の視察を計畫せる道四ヶ道あり
▼各種表彰　優良聯盟、下部聯盟理事長、愛國班長、產業功勞者、範的實踐者等を道聯盟にて表彰を計畫しあり

婦人啓發運動施設概要

各道に於ては婦人啓發の爲本年度に於て婦人の教養、訓練、生刷活新、修養等從來の施設を擴充强化して眞劍に婦人の啓發運動を計畫してゐる　其の概要を綜合すれば大要次の通り　▼婦人指導機構の强化　道府郡在勤の婦人指導員を增員し邑面にも設置する道あり　又從來は農事生產方面を主として指導せしめたるが家庭方面にも指導の手を伸ばさんとする傾向あり　▼錬成道場設置　既設女子農民道場の外女子訓練道場を新設する道若干あり　▼教養施設　一　中堅婦人講習會(長期又は短期に道、郡主催)　二　都市婦人講習會（府、邑主催の短期講習）　三　部落婦人講習會(部落單位に個別又は巡回實施)右講習會には婦德の涵養、生活改善、勤勞、貯蓄奬勵、時局認識等を實施す　▼總力運動促進の爲の施設　一　國語普及、國語を解せざる者に簡易なる講習會を地方的に開催　二　町部落聯盟婦人部の設置　三　婦人常會の開催　四　國民學校聯盟を中心として母姉會又は諸集會を開催す　五　家庭防空、救護訓練　▼勤勞、生產の爲の指導施設　一　婦人勤勞、作業班の編成　二　婦人勤勞團を部落單位に組織　三　農繁期託兒所施設、共同炊事　四　婦人作業服の硏究　五　副業講習會　▼修養啓發施設　一　講演會、座談會の開催　二　映畫會、紙芝居、展覽會　三　優良婦人の表彰　▼婦人團體の利用　一　大日本婦人會結成後の利用　二　靑年隊女子部の訓練

婦人啓發運動施設概要(『國民總力』 제4권 4호, 1942.4)

1939년에는 농촌청년을 양성하기 위한 단기훈련소를 설치하면서 부인지도원을 배치하기도 하였다.[90] 농촌중견청년양성을 목표로 경남도 당국에서는 각 보습학교 안에 단기농민훈련과를 두고 수업기간을 2개

89) 『매일신보』 1943.2.7 「戰時 家庭體制 整備, 三月부터 全鮮에 婦人啓發運動 展開」.
90) 이 시기 신문과 잡지 등에는 '부인지도원'과 '여자지도원'에 대한 용어가 혼재되어 사용되고 있다. 각 용어가 사용된 내용을 검토해 본 결과, 두 개념은 거의 동일한 의미로 사용되고 있음을 확인했다. '부인지도원(또는 여자지도원)'은 "순회를 하며 적당한 지도를 하는 한편 또한 시국을 철저하게 인식"시키는 역할을 담당하였다. 일제는 전쟁말기까지 이를 각 면단위까지 증설하려는 노력을 하였다. 각 농촌에서 여성에게 지도하는 역할을 부여하였다. 그러나 1944년 이후 '여자지도원'은 여자청년연성소와 관련해 "연성소에서 교육을 담당할 고등여학교를 졸업한 자 또는 동등 이상의 교육을 받은 자 가운데 일정기간 동안 연성지도원 양성교육(「女子青年錬成指導員養成所設置要項」 참고)을 받은 여성"을 지칭하는 의미로 사용되었다.

부인지도자 강습회 발회식(『國民總力』 제4권 제4호, 1942.4)

월로 정하여 농촌지도 인재를 양성케 하였다. 이와 함께 농촌여성을 지도할 부인지도원 6명을 배치하여 1인이 두세 군데 순회하면서 부인지도에 임하도록 하는 조치를 취하고자 했다.[91] 부인지도원을 통해 부인강습회뿐 아니라 그 밖에도 면화증산계획[92], 부인면작강습회[93], 농촌부인양성소[94], 중견부인강습[95] 등을 운영하여 농촌의 부녀자를 유휴노동력으로 활용할 수 있는 기본적인 교화를 시도하였다.

신문에서 부인지도원에 대한 기사는 1930년대 초반부터 등장하기 시작했으며, 1939년에는 부인지도원 신설에 관한 내용이, 1941년 이후에는

91) 『동아일보』 1939.1.27 「농촌청년 양성코저 단기훈련소 설치. 경남도에서 명년도부터 실시. 부인지도원 배치」.

92) 『동아일보』 1938.5.15 「면화증산계획 남해서 오개 방침수립」; 『동아일보』 1939.9.8 「부인면작강습회에 진주서도 참가」.

93) 『동아일보』 1939.9.8 「부인 면작강습회에 진주서도 참가」.

94) 『동아일보』 1938.2.22 「전남 농촌부인양성소 수료식 성대 거행」.

95) 『동아일보』 1937.9.3 「옥구 중견부인강습」; 『동아일보』 1937.9.29 「옥구군에서 중견부인강습 생활개선을 목표로」; 『동아일보』 1939.5.21 「중견부인강습」.

각 군·읍·면에 부인지도원이 배치되고 있는 상황이 소개되었으며[96], 실전을 통한 강습과 훈련 등을 진행하였다.[97]

〈표 Ⅱ-2〉 농업청년대 파견 상황

파견 연월일	기간	인원수	명칭	파견지역	주최
1941.5	10일	160	조선농업보국부인지도대	岩手縣 六原農民道場	조선총독부
1942.5	11일	81	조선농업보국부인지도대	岩手縣 六原農民道場	조선총독부
1943.11.12	40일	70	강원도여자농촌보국대	官崎縣 官崎部 浦武村	강원도청

출처: 通口雄一, 『戰時下朝鮮の農民生活誌』, 社會評論社, 1998, 240쪽.

그리고 1941년과 1942년 두 차례에 걸쳐 일본의 육원도장(六原道場)에 조선의 부인지도원을 파견하였는데[98] 출발부터 일본에 다녀온 여성들의 후기까지 자세한 내용이 『매일신보』에 소개되었다.[99]

즉 1938년에서 1942년까지 각 지역에 부인지도원의 배치 및 파견 등이 이루어지고 있었고, 1943년에는 각 면까지 부인지도원을 증설하고자 하였다. 총독부에서는 1939년부터 각 군에 한 사람씩 여자지도원을 두기로 하여 1940년까지 145개 군에 인원배치를 마쳤다. 1941년에 추가로 75개 군에 여자지도원을 두기로 하여 전부 220명을 임명하였다.[100]

---

96) 『매일신보』 1942.7.21 「婦人은 婦人이 指導, 淸州角面에 婦人指導員 配置」; 『매일신보』 1941.9.23 「各郡邑面에 婦人指導員」; 『매일신보』 1943.4.20 「農村婦人指導員 各面마다 設置(연백군)」; 『매일신보』 1943.4.15 「婦人指導員設置(포천)」.

97) "반도부인의 계발지도를 목적으로…(중략) 南總督이 임석한 것을 비롯하야. …(중략) 강습을 받을 全鮮부인지도원 212명이 출석하였다"(『매일신보』 1942.4.5 「ㅁ戰婦人의 意氣宣揚 婦道院遂에 總力戰 全鮮婦人指導員 講習會開幕」).

98) 『매일신보』 1941.5.28; 『매일신보』 1942.4.12 「六原道場 派送 婦人指導員들」.

99) 『매일신보』 1941.5.28 「六原農民道場訪問記① 六原精神의 發祥地 疲弊한 岩手縣을 再建시킨 大道場」.

100) 『매일신보』 1941.2.22 「女子指導員을 倍加 農村婦女積極動員 明年에는 日郡二人配置豫定」.

『매일신보』 1941.5.30. 사진은 六原農民道場訪問記

농촌 내에서 "여자지도원을 선정"하여 이들로 하여금 농민을 자각시키고 분발시킬 수 있도록 하는 역할을 부여하였다. 특히 농촌에서 부인들의 계몽을 강조하면서 생활쇄신을 위한 강연회를 개최하는 등 농촌여성을 대상으로 다양한 시도를 하였다.[101]

1939년에 충남도에서 1940년부터 부인지도원을 신설하겠다는 기사가 게재되었고,[102] 1940년부터는 이들을 대량으로 증원하려는 시도가 있었다. "농촌부인들의 노동력을 백퍼센트로 이용하는 것이 농촌경제 갱생의 원동력이 된다는 것을 깊이 깨닫게 되었음으로" 충남도는 부인지도자들을 한층 더 확충할 계획을 세우고 여기에 필요한 예산 5만 8천원을 지출하기로 결정하였다. 70명이었던 부인지도자를 145명으로 증원하고자 하였고, 이들을 지도하는 방법도 구체화하였다. "짚신삼기 가마니짜

101) 『동아일보』 1938.12.21 「婦人巡廻 講演」.

102) 『매일신보』 1939.4.9 「農村婦女指導코저 婦人指導員新設」.

기 혼식대용식의 과학적인 방법 양잠 등을 적극적으로 장려하는 동시에 공동경작지를 설치하야 가지고 면화의 공동경작을 지도하기로” 하고 시국을 철저하게 인식시켜 남자들을 능가하는 활동을 하도록 하였다.[103] 이러한 흐름은 1940년대 전반기 내내 지속되었고, 1944년 이후 ‘부인지도원의 연성과 농업기술의 훈련’, ‘농촌중견부인의 농업기술훈련’, ‘포상제의 실시’ 등으로 구체화되었다.[104]

1941년 4월 정무총감은 「農村勞動力調定要綱」[105]을 각도에 통첩하였다. 「농촌노동력조정요강」에는 ‘근로정신의 함양·강화를 도모할 것’과 ‘전 가정의 노동력 철저를 기할 것’, ‘농촌노동력의 이동력을 촉진할 것’, ‘농업공동작업을 확충할 것’ 등이 제시되었다. 부인에 대한 방침으로는 ‘부인공동작업반편성’과 ‘부인공동작포확충’, ‘부인지도원의 활동 촉진’을 들고 있다.

婦人啓發運動을 積極的으로展開

平北警察部長巡視

『매일신보』 1942.2.26. 사진은 부인을 동원하여 보리베기 공동작업을 하는 모습

103) 『매일신보』 1940.1.27 「銃後農村에 빛나는 麗人部隊 強化運動, 婦人指導員들을 大量增員」.

104) 『매일신보』 1945.3.5 「농촌부녀자와 근로강화 부인지도원의 연성과 기술훈련」.

105) 朝鮮總督府, 『調査月報』, 1942.4, 11쪽.

여성농민들은 부인공동작업반 등으로 편성되어 모내기, 보리베기 등에 동원되었다. 공동작업반을 구성하는 것은 부인노동력을 조직하는 주요 방식 가운데 하나였다.[106)]

모내기 시기에는 한층 노력이 부족하다고 느끼지만 교통이 불편한 산간지라 다른 부락에서의 노동력 유입이 원활하지 못하여 따라서 자가 노력으로 백퍼센트 이상의 출동을 권장하여 여성의 야외 작업을 가능한 한 장려하고 있으며 올해는 이것이 하나의 방책으로 여성의 모내기 경기회 개최를 시도한 결과, 출장 선수 30명(한 부락당 10명)의 모집에 대해 33명의 신청이 있었다. 이것들은 이 벽촌 지역에 있어서도 농촌 여성이 시국 각성한 것의 반영으로 볼 수 있을 것이라 생각한다…(중략) 게다가 이 밭 벌초에 니포리(泥浦里)라는 부락의 부인회장 이복녀 이하 22명의 회원은 7월 7일의 지나사변 기념일에 한 농가의 밭 6반보(反步)의 벌초를 청부 맡아 이것으로 얻은 임금 7엔50전을 국방 헌금하였다…(중략)[107)]

이것은 『朝鮮農會報』에 실린 '시국에 각성한 농촌부인'이라는 글이다. 강원도 난곡 수립조합지역 농촌 여성들의 사례이다. 이 지역은 농가 389호에 불과한 벽촌지역으로 노동력이 부족하여 여성의 야외작업을 장려하고 있던 곳이다. 조합에서는 농촌여성들의 작업을 권장하기 위한 방책으로 여성의 모내기 경기회 개최를 실시하였는데 30명 모집에 33명이 신청하였고 이러한 일련의 상황을 글쓴이는 여성들의 각성된 인식을 보여주는 것이라 말하고 있다. 특히 나포리라는 부락의 부인회장 이하 회원들이 벌초를 청부 받아 얻은 수익금을 국방헌금한 것을 두고 부인회의 자각과 열의를 칭송한다. 이러한 내용들을 소개하고 강조함으로써 부인들의 공동작업과 부인회 조직의 중요성을 전달하고자 하였다.

106) 강정숙 · 서현주, 앞의 책, 1996, 156쪽.
107) 『朝鮮農會報』 제14권 10호, 1940.10.

일제는 여성 노동력을 활용하기 위한 방안으로 부인들이 공동작업을 할 수 있도록 하는 방안을 모색하였다. 1941년 4월 정무총감이 내린 「農村勞動力調定要綱」의 통첩에서도 '부인공동작업반편성'에 대해 구체적 언급을 하는 등 각 지역에서 여성을 조직하여 공동작업반을 편성하는 것에 주력하였다.[108] 또한 각 지역의 공동작업반의 성과도 적극적으로 선전하였다.

> 함남도내 농촌의 총력전의 결과는 함남 유사이래 처음보는 적기와 早植을 수행하는데 성공을 보게 되었는데 이같은 위대한 성과를 거두게 된 그 이면의 노무조정의 피나는 실상을 보면 실로 감격할만한 것이었다. 첫째 공동작업반을 편성할 것을 소개하면은 부락수 1936개소에 남자반이 3,322반에 54,812명 여자는 3666반으로 68,391명으로 남자를 능가하야 전원을 지키고 있다. 또 남녀공동작업반은 1,358반에 19,196명 생도아농의 동원은 227개교에 798반 인원은 29,842명이다. 이것을 모다 합하면은 공동작업반이 편성된 것에 9,144반에 인원은 실로 17만 2,201명이란 놀라운 수가 되어 참으로 총력 그대로의 씩씩하고 튼튼한 총후농촌을 보여주고 있다.[109]

위의 기사는 1942년 함경남도의 공동작업반 상황을 소개한 글이다. 이를 보면 남녀뿐 아니라 아동도 2만 9천여 명이 동원되고 있음을 알 수 있다. 그리고 당시 함경남도 지방의 공동작업반에 동원된 수가 17만 2천여 명에 이르고 있다는 사실도 파악할 수 있다.

> 능률의 앙양이니 이것은 남자로만 된 공동작업반도 있고 부녀자로만 된 공동작업반도 있어 그 활약은 실로 현저한 바 있었다. 특히 부인공동작업반의 활약은 총후의 철석같은 태세를 정비한 것으로 실로 마음 든든

108) 朝鮮總督府, 『調査月報』, 1942.4, 11쪽.

109) 『매일신보』 1942.6.15 「婦人共同作業陣에 十七萬餘名이 動員」.

> 하였다. …(중략) 남자 勞力의 流動에 의한 不足分의 補給對策은 착착 성과를 거하고 있는 터이다. 그럼으로 勞力으로 본 증산운동의 全途는 조금도 비관할 것이 없고 차라리 全途는 此等을 유리하게 善道活躍케 함에 의하야 勞力부족이라고하는 압박은 완화되어 갈 것으로 보이었다.[110]

일제는 남성노동력의 부족에 대한 대책의 하나로서 공동작업반을 구성하고, "부락단위로 부인들의 공동작업을 각 도 연맹의 지도로 실시"하였다. 여성동원을 위해 후방전시 생활지도, 부인지도원 양성, 공동작업의 활성화 등을 추진하였고, 조선총독부는 여성의 효율적 활용을 위해서 총력연맹을 통해 '부인계발운동'을 추진하였다. 이러한 일련의 과정 속에서 조선총독부는 1942년 각 지역으로부터 '부인계발운동'을 위해 필요한 시책에 대해 답신서를 내도록 하였다. 각 지역 답신서를 통해 실제 각 지역 단위에서 제시한 '부인계발운동'의 시책 등이 확인된다.

1942년 「부인계발운동 철저와 관련하여 유효적절하게 인식되는 시책」으로 「도지사자문 및 청취사항답신서(이하 답신서)」(전라남도)를 보면[111], '부인계발'과 관련된 구체적인 시책을 볼 수 있다. 각 부군에서 제시한 내용은 주로 시국인식 주입 및 부인계몽운동 관련, 부인근로의 활용, 전시생활쇄신, 자녀의 육성 등과 관련한 것으로 구분된다. 여성들에게는 '부덕(婦德)의 함양, 자녀의 육성, 전시생활쇄신'의 일들이 여성들이 수행해야 할 것들로 규정되어 있다. 답신서는 총력연맹에서 제시한 '부인계발운동'의 기본적인 내용을 세부적으로 구체화 한 것이라 볼 수 있는데, '부덕의 함양, 자녀의 육성, 전시생활쇄신'과 더불어 "부인근로의 활용"이 적극 개진되었다.

110) 『매일신보』 1942.6.22 「婦人共同作業班 보리비기, 모심기에 大活躍」.

111) 『府尹郡守會議報告書綴 黃海道 全羅南道』, 1942, 국가기록원 CJA0003807.

"부인부대의 활동, 근로소득을 국방헌금"이라는 제목의 京畿道 江華郡 華道面 國民總力社谷部落婦人部 사진(『國民總力』 제4권 제6호, 1942.6)

"간이생활을 실행하여 저축목표 달성에 힘쓰도록 할 것"과, "자녀의 육성과 위생에 관한 강연회를 개최", "색의를 착용하고 국어를 상용화하도록 할 것", "매월 위문대를 보내 감사생활의 실행"을 하도록 요구하였을 뿐 아니라 여성들의 노동을 활용하기 위해 "근로보국대에 참가"하도록 하고, "근로애호(勤勞愛好)의 정신을 함양", "공동취사, 탁아소 등의 설치"를 통해 여성들의 노동력을 적극 활용하고자 하였다. 가정부인으로서의 역할에 노동의 의무를 자연스럽게 '부인계발운동'의 시책으로 추가한 것이다. 부인의 시국인식을 일깨우고 부인이 가지고 있는 여성성을 활용하여 전시 가정부인의 역할뿐 아니라 여성의 노동력까지 동원하고자하는 것을 '부인계발운동'이라는 명분으로 포장하였다.

전라남도 다른 군의 상황을 좀 더 살펴보면, 순천군의 경우 "부인의 근로화, 부덕의 함양. 자녀의 육성, 전시생활의 쇄신"을 시책으로 제시하였다. 순천군은 "부인의 근로화"를 위해 여섯 가지 요항을 제시하였는데 ①부인노업(婦人勞業)작업의 범위를 확대시키도록 할 것 ②부인노동력 대장(臺帳)을 비치, 노동력 소재 생활을 명확하게 하도록 할 것 ③작업대(作業隊)를 편제하고 통제 질서 하에 작업완료를 기하도록 할 것 ④타부락에 돈벌이를 하러가는 것을 금할 것 ⑤농번기 탁아소를 개설하도록 할 것 ⑥부인노동력 활용 적극화를 위해 부인으로 하여금 경작 작업에도 종사하도록 할 것 등이 그것이다.

상당히 세부적인 내용을 담고 있는데 노동의 작업범위를 확대하고, 이를 명확히 하기 위해 노동력 대장을 비치하고 타부락으로 돈을 벌기 위해 이동하는 것조차 금지하였다. 기혼여성들이 노동을 원활히 수행하도록 하기 위해 탁아소를 개설하는 것도 시책으로 제시되었다. '부인계발운동'은 결국 여성노동력 활용방안이었던 것이다.

전라남도 해남군의 경우 '부인계발운동'의 시책으로 "부인회(婦人會) 및 부인청년단(婦人靑年團) 조직의 보편화"를 제시하고 있는 것이 특징적이다. 부인회 및 부인청년단 조직의 보편화를 위해 구역, 회원 및 단원, 역원, 열회, 경비의 구체적 사항들도 함께 제시하였다. 부락연맹을 단위로 하여 여자회(女子會) 및 부인청년단을 조직하도록 하고, 부인회는 25세 이상, 청년단(靑年團)은 25세 미만의 여자로 조직하도록 하였다. 매월 열회를 열고 강연 강화를 하고 실행사항 등을 합의하도록 하며, 보조금 · 기부금 · 공동경작 수입 등을 경비로 충당하고자 하였다.

"부인지도원 설치"나 "부인을 지도할 촉탁의 증원"을 제기한 군은 전라남도 23개 군 가운데 8개 군이었다. 광양군의 경우 부인지도 촉탁의 증원을 시책으로 제시하면서 "대량의 증원을 단행하고 지도진을 확충할 것"이라고 하였으며, 강진군의 경우도 "부인지도원을 각 읍면에 설치할 것"이라고 답신하였다. 여자청년대원의 연성계도를 위해 "부인연성도장을 개설할 것"과 "여자청년대의 활용"에 대해서도 언급하였다.

이렇게 "부인지도원 설치"나 "부인을 지도할 촉탁 증원", "부인회 및 부인청년단 조직의 보편화"를 공통적으로 제시하고 있는 이유 중 하나는 여성들을 효율적으로 관리하기 위해서다. 전남뿐 아니라 충남의 경우 공주군에서는 "지도진의 강화, 중견부인양성기관의 확충, 연맹부인부의 강화"를 유효한 시책으로 제시하였다.[112] 충남 논산군의 경우도 부인층 계발과 관련해 읍면에 부인지도원(婦人指導員)의 설치, 중류계급 이상의 부인지도강습회 개최, 부인의 공동작업 확충을 내세웠다. 충남의 경우도 여자지도원(女子指導員)의 설치와 증원을 제시하고 있음을 알 수 있다. 여성들의 활동을 촉구하기 위해서 여자지도원이 필요했던 것이다.

동년 4월 평안남도의 「府尹郡守會議指示事項」 가운데 "부인계발운동 철저에 관한 건"을 통해 조선총독부 정책의 의도를 엿볼 수 있다. "부덕의 함양, 자녀의 육성, 생활의 쇄신 및 근로의 촉진을 근기로 해 부인계발운동의 철저를 기함은 긴요한 요무"라고 지적하며, "특히 반도농촌은 노무의 공출원으로서" 중대하기 때문에 "부인의 근로력의 활용에 유의하여" "노무의 공출을 원활하게" 하라고 지시하고 있던 것이다.

1942년 4월 평안남도 「府尹郡守會議指示事項參考書類」에는 부인계몽강습회 실시 상황에 대한 조사결과가 제시되어 있다.[113] 1941년에 강연회장이 설치된 1,000여 곳에서 강습기간 10일 동안 25,000명이 수강하였다고 기재되었다. 강습의 목적은 여성들에게 시국인식을 주입하고 인식의 변화를 촉구하기 위한 것이었다. 같은 철에 있는 문서로 「府尹郡守

112) 『府尹郡守會議報告書綴 忠淸北道, 咸鏡北道, 忠淸南道』, 1942, 국가기록원 CJA0003806.
113) 『平安南道 府尹郡守會議報告書綴』, 1942, 국가기록원 CJA0003803.

會議諮問答申書」에 태평양전쟁을 완수하기 위해 가장 유효적절한 인식의 시책의 하나로 "부인계발훈련"이 포함되어 있다. 이는 평안남도뿐 아니라 다른 도에서도 동일하게 제시되고 있다. 충청남도의 자문사항[114]에 대해 공주군과 논산군에서는 "부인의 계발"을 들고 있고, 연기군은 "부인근로의 강화"를, 예천군, 홍성군, 청양군에서는 "부인의 계몽"을 제시하였다. 각 지역에서는 부인계발, 부인계몽 등을 공통적으로 강조하고 있었던 것이다.

경기도에서는 이를 강화하기 위한 구체적인 시책으로 다음의 여섯 가지를 제시하였다. ①중견부인지도자양성강습회 ②부인지도자연성 강습회 ③부인수련도장을 설치하는 것 ④상류부인의 內房보다 옥외로의 진출을 촉진할 것 ⑤부인지도원을 배치할 것 ⑥선전계발이 그것이다.

장래 강화되어야 할 시책으로 각 지역에서 계속 언급되고 있는 것은 바로 "지도직원의 증치(增置)"와 "중견부인의 양성"이다. 부락에서 일상적인 지도를 담당할 여성들이 있다면 살림을 담당하는 부녀자들에게 접근이 용이하다. 전시생활의 쇄신에 힘쓰도록 하면서 여성들의 활동을 촉구하고 순회지도를 담당할 여성이 있다면 여성동원의 효율성이 높아질 것이라 본 것이다. 일제는 지도원뿐 아니라 부인회 및 부인청년단(婦人靑年團)과 같이 여성의 조직을 확보하고 보편화하는 것이 여성동원에 유리할 것으로 판단한 것이다.

각 지역에서는 부인지도원을 배치하고[115], 각 군읍면에 이르기까지 부인지도원을 설치[116] 하고자 하였으나 부인지도원을 두기 위해서는

114) 『府尹郡守會議報告書類 忠淸北道, 咸鏡北道, 忠淸南道』, 1942, 국가기록원 CJA0003806.

115) 『매일신보』 1942.7.21 「婦人은 婦人이 指導, 淸州角面에 婦人指導員 配置」.

116) 『매일신보』 1943.4.20 「農村婦人指導員 各面마다 設置(연백군)」; 『매일신보』 1943.4.15 「婦人指導員設置(포천)」.

국고 또는 도비 보조를 통한 일정한 경비가 소요되었다.[117] 1942년 이후에도 각지역의 '부인지도원' 증원의 필요성은 계속 제기되었다.

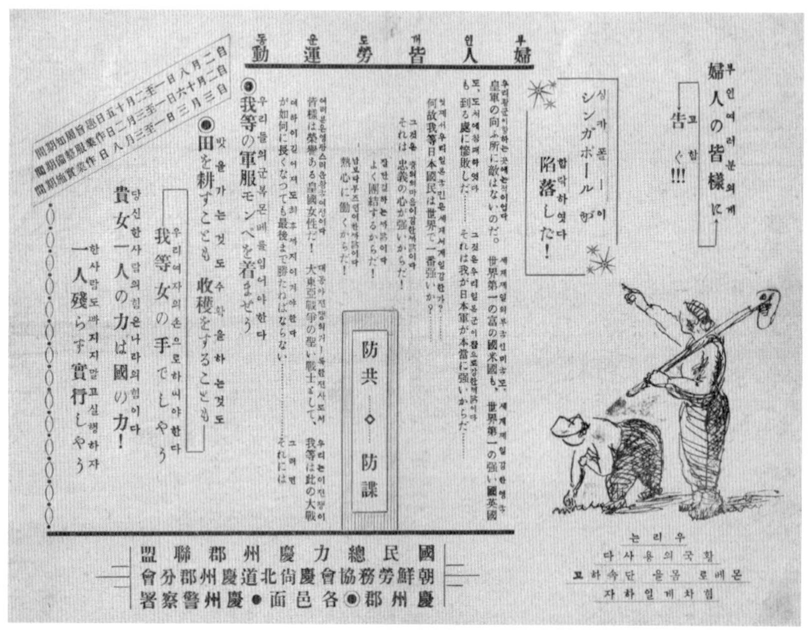

부인개로운동(婦人皆勞運動) 권고문, 국립민속박물관 소장.
부인들에게 몸뻬를 입고, 생산 활동에 전념하도록 권하는 문서. 권고문에는 다음과 같은 내용이 실려 있다.

> "우리는 황국의 용사다 몬빼로 몸을 단속하고 힘차게 일하자", "밧을 가는 것도 수확을 하는 것도 우리 여자의 손으로 하여야 한다", "당신 한사람의 힘은 나라의 힘이다", "한사람도 빠지지 말고 실행하자"

---

117) 『府尹郡守會議諮問答申書』(京畿道, 1942.5)에서 산정한 설치소요액이다. 부인지도직원은 16면에 대해 군1인(도비촉탁), 면 4인(면비촉탁)으로 하여 국고 또는 도비 보조를 아래와 같이 하여 각 면에 일제 설치하도록 함과 함께 군에 1명 증원을 요망하고 있다.

면촉탁 1인 설치요구 년소요액	16개면 전원설치 소요액	경비보조 요망액		비고
		補助(7할)	面費(3할)	
700엔	11,200엔	7,840엔	3,360엔	월급 30엔, 여비 월 9엔 가족수당, 상여 포함

〈총력연맹부인부 역할〉

부인계발운동

- 부인계발운동요강발표
- 부인계발시책 모색

→

- 시국인식 주입
- 부인계몽운동
- 전시생활쇄신
- 부덕함양
- 자녀육성
- 부인근로의 활용

부인회 및 부인청년단 조직의 보편화

→

- (여자지도원)부인지도원 설치
- 부인지도 촉탁 증원
- 부인연성도장 개설
- 여자청년대의 활용

국민총력용강동연맹 부인부 결성기념 근로봉사(일제강점하강제동원피해진상규명위원회, 『강제동원기증자료집』, 2006)

「노무조정령」 시행 이후 남성노동력은 점차 군수산업으로 집중되고, 남성노동력의 대체로서 여성노동력에 대한 수요가 점차 강화되었다. 공장, 광산 등으로 여성노무동원이 본격화되기에 이르고 한편에서는 각 지역의 여성노동력을 활용하기 위한 공동작업반 편성 및 '부인계발'을 위한 여러 조치들이 제시되었다. 총력연맹에서는 부인부를 설치하고 「부인계발운동요강」을 발표하고, 각 지역에서는 여성노동력을 활용하기 위한 적극적인 '부인계발시책'이 모색되었다.

그 가운데 "부인의 근로화, 부덕의 함양, 자녀육성, 전시생활의 쇄신" 등은 각 지역에서 내세운 공통적인 시책이었다.

제4장 노무동원 강화를 위한 여성조직과 교육

1. 여자청년단 개편과 특설청년대 조직

여자청년단 현황과 역할

1930년대 초반부터 조선 각지에 여자청년단이 설립되기 시작하였다.[1)] 여자청년단은 농촌진흥운동 즈음부터 결성되기 시작하였는데 여성들을

1) 『매일신보』 1933.12.9 「咸北道內各地에 青年團接踵設立 農閑期를 機로 하야」; 『매일신보』 1933.12.20 「城普女靑團 十七日發會」; 『매일신보』 1934.2.16 「羅普女子青年團創立」; 『매일신보』 1934.3.3 「茂山女子青年團發會式擧行」; 『매일신보』 1935.11.12 「江西女子青年團 九日에 團結式」; 『매일신보』 1935.12.7 「江東女子青年團 聯合會結成 一日男子部와 同時」; 『매일신보』 1935.12.15 「天安의 女靑團組織」; 『매일신보』 1939.7.25 「鐵原女子青年團 發團式盛大히 擧行」; 『매일신보』 1939.11.1 「平澤女子青年團結成」; 『매일신보』 1939.10.25 「女子青年團 漣川서 結成」; 『매일신보』 1939.11.14 「楊州女子青年團 結成式을 盛大擧行」; 『매일신보』 1939.11.14 「楊州女子青年團 結成式을 盛大擧行, 春川」; 『매일신보』 1939.11.14 「楊州女子青年團 結成式을 盛大擧行, 原州」; 『매일신보』 1940.2.4 「全北女子青年團 八十七個所서 結成 銃後活動萬全企圖」; 『매일신보』 1940.7.12 「永同女子青年團發會式」; 『매일신보』 1940.07.26 「江陵女自青年團 二十日發團式擧行」.

學校、工場中心으로
女子靑年團結成
平北道서 準備에 着手

【新義州】平北道 學務課에서는 남자청년단에호응하야 女子靑年團을結成하고 銃後의生活刷新을 긔코저 목하준비중인데 년령은 十五歲부터二十五歲까지의 內鮮人으로 각학교는동창회를주체로 하고 공장은그공장내의 내선인을포함한 細胞組織으로하려는방[illegible]

產物의輸出振興을 企圖하는滿洲國政府에서는 特產統制方針을입각부터 研究中이엿는데 特產物의大宗인大豆에對하야 于先斷行하기로決定 大豆專管制度要綱을 樹立하야지난三十一日當局談을發表하엿는데 結局은오는十一月부터 實施하기로되얏다한다

日滿商事를一元的統制機關으로하야 配給輸出入價格消費에對한全面的統制를實施하고잇스나 右統制法施行後에도闇取引의惡現象은 不絕하야 價格의統制를紊亂하고 잇슴으로 政府에서는近々適當한 措置方法을講하야 統制完成을期한다고한다

『매일신보』 1939.9.5. 學校, 工場中心으로 女子靑年團結成 平北道서 準備에 着手

조직화하여 의식을 변화시키기 위한 목적을 가진 것이었다.[2] 1930년대 초 경쟁적으로 설립하기 시작한 여자청년단은 보통 지역 이름을 붙여 만들어졌다.[3] 1939년 8월 "조선 여성의 각성을 촉진"하고자 전 조선의 여자청년단 준비를 하여 조직하도록 총독부에서 각도에 통첩을 하였다.[4] 같은 해 9월에는 각 도지사에 여자청년단 설치를 발첩(發牒)하고, 학교와 공장을 중심으로 여자청년단을 결성하고자 하였다. 학교와 공장뿐 아니라 농촌에서도 "조선 여성의 궐기를 촉진"하기 위해 각 부군(府郡)까지 여자청년단을 조직하기 시작했다.[5]

1940년 9월 도(道)연합여자청년단(聯合女子靑年團)을 결성하고[6] 총독

2) 朝鮮總督府 學務局社會教育科, 『朝鮮社會教化要覽』, 1938, 81~86쪽.

3) 靑年團이란 명칭은 1915년 文部省이 訓令을 통해 일본 각지 청년회의 명칭을 바꾸면서 시작된 것이다. 이후 청년단은 국가정책의 주요 동원수단이 되었다(『朝鮮地方行政』, 1937.1, 109~112쪽).

4) 『매일신보』 1938.12.3 「郡, 面, 部落全部에 亘해 女子靑年團을 組織」; 『매일신보』 1939.2.15 「道內二十三個郡邑에 女子靑年團을 組織」; 『매일신보』 1939.8.31 「朝鮮女性 覺醒을 促進 全鮮 女子靑年團 準備, 來月中으로 組織하도록 總督府에서 不日中 各道에 通牒, 旱害 地帶에서도 規模있는 活動 展開하도록」.

5) 『매일신보』 1939.9.2 「女子靑年團設置 今日各道知事에 發牒」; 『매일신보』 1939.9.5 「學校, 工場中心으로 女子靑年團結成 平北道서 準備에 着手」; 『매일신보』 1939.9.21 「女子靑年團組織 慶南서 農村女의 蹶起促進 各府郡一齊히 着手」.

6) 『경성일보』 1940.6.13.

부 사회교육과에서는 조선여자청년연맹(朝鮮女子青年聯盟)을 결성하고자 하였다. 다음의 표는 여자청년단체의 단체수를 연도별로 정리한 것이다.

〈표 Ⅱ-3〉 여자청년단체 연도별 단체수

연도	1937년	1938년	1939년	1940년
여자청년단체 단체수	39	61	68	259

출처: 『朝鮮年監』, 京城日報社, 1938~1941년도에서 정리.

〈표 Ⅱ-4〉 여자청년단체 연도별 단원수

연도	1937년	1938년	1939년	1940년
여자청년단체 단원수	1734	2797	3743	8225

출처: 『朝鮮年監』, 京城日報社, 1938~1941년도에서 정리.

1937년 이후 증가 경향을 보이고 있으며 특히 1939년을 지나 1940년에 이르러 단체수와 단원수가 급증하고 있음을 확인할 수 있다(〈표 Ⅱ-3〉, 〈표 Ⅱ-4〉). 일제가 자신들의 통치정책에 협력할 청년층의 확보에 본격적으로 관심을 기울인 것은 1930년대 초반부터이다. 일제는 15세부터 25세까지의 소학교 졸업생을 중심으로 한 청년단 원칙을 강조하며 그들을 조직화하는 일에 주력하였다. 청년단은 청년들을 동원하는 데 적절한 조직이었기 때문이다.[7] 여자청년단의 경우도 남자청년단과 마찬가지로 전시체제에 동원할 적합한 체제로 구성하여 조직적인 동원이 가능한 형태로 구성되고 있었다.

일제는 여자청년단조직을 구체화하고자 하는 목표를 수립하여, 군,

7) 朝鮮總督府 學務局 社會教育課, 『朝鮮社會敎化要覽』, 1937, 151~156쪽(최원영, 「日帝末期(1937~45)의 青年動員政策: 青年團과 青年訓練所를 중심으로」, 『한국민족운동사연구』 21, 1999, 255~256쪽).

면, 부락을 통해 설치를 독려하고 또한 각 학교를 통해서도 이러한 활동을 적극적으로 추진하였다. 그리고 각 지역에 설립한 여자청년단을 대상으로 연합청년단을 결성하여 여자청년단 조직을 효율적으로 활용하고자 하는 의지를 보였다. 일제는 여자청년에게 신체제 청년단의 사명을 주입시키고자 하였다. 또한 1941년 동경에서 여자청년단복을 만들려는 계획에 대해 조선에 소개하는 등 일본에서 추진된 여자청년단체의 상황을 조선에 적극 소개하였다,

1939년 7월 전 조선에 4천여 단체의 청년단이 조직되었는데 여자청년단의 작은 규모에 대해 "조선여성의 수치"라고 불만을 표출하였다. 일제는 조선 남자청년단과 같이 여자청년단의 규모를 확대하고자 하여[8] 이를 위해 「여자청년단의 결성촉진에 관한 건」 등을 각 도의 부윤, 군수회의에서 다루는 등 여자청년단 조직을 결성하고 이를 촉진하고자 하였다.[9]

여자청년단은 "조선 내의 처녀들이 한 덩어리로 되어 성실강건, 진취의 기풍을 길러 생활쇄신을 위해서 함께 격려하는 힘이 되고자" 하는 것을 목적으로 내세우며 훈련을 하였다.

> (중략) 이것이 조직되면 현재의 애국부인회에서 각 학교에 조직시키고 있는 애국자녀단과는 별개의 활동을 할터이며 처녀나 결혼한 여성을 총망라하여 총후활동에 여자로서도 당당한 한몫을 보도록 할 터이며 **종래 집안에만 들어있는 구습을 버리고 가두(街頭)로 진출하여 국방적으로 또는 총후 산업방면으로 씩씩하고도 참신한 보조를 내딛도록 하리라는 바 이 여자청년단 조직이 농촌으로 도시로 조직되는 것은 각 방면에 큰 센세이션을 일으킬 것**이라 한다.[10] (강조는 필자)

8) 『매일신보』 1939.7.1 「"女性朝鮮"도 奮起 女子青年團 組織運動 具體化 今秋 9월까지 결성을 목표」.

9) 『동아일보』 1940.6.1 「府尹, 郡守會議開幕 五十餘項目指示」.

10) 『매일신보』 1939.7.1 「"女性朝鮮"도 奮起 女子青年團 組織運動 具體化 今秋 9월까지 결성을 목표」.

"종래 집안에만 들어있는 구습을 버리고", "국방적으로 또는 총후 산업방면으로 여성들을 활용하고자 하는 것이 여자청년단을 조직한 실제 목적이었던 것이다.

전시기 초반 여자청년단에 요구한 주요 역할은 '총후'활동의 임무였다. 이를 위해서 "청년여자의 심신을 단련하고 지능을 계발하여 온량 정숙한 부덕을 함양"[11]하도록 하고 "생활을 쇄신하여 총후보국의 임무를 다하게 하는" 것이 주목적 중 하나였다.[12] 이에 "조선여성의 궐기를 촉진"[13]하고 "조선여성의 각성을 촉진"[14] 하고자 하였다. 여자청년단은 町 단위에서 시작하여 경성부내에 거주하는 15세 이상 25세까지의 미혼여자, 특별단원으로서 26세 이상의 미혼여자 또는 기혼의 부인도 참가가 가능했다.[15] 학교뿐 아니라 농촌의 여성들까지 포섭하려 했고, 특히 미혼과 기혼여성을 총망라하고자 했다는 점이 특징적이다. 일제는 여성의 조직화를 통해 여성을 밖으로 끌어낼 수 있는 명분을 만들었고, 이러한 과정을 통해 근로를 독려하고 시국인식을 주입하여 여성들을 전쟁수행에 필요한 각종 현장으로 동원하고자 하였다.

농촌진흥운동 이래 여성들의 활동을 독려하고 부인단체를 전국적으로 조성하고 있었지만 기존의 부인단체는 "가정의 젊은 부인네나 또는 이십 전후의 미혼처녀는 참가하지 아니하"[16]고 있었기 때문에 이 시기 여자청

11) 『매일신보』 1939.6.16 「銃後의 女性部隊, 김화서 '女靑'을 결성」.

12) 『매일신보』 1939.9.2 「女子靑年團 설치, 금일 각 도지사에 발첩」.

13) 『매일신보』 1939.9.21 「女子靑年團組織 慶南서 農村女의 蹶起促進 各府郡一齊히 着手」.

14) 『매일신보』 1939.8.31 「朝鮮女性 覺醒을 促進 全鮮 女子靑年團 準備, 來月中으로 組織하도록 總督府에서 不日中 各道에 通牒, 旱害地帶에서도 規模 있는 活動 展開하도록」.

15) 『경성일보』 1940.7.8.

16) 『매일신보』 1938.12.3 「郡, 面, 部落 全部에 당해 女子靑年團을 組織, 農村婦女지도를 一層强化코자, 강원의 획기적 계획」.

년단 조직의 확대를 통해 "여성을 총망라"하고자 한 것이다. 여자청년단에서는 "총후부인의 본분"을 강조하며 활동을 강화하고자 하였고, 이는 궁극적으로 "총후부녀자들의 총동원령을 의미하는 것"이었다.[17] 적절한 지도방침을 세워 이들 여성에 대한 일원적 통제를 하려는 의도였다. 소학교 졸업생, 중등, 전문학교 재학생, 공장, 상점 혹은 단체 등을 통해 미혼 여성의 대부분을 포섭하여 이들을 청년단의 일원으로 확보하여 여성들로 하여금 남성과 같은 역할을 할 수 있도록 기반을 조성하고자 한 것이다.

〈표 Ⅱ-5〉 여자청년단체 지역별 단체 및 단원수 변동 추이

연도	1937		1938		1939		1940	
구분	단원수	단체수	단원수	단체수	단원수	단체수	단원수	단체수
경기도							792	25
충청북도								
충청남도			27	1			1071	52
전라북도								
전라남도			30	1	1548	26	237	7
경상북도							889	35
경상남도	47	2	260	5	45	1	851	20
황해도								
평안남도	741	20	1483	34	1104	20	1544	41
평안북도								
강원도							839	31
함경남도							627	19
함경북도	946	17	997	20	1046	21	1375	29
합계	1734	39	2797	61	3743	68	8225	259

출처: 『朝鮮年監』, 京城日報社, 1937~1943년 각년도 정리.

〈표 Ⅱ-5〉의 여자청년단체의 단체 및 단원수의 지역별 추이를 보면,

17) 『매일신보』 1939.9.12 「總力戰에 대비하여 女子靑年團 强化, 江原서 內鮮人 一心一體를 고조」.

지역별로 큰 편차를 보인다. 평안남도와 함경북도는 단체와 단원수가 다른 지역에 비해 우세했다. 1937~1940년 단체수와 단원수가 가장 많은 곳은 평안남도이고, 평안남도와 함경북도는 여자청년단체와 단원수가 다른 지역에 비해 높게 나타났다.

조선총독부 사회과에서는 1938년 4월부터 착공하는 각 공사장에서 필요한 노동자의 수를 조사하여 집계한 바 있는데 평안도와 함경도 등 북부지역에 수요가 집중되고 있었다.[18] 여자청년 단체수와 단원수 수치가 유독 평안남도와 함경북도에서 높게 나타나는 것은 노무동원계획에 따른 지역별 노동수요와 관련이 있을 것으로 추측된다. 충청북도, 전라북도, 평안북도의 단체수와 단원수는 자료에서 확인되지 않지만 이는 수치가 제대로 반영되지 않은 것으로 보인다. 왜냐하면 당시 신문기사를 참고해보면 이들 도(道)에서도 단체와 단원들을 조직하고 있었던 사실을 확인할 수 있기 때문이다.

강원도의 경우, 1938년 12월 3일 『매일신보』 기사에서 "비상시국을 타개함에는 남자의 힘으로만은 도저히 될 수 없는 일임으로 일가흥망의 열쇠를 붙잡고 사는 부녀자에게도 총동원령을 내리기로 되어 그의 방법으로서 아직까지 다른 도에 유례가 없는 여자청년단을 각 군은 물론 읍, 면, 부락에 이르기까지 빠짐없이 조직케 할 방침이라 한다"고 하였고, 1939년 6월 3일자에 "총후의 여인부대, 홍천 각 면에 여자청년단 결성"이라는 제목으로 "여자청년단원은 현재 모두 21명이며"라는 내용이 소개되기도 하였다. 전라북도의 경우도 1940년 2월 4일 기사에서 1940년

18) 각종 시국관계의 시설공사와 신흥 광공업 등 관계로 다량의 노동력이 필요하게 되어 총독부 사회과에서는 각도와 연락하여 각 공사장에서 사용할 노동자의 수를 조사한 바 있다. 총수는 57만 명으로 그중 광산노동자 24만 명 토목노동자 33만 명이며, 각도별로 보면 평안북도 5만, 함경남도 4만, 함경북도 3만 7천으로 파악되었다(『동아일보』 1938.2.26).

에 단체수는 87개, 단원수는 2,095명(조선인)으로 제시되었다.

> 전라북도에서는 내선인 여자를 한데 뭉쳐 내선일체운동을 힘차게 하여 나아가는 동시에 또한 이들을 통하여 가정으로부터 국민정신총동원운동을 활발히 일으키고자 24살 이하의 내선인 여자들을 중심으로 중소학교 졸업생 단위로 또는 공장 같은 데에 여자청년단을 만들기로 되어 작년 10월 말부터 각처에서 그 결성식을 거행하였는 바 작년 말 첫째로 만들어진 동 청년단의 내용을 보면 전 도내를 통하여 전부 87군데나 되어 그 단원수는 2,456명이나 된다. 그런데 이 같은 회원 중에는 내지인 여자가 361명이요, 조선인 여자가 그 대부분인 2,095명이나 된다고 한다.[19]

"평북도 ○○과에서는 남자청년단에 호응하여 여자청년단을 결성하고 총후의 생활쇄신을 기코자 목하 준비 중"[20]이라고 한 것처럼, 평안북도의 경우도 1939년 학교와 공장을 중심으로 여자청년단을 결성하려고 준비하고 있었다. 이 세 지역의 경우 대부분 1939년 이후에 주로 여자청년단 결성을 조직화하려는 모습이 나타나고 있었고, 전반적으로 다른 도에 비해 여자청년단 수가 많지 않았던 것으로 보인다.

일제는 1930년대부터 청년층을 체제협력자로 만들기 위한 정책을 추진하였다. 1936년부터 본격화한 청년단 정책도 이러한 의도에서 비롯된 것이었다. 중일전쟁 이후 일제는 청년단의 전시동원을 확대하기 위해 소학교 미졸업자까지 망라하여 단원을 확충하였다. 그리고 이들 청년단원들을 근로보국운동이나 각종 노역 등에 동원하였다.[21]

여자청년단의 경우 기존의 청년단 정책과 유사한 방식으로 조직의 확대가 추진된 것으로 보인다. 여자청년단의 조직은 남자청년단 조직과

19) 『매일신보』 1940.2.4 「全北女子青年團 八十七個所서 結成 銃後活動萬全企圖」.

20) 『매일신보』 1939.9.5 「學校, 工場中心으로 女子青年團結成 平北道서 準備에 着手」.

21) 최원영, 「일제말기 청년동원정책: 청년단과 청년훈련소를 중심으로」, 『한국민족운동사학회』 21, 1999, 296쪽.

조응하는 방향으로 진행되었다. 남자를 대상으로 한 청년단 정책과 함께 여자청년층에 대한 정책도 1939년 이후 강화되는 양상으로 나타났다.[22]

〈표 II-6〉 청년단원수(1941년도)

도명	(일본인과 조선인)	청년부		여자부	
	총계	내선인	조선인	내선인	조선인
경기도	347,435	8,639	215,227	7,801	74,283
충청북도	110,079	174	67,768	138	20,599
충청남도	227,382	1,077	129,346	735	43,835
전라북도	151,075	618	92,999	559	30,193
전라남도	258,288	1,253	149,768	1,167	58,677
경상북도	204,509	1,008	173,534	656	54,901
경상남도	270,427	3,228	153,043	2,980	58,231
황해도	240,586	1,007	147,008	514	42,599
평안남도	196,505	2,769	125,275	1,185	40,533
평안북도	146,120	222	95,299	145	26,985
강원도	189,685	992	126,342	335	30,917
함경남도	157,021	2,150	98,461	1,023	34,010
함경북도	91,317	43,787	55,423	1,399	18,712
합계	2,590,429	66,924	1,629,493	18,637	534,475

출처: 『朝鮮年監』, 京城日報社, 1943년, 557쪽.

〈표 II-7〉 조선인 청년단의 조직 현황

	1937.5	1938.5	1939.5	1940.5
총단체수(개)	2,738	3,056	2,596	3,274
총단원수(명)	111,963(1,734)	148,228(2,797)	145,399(3,443)	152,634(8,225)

출처: 『朝鮮年監』, 京城日報社, 1939년도(893쪽), 1940년도(601~602쪽), 1941년도(579쪽), 1942년(559쪽) 괄호안 같은 해 여자청년단원수.

22) 남자청년단뿐만 아니라 내지의 처녀단과 여자청년단의 조직활동도 참고하였다(『매일신보』 1939.7.1).

〈표 Ⅱ-8〉 1941~1943년 청년단원수

구분				1941.8	1942.8	1943.8
청년단수	道청년단			13	13	13
	府청년단			20		21
	郡청년단			218	240	218
	島청년단			2		2
	邑청년단			74	106	114
	面청년단			2,277	2,222	2,211
	單位청년대			2,939	3,158	3,245
청년단원수	청년부	제1반	조선인	57,931	92,799	136,484
			일본인	3,246	4,385	3,383
		제2반	조선인	709,286	676,380	636,359
			일본인	8,492	5,679	4,989
		제3반	조선인	862,341	820,124	745,559
			일본인	15,184	8,447	6,002
		소계	조선인	1,629,558	1,589,303	1,518,402
			일본인	26,922	18,511	14,374
	여자부		**조선인**	**534,475**	**496,277**	**510,728**
			일본인	18,637	12,241	10,526
	소년부		조선인	480,934	421,649	389,301
			일본인	749	323	244
	계		조선인	2,644,967	2,507,229	2,436,737
			일본인	46,308	31,080	25,146

출처: 『朝鮮年監』, 京城日報社, 1943년도(557~558쪽), 1944년도(462~463쪽), 1945년도(316~317쪽) 합계 오기는 수정하였음.

1941년 1월 16일 정무장관(政務長官) 통첩(通牒)으로 「청년단조직 및 지도에 관한 건」이 나오면서 청년단 조직은 조선청년단으로 전면 개편되었다.[23] 조선청년단 통첩에 의하면[24], 학교에 재학하지 않는 모든 청

23) 朝鮮總督府學務局, 「青年團の新體制解說」, 『文教の朝鮮』, 1941.4, 59~62쪽(허수, 「전시체제기 청년단의 조직과 활동」, 『國史館論叢』 88輯, 2000, 190쪽).

소년까지 폭넓게 단원으로 망라함으로써 학교에 재학하지 않는 이들까지 포괄하고자 했다. 일본인, 조선인, 남녀 및 교육 유무를 막론하고 해당자는 모두 단원이 되는 것이다. 그리고 종래의 각각 독립해 있던 단체조직이 해소되고 청년단이라는 하나의 조직 속에서 청년부, 여자부, 소년부의 3부를 구성하였다.[25] 즉 1941년 이후에 여자청년단체는 기존의 여자청년단이 개편·통합되어 청년단의 한 구성인 여자부로 구성되었고[26], 일원화된 방침으로 관리를 하고자 하였다.

그동안 남자로만 구성된 청년단과 여자청년단이 따로 존재하고 있었는데 청년단 여자부로 통합하면서 대상의 연령을 14세 이상 25세까지의 미혼자로 바꾸었다. 1941년~1943년 기간 동안 조선인 청년단원수 전체에서 여자부의 비율은 20% 안팎을 차지하였는데 이는 1937~1940년 사이 평균비율이 3%에 미치지 못했던 것과 비교하면 6배 이상 증가한 것이다.

- 청년부: 현재 청년훈련소생도와 14세 이상 30세까지의 청년
- 여자부: 14세 이상 25세까지의 혼인하지 않은 여자
- 소년부: 10세 이상으로 현재 소학교 혹은 간이학교에 재학하지 않은 소년

---

24) ①국민총훈련 취지에 즉하여 全청소년을 단원으로 하되 다만 현재 학교교육을 받는 자는 제외 ②학교에서의 훈련과 함께 국방국가체제의 종합적 효과를 획득하기 위하여 남녀 청소년을 통털어 일관된 훈련체제를 수립할 것 ③청년훈련소, 청년단의 불리일체성을 확보할 것 ④조직에 대하여는 풍부한 포용성과 엄정한 규율통제를 주안으로 함(朝鮮總督府學務局, 「青年團の新體制解說」, 『文教の朝鮮』, 1941.4, 59~62쪽(허수, 앞의 논문, 191쪽)).

25) 허수, 앞의 논문, 191쪽.

26) 1939년 국영직업소개소 안에 소년부, 여자부, 청(장)년부의 3부를 설치하고 전임자를 두는 등 업무가 더욱 전문화되었는데, 1941년 이후 청년단원의 구분도 동일하게 소년부, 여자부, 청년부의 3부로 구성되었다.

이것은 조선청년단의 구성연령이다.[27] 조선청년단의 경우 총독부학무국장을 조선청년단장으로 하였고, 청년단 밑에 각도와 군, 도, 부(郡島府)에도 청년단을 체계적으로 조직하였으며, 다시 읍면에는 청년단의 세포단체라 할 수 있는 청년대를 두었다. 청년단의 기본조직체가 된 청년대는 군대식으로 되어 있었다. 청년대의 조직도 청년부, 여자부, 소년부로 구성되었으며 여자부의 경우 14세 이상 25세까지의 미혼여자를 대상으로 하였다.[28]

그리고 청년단의 청년부, 여자부, 소년부는 각각 활동방침을 가지고 있었다. 여자부의 경우 단체훈련에 익숙하게 하여 전시적 활동에 규율을 가지고 절제할 수 있도록 하고자 하였다. 또한 실생활에 적절한 지식과 기술을 가르쳐 전시생활 개선에 힘쓰도록 하고 생산력 확충에도 협력하도록 하였다.[29]

기존의 여자청년단의 역할이 전시여성의 역할에 대한 인식을 강조한 수준이었다면 1941년 이후부터는 여자청년단이 청년단의 한 부분으로 포함되어 청년단 전체의 일원화된 통제와 관리 속에서 총력운동에 따른 구체적인 역할을 부여받고 이에 대한 실천이 요구된 시기라 할 수 있다.

1941년 9월 2일 총독부에서 열린 국민총력운동지도위원회에서 국민개로운동(國民皆勞運動)의 구체적 요강을 결정하였다. 이를 통해 여자는 14세 이상 25세 미만의 미혼자들이 국가를 위한 근로봉사대로 체제를 갖추게 되었다. 국민개로운동의 요강에서 제시된 대상 여성의 연령은 청년단 여자부의 대상연령과 일치한다. 이는 1941년 11월 「국민근로

27) 「육백만 청소년 총동원 고도국방국가에의 행진 조선청년단의 발족(이정순)」, 『新時代』, 1941.3, 114~115쪽.

28) 『新時代』, 1941.3, 앞의 글, 117쪽.

29) 『新時代』, 1941.3, 앞의 글, 119쪽.

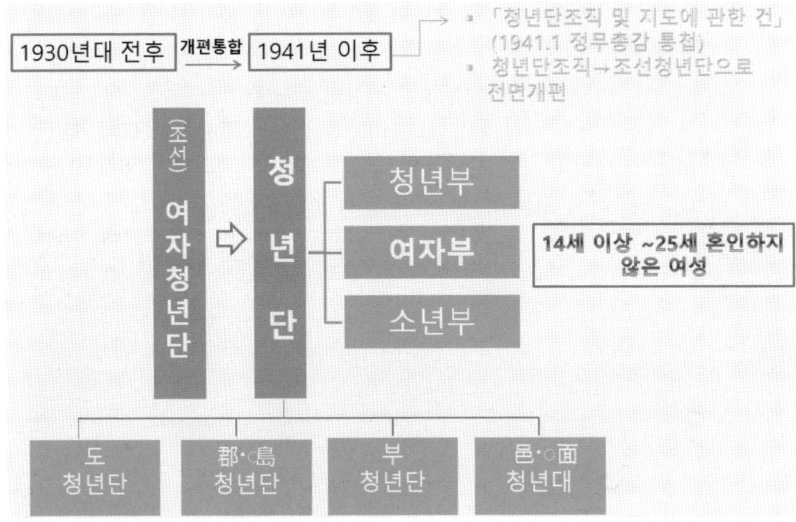

보국협력령」에 제시된 대상여성의 연령과도 역시 동일하다. 이것은 청년단 여자부에 속한 여성들 대부분이 노무동원의 주요 대상이었음을 의미하는 것이다. 「국민개로운동요강」과 관련한 내용을 보면,

> **조선에서도** 14세 이상 40세까지의 남자와 **14세 이상 25세까지의 미혼 여자를 각 도시와 또는 각 부락별로 근로봉사대를 조직해가지고** 고도국방 국가체제를 세우는 데에 가장 필요한 근로작업이면 종사작업도 근로봉사대로서 대오를 정돈하여 **시국에 적절한 작업을 하되**…[30] (강조는 필자)

> **비상시 국민으로서 한사람이라도 놀고먹는 사람이 있어서는 안된다는 국가의 요청에 따라** 전 민중을 각기 적당한 직장으로 동원시키자는 국민개로운동은 드디어 조선에서도 9월 21일부터 11월 20일까지의 2개월 동안에 걸쳐 힘찬 국민운동으로 전개될 터이다. …(중략) 그런데 정부에서는

30) 『매일신보』 1941.9.3 「十四歲以上 四十歲까지, 四白萬百名을 總動員, 國民皆勞運動의 要綱을 決定」.

10일경 총동원 심의회에 근로보국령과 노무조정령을 부의 결정한 다음 칙령으로 급속히 발동시킬 예정이므로 조선에서도 이에 따라 곧 공포 발동시킬 예정이다. **근로보국령은 노무를 조직적으로 공급할 수 있도록 하고자** 근로보국회에서는 14세 이상 40세 미만의 남자는 물론이요 **14세 이상 25세 이하의 혼인하지 않은 여자에 대하여 원칙적으로 1개년에 20회 이내로 의무적으로 일을 시키기로 하되 필요에 따라 이를 연장할 수도 있게 되는 것**이다.[31] (강조는 필자)

『매일신보』 1941.7.21. 潑剌한 行進, 女子靑年隊들의 訓練(교동부대의 훈련 광경)

1941년 이후 개편된 여자청년단체의 여자부의 구성 연령이「국민개로운동요강」 및 국민근로보국대의 동원 연령과 동일하다는 것은 무엇을 의미하는 것인가. 그것은 여자청년단 개편 · 통합과 여성동원이 연계

31) 『매일신보』 1941.9.7「未婚處女도 義務로 就役, 國民皆勞의 動員令, 勤勞報國, 勞務調整令 不日實施」.

國民總訓練을強化
男女를不問、國土防衛의挺身隊로
十六日全鮮一齊히 靑年團訓練始式

『매일신보』 1943.1.15. 國民訓練을 强化 男女를 不問 國土防衛의 挺身隊로

되어 진행되었다는 점을 시사하는 것이다.[32] 즉 14세 이상 25세 미만의 미혼여성을 대상으로 각 부락별로 '근로봉사대'를 조직하였고, 14세 이상 25세 이하의 미혼여성을 대상으로 의무적 노동을 부여하여 노무공급을 조직적으로 추진하고자 한 것이다.

1941년 여자청년단이 청년단 여자부로 개편되고, 국민개로운동과 근로보국대 등과 동 청년단 여자부의 구성 연령이 동일하게 구성되면서 청년단 여자부는 노무동원의 기저 조직으로서 기능하게 되었다. 이러한 청년단 여자부는 1943년에 이르러 유사시를 대비하여 "남자 여자를 물론하고 국토방위의 정신대로 활약할 수 있도록 평소부터 그 시도 훈련을 강화"하는 방향으로 전개되었다. 청년단 구성 내용을 개조하여 적령기의 청년단을 상대로 "종래의 일반적이요 평면적인 지도 훈련에서 중점적인 훈련"을 수행하도록 함으로써 남성들은 징병제도 실시에 대비하도록 하고 여성들은 "총후생산력 확충" 등을 위해 노동력을 제공하도록 한 것이다.[33]

특설청년대 조직

이 시기 여자청년대와 더불어 특설청년대라는 명칭의 조직도 만들어

---

32) 1941년 이전 단원의 표준연령은 15세부터 25세까지 였다(『매일신보』 1939.9.2).

33) 『매일신보』 1943.1.15 「國民總訓練 强化, 男女를 不問 國土防衛의 挺身隊로, 十六日 全鮮一齊히 靑年訓練 練始式」.

졌다. 여자청년대가 20세 전후의 미혼 여성들을 주요 대상으로 삼은 것이었다면, 특설청년대는 직장을 중심으로 만든 조직이다. 이 조직에는 접객업 등에 종사하는 여성까지 포함시켰다. 부내 각 직장의 특설청년대 조직은 1941년 5월 22일 경성부 청년단 결성 이후 모두 25부대의 편성이 이루어졌고, 여기에 포함된 대원수는 남자 5,991명, 여자 6,872명이었다.[34)]

도내 관공서를 비롯해 종업원 30명 이상의 상점, 회사, 은행, 공장, 광산의 각종 조합을 단위로 14세 이상에서 25세까지의 남자와 미혼 여자 전부를 대원으로 하여 특설청년대가 결성되었다. 특설청년대는 각 공립국민학교를 중심으로 한 청년대와 마찬가지로 각각 부(府)나 군(郡) 청년단의 통제 아래 놓여 있었고, 단체 훈련도 실시하였다. 각 직장의 남자종업원은 물론 여자사무원, 교환원, 타이피스트, 기생과 여급 등이 모두 포함되었다.[35)]

> 특히 접객업에 종사하는 권번, 카페, 빠, 조합, 유곽 등이 자진하여 참가하였다. 이 특설청년대 25개대는 11만을 포용한 경성청년단에 편입되어 금후 규율 있는 통제와 훈련을 받을 것은 물론이거니와 이로써 종래 아무런 시국적인 면이 없이 무풍지대에 방임되었던 1천 3백의 기생이며 1천 6백의 여급과 1천 8백으로 세이는 창기들도 새로운 '국민조직'의 한분자로서 참가하여 국방증가체제 확립에 힘찬 출발을 짓게 되었다.[36)]

특설청년대의 조직은 일제가 조선에서 동원할 수 있는 모든 인력을 파악하고 이를 적극 활용하겠다는 의도를 보여준 것이었다. 여기에는

34) 『매일신보』 1941. 6.18 「妓生, 女給도 傘下에 完成된 特設青年隊, 職域別로써 25個隊를 編成」.

35) 『매일신보』 1942.2.1 「女給妓生도 한몫, 職場을 단위로 特別青年隊 結成」.

36) 『매일신보』 1941.6.18 「기생, 여급도 산하에 완성된 특설청년대, 직역별로써 25개대를 편성」.

창기, 여급 등의 여성들까지도 조직을 결성케 하여 통제의 대상으로 삼았다.

> 부내 미생정 유곽의 여급과 원정2정목의 남권번 예기 210명은 약 한달 전부터 북정 조합장과 굴전 지도원아래 도화신사 등에서 오전 11시부터 한시간 동안 마음과 몸을 연성하는 체조를 하여왔었는데 오는 9월 1일 흥아봉공일을 기하여 오전 11시 특설청년대를 결성하기로 되었다 한다.[37]

일제는 이들 조직결성에 조선인들이 주목하도록 하기 위해[38] 여성들을 조직화하고 훈련을 하고 있다는 점을 적극 선전하였다. 이는 가용할 수 있는 모든 인력을 확보하겠다는 조선총독부의 정책의지를 드러낸 것이라 할 수 있다.

특설청년대 여성단원을 대상으로 정기적인 훈련을 시키고 신사청소, 농번기 농촌근로 등을 하도록 하였다.[39] 이러한 내용들은 결성 혹은 결성식이란 제목으로 관련 내용이 『매일신보』에 소개되었다. 부내 종로권번 소속의 기생들은 청년단을 결성하고 현란한 결성식을 하였는데[40] 이들에게 국방색 제복을 입혀 가두행진을 하도록 하였다.[41] 뿐만 아니라 부내의 조선권번 기생을 비롯해 여급, 예기, 작부 등 약 500명에게 간호교습도 시행하였다. 신의주에서는 접객업 종사 여성들이 부대법, 지혈법 등 구급처치법을 체득하도록 하기 위해 육군병원 신의주 분원의

37) 『매일신보』 1941.8.31 「藝妓들의 靑年隊」.

38) 『매일신보』 1941.7.18 「여급들의 새출발, 오늘 본정 관내 특별 여청 결성식」; 『매일신보』 1941.8.31 「예기들의 청년대」; 『매일신보』 1941.10.3 「밤에 기생, 낮엔 직공, 유한금 본뜨라. 홍군당의 개로열」; 『매일신보』 1942.2.1 「여급기생도 한몫, 직장을 단위로 특별청년단 결성」.

39) 『매일신보』 1941.7.18 「女給들의 새 出發, 오늘 本町 管內 特別 女靑 結成式」.

40) 『매일신보』 1941.7.2 「총후의 여인부대, 종로권번 청년단 결성」.

41) 『매일신보』 1941.7.17 「揷床 女給靑年隊, 今日 本町서 管內 女給 部隊 結成式」.

소위가 직접 이들 여성들에게 교육하기도 하였다.[42]

이렇듯 각 직장을 단위로 한 특별청년대 및 여자청년대의 결성을 통해 여성들에게 단체훈련을 실시하고 언제든 필요할 때 동원할 수 있는 조직을 구성하였다.

〈표 Ⅱ-9〉『매일신보』 '특설청년대' 관련 기사

날짜	제목
1941.6.18	기생, 여급도 산하에 완성된 특설청년대, 직역별로써 25개대를 편성
1941.7.2	총후의 麗人부대, 종로권번 청년단 결성
1941.7.17	插床 女給靑年隊, 今日 本町서 管內 女給 部隊 結成式
1941.7.18	女給들의 새出發, 오늘 本町 管內 特別 女靑 結成式
1941.8.31	藝妓들의 靑年隊
1942.2.1	여급기생도 한몫, 직장을 단위로 특별청년단 결성

요컨대 여자청년단은 각 지역별로 단체수와 단원수를 늘려 1939년 이후 조직을 점차 확대해 가고 있었다. 이러한 여자청년단은 1941년 청년단 여자부로 개편되었으며, 1943년 이후 단체훈련이 강화되었다. 특히 청년단 여자부 대상이 되는 여성은 근로보국운동이나 국민개로운동의 대상이 되는 여성의 연령과 동일한 연령대로 구성되어 있었다. 이는 「국민근로보국협력령」, 국민개로운동, 청년단 여자부 조직의 구성들이 모두 14~25세 여성의 노동력을 동원하기 위한 목적을 가지고 있었다는 것을 말해주는 것이다. 일제는 특설청년대의 경우처럼 특정계층의 조선 여성들까지 언제든 동원할 수 있도록 여성의 조직화에 관심을 기울였다. 이러한 조직들을 토대로 조선여성들에게 시국에 대한 인식을 주입하고, 단체훈련 및 각종 노동에 참여시키는 하나의 통로를 만들었다.[43]

42) 『매일신보』 1941.9.4 「紅裙黨에도 看護法 傳受, 救急處置쯤은 常識으로 알라」.

이러한 여성조직은 일제말기 여성노무동원을 위한 하나의 단위로 기능하였다.

2. 동원 확대를 위한 교육(훈련)기관 '조선여자청년연성소'

1943년 10월 「생산증강노무강화대책요강」과 더불어 「교육에 관한 전시비상조치방책」(1943.10.13)이 시행되는데 이는 "전력 수행력의 증강"이라는 방침 아래 각급 학교에 대한 비상조치를 취한 것이다. 일제는 학교교육 전반에 걸쳐 "國防訓練의 强化·勤勞動員의 적극 및 철저한 실시"를 위한 조치를 강구하였다. 특히 고등교육기관의 개편방침의 하나로 문과계 여자전문학교(文科系 女子專門學校)는 그 교육내용의 개정을 도모하고 여자교원·여자실무원(女子教員·女子實務員) 및 여자지방보도원(女子地方補導員)을 양성하는 데 필요한 조치를 강구하였다.

1943년 10월 13일 「교육에 관한 전시비상조치방책」 발표 후 이화여자전문학교(이하 이화여전)와 숙명여자전문학교(이하 숙명여전)가 여자청년연성소 지도원 양성기관으로 바뀌었다.[44] 당시 이화여전의 경우, 여자청년연성소 지도원 양성기관으로 지정된 후 많은 중퇴자가 속출했다. 그렇지만 1940년에 신설된 1년제의 전수과(가사를 전문적으로 이수하는 과를 말함)에 재적한 학생 57명과 4년제인 문과, 음악과, 가사과, 보육과

---

43) 『매일신보』 1941.7.18 「여급들의 새출발, 오늘 본정 관내 특별여청 결성식」; 『매일신보』 1941.8.31 「예기들의 청년대」; 『매일신보』 1941.10.3 「밤에 기생, 낮엔 직공, 유한급 본뜨라 홍군당의 개로열」; 『매일신보』 1942.2.1 「여급기생도 한몫, 직장을 단위로 특별청년단 결성」.

44) 『경성일보』 1943.12.25 「교육비상조치 강력구현 반도여자특별연성, 자원개발로 공업교 증설」; 『경성일보』 1943.12.25 「반도여성지도의 큰 책임을 떠맡은 두 여자전문학교」.

1, 2, 3학년에 재적한 학생 45명이 1943년 12월에 양성과로 전과하여 불과 3개월의 교육을 받고 양성과를 졸업하였다.[45]

지정된 이화여전과 숙명여전의 재학생뿐 아니라 졸업생도 제1기 지도원 양성교육을 받을 수 있도록 하여 여자청년연성소 개소에 앞서 연성소에서 여성교육을 담당할 지도원을 확보하고자 하였다.

(왼 쪽) 『매일신보』 1943.10.30. 여자도 싸울때다. 남자에 지지안케 전력증강에
(오른쪽) 『매일신보』 1943.12.26. 남자에 지지안케

이화여전 교장이었던 김활란은 『매일신보』에 "남자에 지지안케 황국

45) 오꾸야마 요꼬, 「군위안부동원에 있어서의 한국인 여성간의 계층차에 관한 고찰: 군위안부로 동원된 하층여성과 군위안부에 동원되지 않은 상층여성들의 사례 비교」, 『동덕여성연구』 제2호, 동덕여자대학교 한국여성연구소, 1997, 154~155쪽).

여성으로서 사명을 완수"라는 제목으로 이화여전이 여자특별연성소지도원 양성기관이 되었다는 사실을 전하며 이러한 조선총독부의 조치에 대해 황국여성으로서의 특전이라며 표현한 바 있다. 그러면서 1943년 12월 현재의 계획에 대해 "명년 1월부터 3월까지는 지금 재학생들을 단기간에 훈련을 시키어 지도원으로서 전선에 파견시킬 터이며 다음으로 4월부터는 1년을 수료기간으로 하야 신입생을 바더 드릴 예정"임을 알렸다.[46]

당시 숙명여전의 교장이었던 小田교장도 여자들에게 필요한 연성을 교육하는 데 있어 지도원으로 "우리 학교생도가 뽑힌 것은 무상의 광명"이라고 표현하였다. 그러면서 "지도원 양성은 단시일에 필요한 지식을 체득"시키는 것이므로, "24시간 교육 다시 말하면 '생활 즉 교육'주의"로 나가야 한다고 주장했다.

일제는 연성소에서 교육을 담당할 지도원에 대한 확보도 없이 연성소 개소를 서두르고 있었고, 교육을 담당할 이들을 긴급히 확보하기 위해 이화여전과 숙명여전의 학교를 지정하여 단기간의 교육을 실시하도록 하였다. 숙명여전의 경우 "지도원이 되는 2년생에게는 명년 3월 가졸업증을 수여 하엿다가 9월에 본 졸업증서를 주고, 현재 1년생에게는 수료증서를 주엇다가 종래의 교육태세로 돌아가는 때에는 공부를 계속 할 수 있"도록 할 것이라고 밝히고 있다. 즉 학교 본연의 교육은 중단되는 것이나 마찬가지였다.

「女子青年錬成指導員養成所設置要項」에는 명칭, 설치 · 경영, 경비, 입소자(생도)의 자격, 정원과 전형, 양성기관, 연성과목 · 시수 및 요항, 직원, 수료 후의 채용과 관련한 내용이 포함되었다. 양성기간은 1944년 2

46) 『매일신보』 1943.12.29 「남자에 지지안케 황국여성으로서 사명을 완수(天城梨專校長談)」.

월부터 3월까지 2개월로 하였는데, 제1기의 경우 그 기간에 충분히 양성의 목적을 달성하기 어려울 것을 걱정하며 1944년 여름 농한기 적절한 시기에 보수(補修) 재교육(再教育)을 할 것까지 고려하고 있었다.[47] 일제는 단기간에 걸친 지도원 양성교육 후 단기교육을 받은 여성을 여자청년연성소의 여자지도원으로 배치하였다.

〈표 Ⅱ-10〉 숙명여자전문학교 여자청년연성소 지도원 양성과의 학과목 및 연성 내용

학과목	연간시수	연성 내용
國民科	320	神勅, 詔勅, 國體의 本義 , 臣民의 道, 戰時訓, 國家的 行事, 祭祀, 國民禮法, 御製, 御歌, 古事記, 祝詞, 新聞, 日用文公用文, 話方, 大東亞戰史, 國民動員
教育科	80	學校教育, 家庭教育, 社會教育, 軍隊教育, 幼稚園保育,青年心理, 國語指導法
家政科	200	家庭, 育兒 保健 및 救急法, 被服, 防共科學 및 防火法
職業科	200	農業大意, 農村厚生, 農村經營, 耕種, 畜產, 養蠶農製, 商工鑛業大業
體鍊科	80	體操, 教鍊, 武道團體指導法
藝能科	80	國民歌謠, 機具工作, 圖案, 書道, 藝能鑑賞
修練 및 實習	480	-
계	1440	-

출처: 淑大三十年史編纂委員會,『淑大三十年史』, 淑明女大出版部, 1968, 6쪽.

「조선여자청년연성소규정」은 1944년 2월 10일에 부령(府令)으로 공포되었다. 규정의 공포는 미혼의 여성들을 확보하여 본격적으로 동원에 활용하기 위한 조치의 일환이었다. 「조선여자청년연성소규정」은 총 20조로 구성되어 있으며, 여기에는 목적, 대상, 연성항목, 연성기간 등이

47) 朝鮮總督府,『朝鮮勞務』 제4권 2호, 1944.3, 29~30쪽.

기술되어 있다. 주요 규정 사항은 다음과 같다.

〈표 Ⅱ-11〉「조선여자청년연성소규정」의 주요 내용

<table>
<tr><th>규정</th><th>해당조항</th><th>내용</th></tr>
<tr><td>목적</td><td>제1조</td><td>조선 여자청년에 대해 심신의 단련 그 외 훈련을 실시하여 황국여성의 자질을 향상시키는 것을 목적으로 함</td></tr>
<tr><td>대상</td><td>제2조</td><td>여자청년연성소에 입소가능한 자는 연령 16세 이상으로 하여 국민학교초등과를 수료하지 않은 여자로 함</td></tr>
<tr><td>연성항목</td><td>제9조</td><td>여자청년연성소에 있어 연성항목은 수련, 국어(일본어), 가사 및 직업으로 함</td></tr>
<tr><td>연성기간</td><td>제10조</td><td>여자청년연성소에 있어 연성의 기간은 1년으로 하고 단 전시 또는 사변시에는 도지사 필요하다라고 인정되어질 때 이를 6월까지 단축하는 것이 가능</td></tr>
<tr><td>연성시수</td><td>제11조</td><td><table><tr><th>鍊成項目</th><th>鍊成時數</th></tr><tr><td>수련 및 국어(일본어)</td><td>400</td></tr><tr><td>가사 및 직업</td><td>200</td></tr></table></td></tr>
<tr><td>分所설치</td><td>제19조</td><td>특별한 사정이 있는 때는 여자청년연성소에 分所를 설치하는 것이 가능</td></tr>
</table>

출처: 『朝鮮總督府官報』, 제5104호, 1944.2.10.

「조선여자청년연성소규정」는 '여자청년에 대한 심신의 단련과 그 외 훈련을 실시하여 황국여성의 자질을 향상'하는 것을 목적으로 제시하였다. 여기서 말하는 '황국여성의 자질'이라는 것은 결국 일제의 정책에 순응하고 순종하며 국가가 필요로 하는 여성이 되어야 하는 것을 의미하는 것이다. 즉 조선여자청년연성소는 단기훈련을 통해 필요한 기능과 지식을 습득시켜 전쟁동원에 용이할 수 있도록 준비시키는 기능을 하는 일종의 훈련장소였다.

당시 조선 청년층 입영준비기관으로 청년특별연성소, 청년훈련소가 있었다. 남자를 대상으로 한 청년특별연성소나 청년훈련소가 군인 혹은 노무자를 위한 단체훈련의 기능을 했던 것처럼 여성도 언제든지 전쟁 수행 인력으로 투입될 수 있도록 단체훈련의 기능을 수행할 여자청년연성소가 개설된 것이다.

연성소의 입소대상은 16세 이상으로 국민학교 초등과를 수료하지 않은 여자이다. 그러나 수용력(50인 내외)에 여유가 있는 경우는 16세를 넘어도 입소할 수 있었다. 또한 기혼자는 가사 일에 얽매여 연성에 전념하기가 어렵다고 하여 입소를 받지 않지만, 굳이 입소를 열망하는 자에 대해서는 거부하지 않는다고 하였다. 이는 기혼여성도 연성소의 배제대상은 아니라는 이야기이다.

연성소 설치(제3조)의 경우 부, 읍, 면(府, 邑, 面)에 위치하는 것은 공립으로 하여 국민학교에 부설시키고, 사립은 공장, 광산, 상점 등 연성소에 입소할 수 있는 자가 다수인 경우에 한해 설립을 인정하였다.

연성 항목은 수련(修鍊), 일본어, 가사 및 직업이었다. 연성 기간은 매년 4월에 시작하여(제13조) 연간 600시간 이상으로 했는데 "전시 혹은 사변시에는" 기간을 6개월까지 단축하여 시수를 감소하는 것도 가능하도록 했다. 수련(修鍊) 및 일본어가 400시간 그리고 가사(家事) 및 직업은 200시간으로 구성되어 있다. 수련 및 일본어의 교육시간이 2배 이상이었다. 수련은 "교육에 관한 칙어의 취지를 받들어 신체로 국체의 본의를 명징하고 황국신민으로의 자각에 철저하고 이를 실천궁행" 하도록 하는 목적을 가졌다.

일본어(연성항목 국어)는 "황국신민으로서 필요한 일상의 국어 및 지식을 습득시키는 것"을 목표로 했다. 일본어 구사능력이 필요해질 것을 염두에 둔 것이라 할 수 있는데 이는 국내외 어디로든 여성들이 동원될 수 있을 것이라는 점을 전제한 것이다. 가사는 "가사에 관한 지식기능을 습득시키고 견실한 가정생활을 영위하여 능력을 얻도록 하는 것"을 내용으로 하였으며, 직업의 경우 "직업에 관한 일상생활의 필요한 지식기능을 얻어 근로호애(勤勞好愛)의 관습을 양양하는 것을 요지"로 하고 있다.[48] 직업이란 과목이 연성항목으로 시행된 것도 동일한 맥락에서 이해할 수 있다. 전시 상황의 필요에 따라 조선 여성들이 즉각 투입되기 위해서는 실무를 이해하는 과정이 필요하다.[49] 이러한 실무에는 "직업으로 농사일을 가르쳐서 식량증산에 이바지"하도록 하기 위한[50] 것 등도 포함되어 있다. 즉 '황국신민'의 자세와 일본어를 습득하는 것, 그리고 '근로호애의 관습'을 기르는 것이 조선여자청년연성소의 주된 목표였다.

1944년 5월 여자청년연성을 위해 전 조선에 2,387개소의 공립연성소가 설치되었다. 조선총독부는 공립연성소 외에 민간유지들에게 사립연성소를 설치하고 이에 협력할 것을 요구하였다. 남자의 특별연성의 경우 각 공장, 광산 등의 사립연성소에서도 진행되고 있었기 때문에 여자연성의 경우에도 이와 유사한 방식을 적용하고자 한 것이다.[51]

연성소 규정 제19조에는 "여자청년연성소에 분소(分所)를 설치하는 것이 가능"하도록 규정하고 있었는데 이는 연성소 설치가 어려운 곳에 분소(分所)를 설치하여 각 지역의 하부 단위까지 관리를 할 수 있도록 하기 위한 방안이었다. 조선 각 도의 여자청년연성소의 개소 관련 소식과 그 취지 등이 신문에 적극 선전되었다.

48) 「朝鮮女子青年錬成所規程」, 『朝鮮總督府官報』 제5104호, 1944.2.10.

49) 오꾸야마 요꼬는 여자청년연성소에서 위안부가 동원되었을 가능성을 부정할 수 없다고 지적한바 있다. 연성소는 쉽게 농촌 여성을 모을수 있고 일본어를 가르칠 수 있는 기관이었다. 이러한 점에서 연성소 교육을 받은 하층여성들 가운데 위안부로 동원되었을 가능성을 제기하였다(오꾸야마 요꼬, 「군위안부동원에 있어서의 한국인 여성간의 계층차에 관한 고찰: 군위안부로 동원된 하층여성과 군위안부에 동원되지 않은 상층여성들의 사례 비교」, 『동덕여성연구』 제2호, 동덕여자대학교 한국여성연구소, 1997, 161~162쪽).

50) 『매일신보』 1944.6.2 「오해말고 나서라, 무지에서 광명의 길로」.

51) 『매일신보』 1944.5.20 「아름답고 굳세인 婦德과 國體의 精華를 修得, 女子錬成의 네가지 要目決定」.

『매일신보』 1944.4.23. 연성 광경 사진

1944년 2월 10일에는 「조선여자청년연성소규정」이 제정되어 1944년 4월부터 조선 전국의 부, 읍, 면의 국민학교에 여자청년연성소가 부설되었다. 1944년 보성, 연희, 혜화, 명륜 등 전문학교의 생도 모집을 멈추고 보성은 경성척식경제전문학교로, 연희는 경성공업경제전문학교로 강제적으로 재편하고, 혜화 · 명륜전문학교는 폐지했으며, 숙명 · 이화전문학교는 여자청년연성소지도원 양성기관으로 지정되었다. 모든 학교 교육은 전쟁수행을 위해 재편되었다.[52]

일제는 연성소를 설치하게 된 취지에 대해 "남성은 징병제 실시에 따라 청년훈련소와 청년특별연성소에 의해서 남성으로서의 교양을 지니게 되는데 여성만이 남성들보다 너무나 뒤떨어진 생각과 그 생각에서 나오는 생활을 하고 있어서는 완전한 황국신민이 될 수 없기 때문"이라고 설명하였다. 그러나 실제 이들 연성소 설치는 전쟁수행을 위한 인력을 확보하기 위한 조치 중 하나였다. 당시에는 "연성소에 다니면 징용된다"는 소문들이 떠돌고 있었다.[53] 조선여자청년특별연성소는 당시 조선인들에

52) 朴慶植, 『日本帝國主義의 朝鮮支配』, 청아출판사, 1986, 400~401쪽.

게 여성 징용과 관련이 있는 것으로 인식되었다. 이러한 소문에 대해 조선총독부는 "터무니없는 유언"이라면서 반박하고 있었지만 연성소와 관련한 사례를 볼 때 이것이 단순히 소문만은 아니었을 가능성이 높다.

연성소 개설에 대한 자세한 내용에 대하야는 지금 총독부에서 각도에 지시하야 보고시키고 있는 중인데 그중에는 모집생원보다도 지원자가 많어 관계자를 감격시키는 곳도 있는가하면 그 반대로 **〈여자징용〉 운운의 터무니 없는 유언이 아직도 자취를 감추지않는곳도 있는 모양으로**…(중략)… 남자는 장래 황국군인이 되여 철저히 연성을 받게 될 터인데 여자만은 문맹 그대로둔다면 장래 견실한 가정생활을 해나갈수가 없다. 그래서 교육받지 못한 여자들에게 극히 초보이나마 교육을 시켜 주려는 것이 여자청년연성사업의 근본정신이다. 국가의 하없는 온정인 것이다. 그런데도 **일부에서는 징용할 준비로 연성시키는 것이라고 멀리 다른 곳으로 피하는 사람 혹은 나아가 어린데도 결혼하는 사람이 있다는 것은 참으로 유감스러운 일이다.** …(중략) (강조는 필자)

여자연성소에 대해 교육받지 못한 여성들에 대한 교육을 시켜주기 위한 것이라고 하며 이를 "국가의 하없는 온정"으로 마치 시혜를 베푸는 것처럼 말하고 있다. 전쟁수행이라는 급박한 상황에서 갑자기 문맹인 여성들을 위해 초보교육을 시키고자 한다는 주장이 조선인들에게 순수한 의도로 받아들여지지 않는 것은 당연했다. 조선총독부도 이러한 분위기를 감지하고 있었다.

(중략) 쬐금 다녔나봐요. 그럭하고 바로 거기 다니다가 **렌세이쇼(錬成所)라고 거기를 또 가라고,** 신흥국민학교를 가라고 해서 갔더니, 죄우 졸업한 사람을 1학년 같이 그런걸 가르키더라고. …(중략) **삼방사 다닐때, 연성소를 가라고 해서 갔더니, 거기서 또 공부를 가르키더라고요.** 그래가지고 졸업했는데 가르켜야 다 배운거. 그래서 쬐끔 하다가 그냥 여럿이

53) 『매일신보』 1944.6.2; 『釜山日報』 1944.3.21 「解け女子練成の誤解」.

> 이제 모여서 놀고 하니까 간거지. 쬐끔 다니다가 **영장같이 나와서 일본 갔지.**(중략)[54] (강조는 필자)

직장이 없으면 정신대로 가게 될까봐 군수물품 만드는 공장에 가서 일을 하고 있던 순덕(1929년생)은 다니던 공장에서 갑자기 연성소로 가서 교육을 받으라 하여 교육을 받은 후 얼마 지나지 않아 일본 미쓰비시중공업 나고야항공기제작소로 동원되었다. 당시 연성소 교육의 목적과 그 의도가 무엇이었는지 순덕의 사례에서 추측해볼 수 있다. 무학의 여성들에게 기본적인 필요 기능을 습득하도록 연성소에서 단체훈련 등을 시켰고, 학교를 다니는 여성들에게는 학교에서 체력단련 및 단체훈련 등을 하도록 하였다.

女子鍊成刷新强化

新年度부터約五千名收容力增大

『매일신보』 1945.1.2. 女子鍊成刷新强化

여자청년연성소는 경성부를 비롯하여 경기도, 함경북도 등 각 지역에 계속 개소되었다.[55] 이후 1945년에는 여자청년연성소에 입소할 여성을 더 확대하였다. 이미 약 10만 명의 여성이 입소해서 훈련을 받고 있었지만, 조선총독부는 여기에 약 5천 명을 더 수용하는 동시에 현재 약 9백 명이 되는 전임지도원도 약 5백 명을 증원하고 그 연성내용도 쇄신하여 보다 철저하게 진행하고

54) 일제강점하강제동원피해진상규명위원회, 앞의 책, 2008, 254쪽.

55) 『매일신보』 1944.3.25 「여자청년연성소 경기도내에 250개를 설치」; 『경성일보』 1944.4.16 「여자청년연성소 일제히 개소」; 『매일신보』 1944.3.12 「구제되는 무학여성 여자청년특별연성 4월 10일부터 시작」.

자 하였다.[56] 수적인 증원뿐 아니라, 「조선여자청년연성소규정」을 일부 변경하여 수용범위 또한 확장하였다. 기존의 수용범위의 연령은 16세였는데 이를 14세까지 낮추어서 더 많이 수용하고자 했다.[57]

연성소 수용범위의 대상 연령도 14세로 낮추게 되는데 이는 더 많은 미혼여성을 확보하기 위함이었다. 당시 근로보국대 등으로 여성 노동력을 동원하기 위한 최소의 연령은 14세였는데, 근로보국대 동원의 최소연령과 연성소 수용범위 연령이 동일하였다. 여자청년연성소의 실제 목적이 조선여성의 동원을 염두에 둔 것이라는 점이 여러 정황들에서 드러난다.

3. 종군간호부 동원을 위한 간호교육의 확대

일제는 1938년부터 간호부 동원에 대한 구체안을 세우고 있었고 1939년부터 조선인 여성에게 지원간호부 제도를 실시하려고 하였다.

> 지원병 제도 실시와 함께 조선인에게도 국민으로서의 병역의무가 생겨 내선일체로 총후국민의 굳세임을 보이고 있는 요즈음 적십자간호부도 지원제도 실시를 절실히 느끼고 적십자 조선본부에서는 구체안을 세우고 있는 중인 바 드디어 내년도부터 지원 간호부제도를 실시하게 되었다. 즉 종래 적십자간호부로 종군간호부와 육군병원 간호부들 내지 고등여학교 출신에 한하였는데 내년부터는 조선인도 고등여학교 출신이면 적십자간호부로 채용되어 종군간호부도 될 수 있고 육군병 간호부도 될 수 있게 되었다.[58]

전쟁이 본격화되면서 1938년부터 간호부 등 의료인을 동원하기 위한

56) 『매일신보』 1945.1.2 「女子錬成刷新强化 新年度부터約五千名收容力增大」.
57) 『매일신보』 1945.4.18 「女子靑年錬成所 收容範圍를 擴張」.
58) 『매일신보』 1938.8.7 「조선인 간호부 종군도 실현, 적십자사 규례개정」.

일련의 법률이 제정되기도 하였다.[59)]

〈표 Ⅱ-12〉 조선인간호부 양성 관련법과 양성소

연도	관련법령	내용	비고
1938	「의료관계자직업능력신고령」	· 국가총동원법 제21조 규정에 기초 · 신고항목(간호부의 경우) ①성명 ②출생연원일 ③본적 ④주소 ⑤학력과 직력(職歷) ⑥취업장소 ⑦취업상태 ⑧봉급액수 ⑨건강상황 특히 총동원업무 종사에 관하여 지장의 유무 ⑩배우자의 유무와 부양자의 수 등 10가지	-
1941.12	「의료관계자징용령」 공포	· 의사, 치과의사, 약제사, 간호부의 징용기준과 징용되었을 때의 사용 또는 급료, 기타의 종입조건 제시	『朝鮮總督府官報』 1942.10.15
1942.10.15	「의료관계자징용령 시행규칙」과 「조선간호부규칙」 개정	· 조선총독이 발행하는 '징용령장'을 받은 간호부는 "국가에서 실시하는 군사상 또는 군인 원호상 필요한 위생에 관계된 총동원 업무를 비롯하여 방공관계 지방공공단체, 정부가 관리하는 공장사업장, 조선총독이 지정하는 공장사업장과 그 외의 시설 중에 위생에 관계되는 총동원 업무"를 해야 함 · 면허의 발급연령 18세에서 17세로 낮춤	『朝鮮總督府官報』 1942.11.16
1944.8.21	「조선의료령」과 시행규칙 제정, 공포	· "국민의료의 적정을 기하여 국민체력의 향상을 도모함" · 의료관계자를 의사, 치과의사, 의생, 보건부, 조산부, 간호부로 하였고 보건부, 조산부, 간호부에 관하여는 따로 규정한 조항 없이 필요한 사항은 조선총독이 정하도록 함	『朝鮮總督府官報』 1944.8.21(제령31호)

59) 근대간호사 관련 내용은 이꽃메의 연구를 기반으로 하였으며 자세한 것은 다음을 참고 바람(이꽃메, 『한국근대간호사』, 한울아카데미, 2002, 195~217쪽).

1944.12.1	개정	· 일반여학교에서도 면허간호부 배출 - 연령 13세 이상으로 고등여학교 2학년 수업자 또는 국민학교 고등과 수료자 정도를 입학시킨 일반 중등학교에서 조선총독부의 지정을 받으며 졸업 후 무시험으로 간호부 면허를 받을 수 있도록 함 · 면허의 발급연령 16세로 낮춤	『朝鮮總督府官報』 1944.12.1
1944.12.13. ~1945.6.19	-	· 기존의 양성소와 일반학교로 이원화 · 51개 공립고등여학교, 1개 공립고등상업학교, 1개 여자사범학교, 2개 공립여자상업학교, 9개 고등여학교, 1개 여자기예학교, 2개 가정여학교, 1개 실천여학교 등 총 68개 중등학교	『朝鮮總督府官報』 1944.12.13/1944.12.15/1945.1.8/1945.2.5/1945.3.12/1945.4.21/1945.6.19

출처: 김문실 외, 『간호의 역사』, 대한간호협회 출판부, 1998; 이꽃메, 한국근대간호사』, 한울아카데미, 2002; 신영숙, 앞의 논문, 2011, 151쪽 참고하여 작성.

1938년 「의료관계자직업능력신고령」이 공포되어 의료관계자의 직업능력을 국가에서 파악할 수 있도록 신고하게 하였다. 신고항목은 10개로 구성되었으며 총동원 업무 종사와 관련하여 지장 유무를 판단하기 위한 내용 등이 포함되었다.

전쟁이 본격화될수록 전쟁터에서 병사를 치료할 수 있는 인력을 확보하는 것은 그만큼 중요해졌고, 이에 조선총독부는 간호부의 공급을 늘리기 위해 간호 교육에 관심을 가졌다. 4개 도립의원에서 실시되던 공립 간호교육을 다른 여러 도립의원으로까지 확대하였고, 1940년에서 1944년 사이에는 10개 간호학교를 지정하였다. 간호교육은 점차 이론수업은 줄이고 실습을 늘렸으며, 일본적십자사 조선본부를 중심으로 본격적인 종군 간호부 교육을 진행하였다. 1942년부터는 적십자간호본부에서 종군간호부 일행을 파견하였다.[60] 1944년부터는 68개 일

반학교에서 간호과정을 거치면 졸업 후 간호부 면허를 받을 수 있도록 하였다.[61]

조선총독부는 간호부의 공급을 증가시키기 위해 간호부의 면허 발급 연령도 점차 낮추었다. 1942년 10월 15일 「朝鮮看護婦規則改正」을 통해 18세였던 면허발급연령을 17세로 낮추고 1944년 12월에는 다시 16세로 낮추었다.[62] 또한 간호교육을 확대하기 위해 간호학교의 지정도 늘려 일반 여학교에서도 면허간호부를 배출할 수 있게 되었다.[63]

즉 연령 13세 이상으로 고등여학교 제2학년 수업자 또는 국민학교 고등과 수료자 정도를 입학시킨 일반 중등학교에서 조선총독의 지정을 받으면 졸업 후 무시험으로 간호부 면허를 받을 수 있도록 한 것이다.[64] 당시 인천고녀에 재학 중이던 김춘자는 다음과 같이 학교생활을 회상하였다.[65]

> 1, 2학년에는 비교적 평온한 학교생활을 했으나, 3학년이 되면서부터는 **군 작업에 동원**되어 군복만들기, 마사로 로프만들기 등을 했고, **3학년 1학기에는 도립병원에 가서 실습을 하고 간호원 자격증을 받았다.** …(중략) **졸업 후 취직을 하지 않은 사람은 군에 징용(간호병)되었으므로** 나를 포함

60) 『매일신보』 1942.1.20 「남방제일전선에 반도의 두 백의천사 영예의 웅소」.

61) 이꽃메, 앞의 책, 197쪽.

62) 『朝鮮總督府官報』 1944.12.1.

63) 1940년에는 평양 해군공제조합병원부속 간호부 산파 양성소, 1942년에는 원산 구세병원 부속 간호부 양성소가, 1943년에는 성진 고주파병원부속 간호부 양성소, 부립 목포병원 간호부 양성소, 그리고 경성 적십자병원 산파 양성, 1944년에는 인천 육군조병창 육군병원간호부 양성소, 청진 적십자병원 간호부 양성소, 조선 인조석유회사 부속병원 간호부 양성소, 경성여자의학전문학교 부속의원 간호부 양성소, 그리고 일본 제철주식회사 청진제철소병원 부속 간호부 양성소가 새롭게 지정받았다(이꽃메, 앞의 책, 202쪽).

64) 『朝鮮總督府官報』, 1944.12.1.

65) 김춘자, 「희미한 기억을 더듬어」, 『仁川女高百年史』, 인천여자고등학교총동창회, 2009, 86쪽.

하여 25명 정도는 식산은행에 취업을 했고, 국민학교 교사가 되기도 하였다. (강조는 필자)

간호학교가 아님에도 불구하고 일정교육을 이수하면 시험 없이 간호부 자격증을 받을 수 있었다. 도립병원에서 2주 정도 의료실습(붕대감기, 부목대기, 수술실 견학 등)을 하면 학교장으로부터 간호부 수료증을 받아 이것을 도청에 제출하여 도지사 명으로 간호부 자격증을 받았다.[66] "졸업 후 취직을 하지 않은 사람은 군에 징용되었으므로"라는 이야기에서 당시 직장이 없으면 여성들도 동원된다고 했던 당시 여러 증언들과 유사한 내용이 언급된다.

일제말기가 되면 면허발급에 대한 요건도 점차 완화되고, 면허발급 연령도 개정을 통해 낮추었다는 것을(〈표 Ⅱ-12〉) 알 수 있다. 간호교육의 확대를 통해 간호부의 공급을 늘리고 전쟁에 필요한 간호 인력을 확보하기 위해 단기간 교육으로 면허를 발급하는 것은 전쟁에 필요한 인력동원을 염두에 둔 조치였다. 완화된 조건으로 간호부 자격을 취득하도록 만든 것은 종군간호부로 동원할 수 있는 대상을 사전에 확보하기 위함이었다.

종군간호부와 관련한 당시 신문의 내용을 살펴보면, 1937년에는 주로 간호부로 '지원'한 여성들에 대한 소개가 중심이었다면, 1938년 이후부터는 지원한 여성에 대한 미담부터 모집, 편성식, 장행회, 좌담회 등이 다루어졌다.[67]

66) 『仁川女高百年史』, 앞의 책, 93쪽.

67) 『조선일보』 1937.8.5 「함흥 김창숙양 전지간호부 지원」; 『조선일보』 1937.7.31 「三看護婦 血書로 看護報國을 志願」; 『조선일보』 1937.8.23 「평양도립병원에서 종군간호부 지원 속출」; 『조선일보』 1939.2.26 「전지의 구호간호부 조선 여성 중에서도 모집」.

家庭

충용의 황군과 함께 세계일의 백의천사

반도출신도 벌서 네사람

日本赤十字社朝鮮本部 佐佐木 副總長 談

『매일신보』 1942.8.2. 사진은 당시 경성역에서 전선현지로 떠나려는 일본적십자사 조선본부 출신 간호부들

南方第一線에

半島의 두 白衣天使 榮譽의 應召

店員道를

昨日、京城

『매일신보』 1942.1.20. 南方第一線에 半島의 두 白衣天使 榮譽의 應召

전선이 확대되면서 전쟁 파견을 염두에 둔 간호 인력 양성은 일본적십자사의 중요한 과제가 되었다. 1943년에 일본적십자조선본부에서 임시구호간호부를 모집하였고[68], 다음해인 1944년에도 면허가 있으면서 1

년 이상 실무 경험이 있는 17세 이상 29세 미만의 간호부를 대상으로 임시구호간호부를 모집하였다. 이들은 3개월간 적십자사에서 교육을 받은 후 바로 일선에 배치되었다.[69] 1943년 이후에는 학교를 통해서도 간호부 모집을 하였다.

> 교장이 일본사람이고 보니 애국하는 마음이 남달랐을테지요. **교장선생은 우리 학생들을 동원해서 전쟁에 도움이 되게 하고 싶은 거지요.** 그렇다고 우리 학생들은 지식층인데 위안부로 보낼 수는 없고 간호장교란게 있었어요. 우리 선배 중에 한사람이 간호장교로 갔는데 학교에 한번 온 적이 있어요. 선배 간호장교는 물자가 귀할 때 머리끝에서 발끝까지 곤색 비로드 같은 고급천으로 꾸며입고 가슴에는 빨간 적십자마크를 달고 나타났어요. 그 선배가 교단에 올라와 인사를 하는데 학생들은 황홀했어요. 우리도 간호장교로 가자고 떠들었어요. **교장선생은 우리학교가 천추에 남는 역사적인 학교가 되기 위해서는 4학년 전체가 간호장교에 지원을 해야 한다며 그래야 애국자가 된다는 거에요.** 그리고 부모님에게 보내는 유인물을 나누어 주었어요. 유인물을 본 아버지는 학교를 그만두라고 단호하게 말씀을 하시는 거에요. …(중략) 어떻게 들어간 학교인데 학교를 그만두라니 청천벽력이었어요. 아버지한테 무슨 수를 쓰더라도 간호장교에 지원은 안할테니, 학교만 졸업하게 해달라고 사정했어요. …(중략) 그런데도 아버지는 아무래도 내가 미덥지가 않아서였든지, 저 몰래 어떤 사람하고 혼약을 해버렸어요.[70] (강조는 필자)

위의 내용을 보면 종군간호부를 모집하는데 일본인 교장이 적극적으로 앞장서고 있다. 동원에 대비해 아버지가 혼약을 잡았다는 내용은 당시 부모들이 학교를 통해서도 동원될 가능성을 우려했다는 것을 보여주

---

68) 『매일신보』 1943.11.23 「장부 못지 않게, 백의 천사되어 제일선에 李樂信氏 談」.

69) 『매일신보』 1944.4.1 「나오라 白衣天使, 臨時救護看護婦 募集」.

70) 목경희, 1927년생, 한국수필문학회이사 1943년경 학교시절 구술. 간호장교라고 표현된 것은 일본적십자사 소속 간호부를 지칭하는 것으로 보인다(『일제시대 구술실록』 제1권, 전주문화재단, 2007, 249쪽).

는 대목이다. 이러한 이야기들은 일제시대를 살았던 이들의 증언에서 공통적으로 들을 수 있다.

물자가 귀한 시절 적십자 마크를 달고 화려하게 한껏 치장을 한 선배의 모습은 여학생들에게 매우 멋진 모습으로 비춰졌을 것이다. 간호부 모집을 위해 어린 여학생들의 감성을 자극하며 지원을 유도하였고, 교장까지 나서서 간호부 지원이 애국의 길이라고 나섰다.

일본적십자사 조선부대에서는 간호부 모집에 적극적으로 나서고 있었는데,[71] 일본적십자사조선본부 佐佐木副總長은 다음과 같이 이야기였다.

> 지금까지 부인네들은 총후에서 임무를 다하는 것으로만 생각해왔지만 이와 같이 **전선에 나가서 적극적으로 싸울 수 있는 기회가 생긴 것**은 반도에 충성스러운 훌륭한 여자들이 많이 나올때가 된줄로 압니다. 이제부터 **아무리 여자라 할지라도** 좁은 생각이나 약한 생각으로 내부모라든지 내형제라든지하는 적은 생각에서 떠나 **국가를 위하여라는 큰 목표 아래서 용감한 생각을 가지고 여성의 특질인 아름답고 고은 마음을 억세고 살풍경한 전시에 바치는 것은** 무엇보다 아름다운 일인줄 생각합니다.[72] (강조는 필자)

종군간호부가 되는 것이 "전선에 나가서 적극적으로 싸울 수 있는 기회가 생긴 것"이라며 국가를 위해 전장으로 갈 것을 주장한다. 『매일신보』의 기사를 보면 '종군간호부 = 백의천사'라는 이미지가 도식화되어

71) 제2차세계대전 중 적십자의 표식을 달고 중국 · 필리핀 등 전화 속에서 부상병을 간호한 적십자간호사들이 있었다. 물론 일본적십자사 소속이었다. 서울 적십자양성소 출신인 심고순은 전쟁 초기 필리핀에 갔었고, 서울 적십자출신 홍영숙은 京都 일본 적십자 양성소 출신인 양인실과 함께 중국에 갔다가 종전과 더불어 귀국했다(이영복, 『看護史』, 수문사, 1995, 199쪽).

72) 『매일신보』 1942.8.2 「충용의 황군과 함께 세계일의 백의천사, 반도출신도 벌서 네 사람, 日本赤十字社朝鮮本部 佐佐木副總長談」.

있다고 생각될 만큼 종군간호부를 희생적이며 숭고한 여성의 이미지로 표현하였다. '純情의 奉仕', '순정', '성직', '꽃', '백합화', '천사', '위로', '격려', '진심' 등과 같은 용어들을 사용하여 종군간호부의 이미지를 표상하고자 하였고, 이를 통해 조선여성의 지원을 유도하였다.73)

(왼 쪽) 『매일신보』 1943.4.14. 第一線에 나갈 종군간호부 編成式
(오른쪽) 『매일신보』 1943.9.6. 남방으로 가는 종군간호부(당시 경성역 앞)

1942년경부터는 남방지역으로 종군간호부가 동원되고 있었는데,74) 남방으로 간 종군간호부가 동료에게 보낸 소식, 1943년 남방지역으로 가

73) 『매일신보』 1941.1.12 「白衣天使들 美談 赤十字朝鮮救護班의 꽃」; 『매일신보』 1941.3.23 「戰場의 白合花, 白衣의 天使, 훈련 쌓는 從軍看護婦」; 『매일신보』 1941.6.17 「白衣의 天使 野戰에, 17일 적십자 구호반 일부를 교대」; 『매일신보』 1942.1.20 「南方第一線에 半島의 白衣天使 榮譽의 應召」; 『매일신보』 1942.1.23 「保育院서 更生, 戰線白衣天使志願」; 『매일신보』 1942.8.2 「충용의 황군과 함께 세게일의 백의천사, 반도출신도 벌서 네사람, 日本赤十字社朝鮮本部 佐佐木副總長談」; 『매일신보』 1942.11.17 「白衣天使部隊進軍 赤十字記念第二日 看護婦들 街頭宣傳」; 『매일신보』 1943.2.9 「戰野의 꽃 白衣天使, 皇軍울리는 純情의 奉仕, 白衣天使 座談會」; 『매일신보』 1943.4.6 「나와라 半島女性들, 陸軍 造兵廠에서 白衣天使 募集」; 『매일신보』 1943.4.23 「"同生 대신 前線에" 白衣天使를 志願한 軍國處女」; 『매일신보』 1943.4.14 「異彩의 두 半島女性 昨日, 第一線에 나갈 白衣天使編成式 盛大擧行」; 『매일신보』 1943.11.23 「장부 못지않게 백의천사되어 제일선에 梨花高女 李樂信氏 談」.

74) 『매일신보』 1942.3.20 「南方一線서 活躍하는 半島의 白衣天使 平南, 淸水兩看護婦의 最近消息」.

는 종군간호부의 전송식에 대한 내용이 신문에 게재되었다. 군인을 보낸 어머니처럼 딸을 종군간호부로 보낸 어머니 또한 '군국의 어머니'로 칭해졌다.75)

> 긴급한 시국에 발맞추어 반도인 구호간호부 양성원을 모집하기를 소화 16년부터인데 졸업생 17명 중에서 이미 북지, 중지 방면과 필리핀 방면에 나가서 활약하고 있는 구호간호원이 11명이나 된다. 그동안에는 구호간호부 양성원을 선내에서는 예정인원을 모집하기에 곤란하여서 멀리 내지에까지 출장을 가서 시험을 보게 하여 모집하여 불편한 일이 많았으나 지금부터는 鮮內에서 풍부한 지원자가 있기를 바라고 있다.76)

이에 박인덕과 같은 친일적인 여성까지 나서서 여성들에게 종군간호부로 나갈 것을 종용하였다. "우리여싱들은 한사람도 빠짐없이 총동원하여" 남성들 뒤를 지원해야 한다고 강조하고 있다. 지원에서 더 나아가 제일선에서 "백의천사"로 나아가야 한다고 주장하였다. 싸우는 주체가 되라는 종용이었다. 1943년 후반 여성노무동원 정책의 변화와 맞물려 친일여성을 내세운 이 같은 선전이 신문과 잡지 등의 매체 등에 자주 등장한다. 다음은 박인덕이 조선여성들에게 종군간호부로 지원할 것을 주장하는 글이다.

> 이 결전마당을 당해서 우리 반도부녀자들도 다른 어떤 나라의 부녀자에게도 지지 않을 만큼 **군국의 여성답게 모두 다 일어서서 싸워야 할 때**는 바야흐로 돌아왔습니다. 벌써 여러 방면으로 싸우고 계신 분도 없지않겠지마는 반도 2천 5백만의 반을 차지한 우리 여성들은 **한사람도 빠짐이 없이 총동원하여** 전선에 나서는 아들, 남편, 오빠의 뒤를 단단히 바쳐주어

75) 『매일신보』 1943.9.6 「두빰에 불타는 굳은 決意, 南方으로 가는 白衣天使一行昨日勇躍出發」.

76) 『매일신보』 1943.7.8 「백의의 천사 되라, 일적 조선본부에서 임시간호부 모집」.

> 야 하겠습니다…(중략) 이에서 **한걸음 더나아가 남편과 오빠들을 따라 제일선으로 백의천사로 나아가십시다.**[77] (강조는 필자)

> 구호간호부양성소에는 갑종(고등여학교졸), 을종(국민학교 고등과 졸업으로부터 고등여학교 2년이상 졸업생)과 그 외 임시구호간호부라 해서 갑호에 경험이 있는 자로서 3개월간 강습을 받는 세가지 종류가 있는데 갑종파는 16세에서 20세까지이고 을종은 14세에서 18세까지 미혼여자들에 한한다. 어째서 구호간호부는 미혼여자에 한하느냐 하면 다른 고등여학교에서 학생을 모집하는 같은 취지로 아무래도 가정을 가지고 살림을 하면 만 2개년 동안 수업하기도 힘들고 또 가정을 버리고 응소되어 일선으로 나가기도 힘든 까닭이다. 그러나 결혼한 여자라도 사정에 의해 남편과 아이가 없으면 훌륭히 백의용사로서 전지에 나가 일할 수 있는 것이다. …(중략) 적십자조선본부에서는 구호간호부는 선내에 두고 소집하는 경우에도 편리를 도모하고자 선 지원자를 바라고 있는데 반도 2천 2백만 명중의 반수를 차지하고 있는 여성 가운데서 현재 희망자 37명밖에 안된다는 것은 아직도 반도여성이 구호간호원의 사명을 몸소 깨닫지 못하는 것이 아닌가 하다.(일적 조선본부 구호주임 마련정의 씨)[78]

위 신문에서는 1944년 당시 구호간호부 모집의 실정과 자격조건 등을 자세히 소개하고 있다. 일본적십자조선본부 구호주임은 간호부의 희망자가 37명밖에 안되고 있는 것에 불만을 이야기한다. 지원자의 수가 만족스럽지 못했던 것이다. 조선사회에서 여성들은 결혼하기 전까지 자기가 살던 마을에서 되도록 벗어나지 않고 생활하였다. 특히 딸을 가진 부모들은 결혼하지 않은 딸을 타지역이나 타국으로 보내는 것을 주저하였다. 당시 부모들은 결혼 시키는 것을 동원을 피하기 위한 하나의 방법으로 여기고 있었다. 이러한 배경에서 전장지로 보낼 간호부를 모집한다는 것은 조선인의 호응을 쉽게 얻을 수 없었다. 그럼에도 끊임없이

---

77) 永河仁德, 『放送之友』 제6호, 朝鮮放送協會, 1943.12, 34~37쪽.

78) 『매일신보』 1944.9.21 「가정문화, 나서라 백의천사로, 어째서 미혼자라야 되나」.

여성들에게 지원을 요구하였다.

조선총독부가 유언비어에 대해 단속을 강화하고 여성 징용에 대한 소문을 근거 없는 이야기라고 일축했지만 조선인들은 이를 믿지 않았다. 이와 관련해 일본병사들이 남긴 회고록을 살펴보면 당시 조선인들의 생각이 근거 없는 오해가 아니었다는 것을 알 수 있다. 개인의 회고록이 가지는 제한적인 한계는 존재한다. 그러나 기억의 부재 혹은 오류, 자의적인 해석 등 여러 문제를 감안하여 보더라도 각기 다른 개인이 가졌던 경험에서 나타나는 공통적인 상황과 공통적인 기억의 기술(description)은 당대의 현실을 있는 그대로 드러내기도 한다.

> 특수간호부라고도 불린 종군위안부 부대가 왔었다. 그리고 4일간 주류 예정인 부대에 위안소가 개설되었다. '삐야'라고 했다. 장병의 성욕 처리에 봉사하는 여자들은 조선 농촌에서 모집했거나 강제적으로 연행해 왔다고 한다. 모두 미혼의 처녀를 골랐다고 한다…(중략) 그녀들은 각각 조선삐, 중국삐라고 불렸다.[79]

> (중략) 속이는 것은 간호사로 만든다는 것과 식당 여급을 시킨다는 것, 즉 육체 공여를 조건으로 하지 않고 데려가서 현장에 도착하자 체념토록 만들었다. 도망가는 방법은 없다.[80]

> (중략) 이들 조선여성들은 '종군간호부 모집'이란 밖으로 보기에는 좋은 광고에 끌려 모집되었기 때문에, 시설에서 '영업'한다는 것은 생각지도 못했다고 한다. 그것이 만주 각지에 보내져서 이른바 병사들의 배설처리를 위한 하나의 도구로 타락한 운명이 돼버렸다. 나는 감상가였을지도 모르지만 전쟁에 도전하는 인간이라는 동물의 排泄처리에는 진정으로 환멸감을 느꼈다.[81]

---

79) 梶川勝, 『陸軍二等兵の戦争体験』, 1991, 53~54쪽.
80) 伊藤桂一, 『戰旅の手帳』, 光人社, 1986, 150쪽.
81) 長尾和郎, 『關東軍軍隊日記』, 經濟往來社, 1968, 154쪽.

위의 내용을 보면 간호부로 모집되어 혹은 식당 여급 등의 일을 한다고 조선 여성을 모집하여 일본군'위안부' 생활을 하도록 강요한 일들이 있었다는 것을 알 수 있다.[82] 일부여성들은 종군간호부 모집을 빙자한 모집에 의해 일본군'위안부'로 동원되기도 하였다.

4. 소결

일제의 여성교육은 현모양처주의의 교육이념에 따라 식민지체제에 순응할 수 있는 순종적인 식민지 여성을 양성하는 데 주력하였다. 전쟁동원의 수단으로 모성을 이용한 것과는 대조적으로 조선 여성에 대한 모성보호와 유유아(乳幼兒) 보건에 대한 구체적인 정책은 없었다.

일본의 경우 1938년 1월 「모자보호법」이 마련되고 후생성 설치 후 계속 유지되어 관련 정책을 만들고 관리했던 데 반해, 조선은 1942년 11월 후생국이 폐지되었고 모성보호정책은 제대로 마련되지 않았다. 일제는 일본여성에 대해서는 모성으로서 보호해야 할 대상으로 여겼지만, 조선 여성에 대해서는 그렇지 않았다.

전시기 여학생의 노동력 동원은 전시기 전반에 걸쳐 이루어졌다. 단순 노동력 제공에서 군대에 출정하는 병사를 환송하고 이들을 격려하기 위해 위문대와 천인침을 만드는 것에 이르기까지 군인을 위해 '위안'과 '위문', '위로', '환송'의 역할을 하도록 강요받았다. 이러한 것은 여성만이 해야 하는 일이었다. 남성들이 천인침을 만들거나 위문대를 만들지는 않았다.[83]

---

82) 일본군'위안부'에서 군속 종군간호부로 편입된 사례도 있다. 문옥주와 김복동의 경우 일본군'위안부' 생활을 하다 간호부 생활을 하였다(한국정신대연구소편, 『강제로 끌려간 조선인 군위안부들 2』, 한울, 1997).

기혼여성에게는 '군국의 모'가 될 것을 강조하고, 미혼여성에게는 남성을 '위로'하고 '위안'하고 '환송'하기 위한 존재가 될 것을 요구하였다. 동시에 또 다른 한편에서는 조선 여성들에게 '노동전사'가 되라며 노무동원을 확대하였다. 여성노무동원을 위해 여성조직과 단체를 확대하고자 하였으며 다양한 계층의 여성들을 조직하고자 하였다. 그리고 1944년에 '조선여자청년연성소'를 개소하여 여성동원을 위한 '연성'을 시작하였다.

조선총독부는 당시 여성노동력 동원이 어려운 원인의 하나로 조선의 노동관습을 지적하였다. 조선총독부는 이러한 문제를 해결하기 위해 무엇보다 여성들에게 '근로정신'을 환기하는 작업이 필요하다고 판단했다. 인식의 전환을 위해서는 여성들에게 이러한 인식을 주입할 수 있는 강연회나 강습회 혹은 일련의 활동을 통해 인식 변화를 시킬 수 있는 지원이 필요했다. 이러한 일련의 시책들은 세부 조직을 통해서 보다 효율적으로 시행될 수 있었다. 구성된 조직을 통해 단체훈련 및 공동작업 등을 하는 작업반을 구성하기도 수월할 뿐 아니라 인식의 주입이나 선전 등에 있어서도 조직을 중심으로 확대하고 다시 이를 동원에 활용하는 것도 가능했다. '부인회', '부인단', '여자청년단' 등과 같이 1930년대 전반기부터 있어온 기존 조직을 중심으로 조직을 확대한 것 역시 여성노동력 관리의 차원으로 볼 수 있다.

전시기 종군간호부 모집에 나타난 여성의 표상은 부상병 간호의 업무와 그 역할만이 아니라 '젊고 아름다운 여성'이라는 이미지도 강조되었다. 간호부는 전장에서 부상병을 치료하는 등의 노동을 수행해야 하는 고된 것이었지만 이들을 표현하고 묘사하는 언술에서는 '천사', '꽃', '백합화' 등 여성성을 강조하는 이미지 중심의 선전을 하였다.

---

83) 김미정, 『일제말기 여성동원 선전논리』, 동북아역사재단, 2021, 63쪽.

여성노무동원은 단순노동력 동원과 여성성과 결합된 노동력 동원으로 구분해 살펴볼 필요가 있는데, 보통 미혼여성에게 여성성 동원과 결합된 노동력 동원이 요구되는 경향을 보인다. 여학생과 종군간호부의 경우도 노동력 동원과 여성성 동원이 결합된 형태의 동원양상을 보이고 있다.

종군간호부의 동원과 관련해 정책적인 변화가 시작된 것은 1938년 이후부터이다. 이후 간호 인력의 확보를 위해 간호부 관련 법령의 개정도 이루어지고 조선 여성을 대상으로 종군간호부 모집도 1943년 이후 본격화되었다. 조선총독부는 신문이나 잡지 등을 통한 선전을 계속해나가며 학교를 통해서도 모집에 적극적으로 나섰다. 이러한 과정에서 종군간호부 모집을 빙자해 일부 여성들이 위안부로 동원되기도 하였다.

제3부

여성노무동원 실태

앞서 전시기 노동정책의 변화 속에서 여성노동력을 확보하기 위한 정책의 시기별 전개과정과 여성노동력을 동원하기 위한 식민권력의 동원논리를 살펴보았다. 「국가총동원법」 이후 근로보국대 조직과 운용 속에서 여성노동력이 활용되기 시작했고, 「여자광부갱내취업허가제」를 통해 여성들의 갱내작업이 가능해졌다. 「국민근로보국협력령」을 통해 여성동원의 최소연령이 낮아졌으며, 「생산증강노무강화대책요강」을 통해 여성노무동원이 전방위적으로 확대되었다. 「여자정신근로령」은 이미 실시되고 있던 여성노무동원에 대한 공식화였다. 이러한 일련의 정책 과정 속에서 후방에서의 가정 내 역할과 가정 밖 노동을 강조하는 논리가 등장했다. '노동전사'로서의 역할을 강조하는 논리는 전쟁말기로 갈수록 강화되는 양상을 보이게 된다. 여기서는 앞장의 논의들을 토대로 실제로 조선여성들이 동원되었던 양상과 유형 등을 살펴본다.

제5장
여성노무동원의 매개로써 군(軍)과 학교

1. 군(軍)에 의한 여자군속 동원

전쟁에서 필요한 인력은 군인만이 아니었다. 각종 지원 업무를 수행할 인력을 충당하기 위해 일본 군부는 군속(軍屬)이라는 명목으로 조선인을 동원했다. 이들은 한반도, 일본, 동남아시아, 중서부 태평양 제도의 군기지와 전선 등에 동원되었다.[1] 중일전쟁 당시 일본은 관할공장이나 토목건설사업에 '모집' 형식을 통해 군 노무자로서 군속을 채용했고, 전쟁의 장기화에 따라 특수징용 또는 관알선의 형태로 대대적으로 군속을 동원했다. 1943년 「국민징용령」을 개정하였고(칙령 제600호) 일제는 일반 징용자 가운데 군 당국의 요구에 따라 군속으로 차출하여 군수공

1) 각종 법령(해군징용공원규칙, 국민징용령, 육군군속선원취급요령, 군수회사징용규칙, 선원징용령, 의료관계자징용령 등)에 의한 동원과 현지 지휘관의 판단에 따른 차출 및 신분 전환의 방식이 적용되었다(대일항쟁기강제동원 피해조사및국외강제동원희생자등지원위원회, 『일제 강제동원 동원규모 등에 관한 용역』, 2013, 18~19쪽).

장 및 전선에 배치하였다.

일제는 높은 임금을 내건 모집으로 동원효과를 거두기도 했으나 1944년 이후에는 노동력 동원과 별다른 구별 없이 동원을 추진하였다. 군속은 남방의 비행장이나 철도건설현장, 군 관할의 군수공장, 운수요원, 포로수용소의 감시요원으로 끌려가 강제 사역당했다. 군속 신분은 문관 안에 보통 교관, 기술관, 법관, 감옥관, 통역관, 간호부, 사정관, 경부 등으로 구분된다. 또한 속(屬), 촉탁원(囑託員), 고원(雇員) 및 용인(傭人) 등도 군속에 포함되어, 군의 지시에 따라 작전지에서 노동을 하였다.[2)]

군속의 동원경로와 동원지역, 동원방식의 양상은 다양했는데 여성들은 주로 종군간호부 등과 같은 군요원이나 군에 소속된 군노무자 등으로 동원되었다. 조선군 군의부에서는 일본인 간호부를 대상으로 각 육군병원 근무자를 선발하고 있었는데 1943년부터는 조선인 여성도 간호부 모집 대상에 포함시켰다.[3)]

〈표 Ⅲ-1〉『매일신보』 '군속'(여성 대상) 관련 기사

날짜	제목
1943.12.21	ㅁ戰에 女學徒總立, 全北高女全卒業生海軍軍屬志願
1944.1.13	몸빼의 姿態 凜凜, 舞鶴高女軍屬들 十二日에 入部式
1944.1.31	男子 못지않게 活躍, 舞鶴高女海軍軍屬의 놀랄만한 能率
1945.3.2	남녀군속모집, 희망자는 병사부로

2) 百瀨孝, 『事典 昭和戰前期の日本:制度と實態』, 吉川弘文館, 1990, 265쪽(신영숙, 「아시아태평양전쟁시기 일본군'위안부'의 정체성: 여자군속의 종군간호부와 비교연구」, 『동북아역사논총』 25, 328쪽).

3) 이꽃메, 앞의 책, 212쪽.

이렇게 조선군 군의부에서 조선인 여성 간호부를 모집하기 시작한 같은 해 해군에서도 여자군속을 모집하였다.

> 학교 당국에서는 지난 17일 제1차로 우선 18명의 지원 수속을 완료 하였는데 1월 하순의 제2차에 전원수속을 완료하고져 소속사무에 분망중이다. …(중략) 이제야 일억 전투배치에 나가서 어느 직장에서든지 봉공하지 않으면 안된다. 사실은 본교에서도 졸업생이 취직알선을 적극적으로 장려하지 않았었으나 금번은 졸업생들 자신이 스스로 지원한 것이다. 나로서는 전원이 채용되어 황국을 위하야 훌륭히 일해주기를 다만 빌고 있다.[4]

위의 내용을 보면 학교를 통해 해군 여성군속 모집이 이루어졌다는 것을 알 수 있다. 군속 모집에 학교도 개입하여 지원을 독려하고 있다. 당시 딸을 둔 부모들은 딸이 동원될까 두려워하였는데 조선인들의 우려를 일제 당국도 인지하고 있었다. 그래서 고녀 여학생들의 군속에 대한 내용을 신문에 게재하면서 여학생들이 "스스로 지원한 것"이라는 점을 강조한 것이다.

"종래 반도 여성은 학교 졸업 후에는 곳 가정에 들어가서 결혼을 하는 것이 관례"였지만 급박한 전시 상황에서 이러한 관례는 "국가에 면목없는 일"이라고 치부하였던 전북고녀 히라하루(平春) 교장의 말은 당시 조선여성들에게 요구된 여성상을 보여주는 언급이다.

위의 사례를 보면 "어느 직장에서든지 봉공하지 않으면 안된다"고 강조하며 여학생들이 "황국을 위하야 훌륭히 일해주기"를 바라고 있다. 전시 상황에서는 여성도 국가를 위해 일을 해야 한다는 논리를 앞세워 지원을 유도했던 것이다. 이것이 마치 조선여성에게 베푸는 성스러운 은혜인양 선전하며 여자군속을 동원하고자 하였다.

4) 『매일신보』 1943.12.21 「決戰에 女學徒總立, 全北高女全卒業生海軍軍屬志願」.

男子못지안케活躍

舞鶴高女海軍軍屬의놀랄만한能率

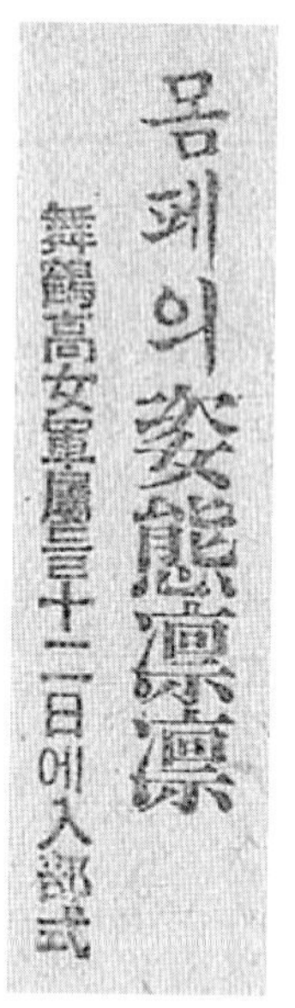
몸페의姿態凜凜

舞鶴高女軍屬들十二日에入部式

決戰에女學徒總立

全北高女全卒業生海軍軍屬志願

(왼 쪽)『매일신보』 1944.1.31. 男子못지안케 活躍, 舞鶴高女 海軍軍屬의 놀란만한 能率
(가운데)『매일신보』 1944.1.13. 몸페의 姿態 凜凜 舞鶴高女軍屬들 十二日에 入部式
(오른쪽)『매일신보』 1943.12.21. 決戰에 女學徒總立, 全北高女全卒業生海軍軍屬志願

1944년에는 무학고녀(舞鶴高女) 4학년생들이 진해 해군시설부에 군속으로 동원되었다. 진해 해군시설부에서 조선 여성을 군속으로 동원한 것은 1944년부터였다. "여학생들의 지금과 같은 작업이라면 기술과 관계된 것도 전부 여자를 채용하고 남자를 제일선으로 보낼 수 있겠다"[5]는 감독관의 언급에서 드러나듯 여학생들을 남성노동력의 대체로 생각하고 있다.

당시 언론에 제시된 것은 지원한 이들에 대한 치하와 찬사 그리고 모집 등에 관한 소개일 뿐 노동조건이나 임금, 노동기간 등의 구체적인 내용에 대해서는 소개되지 않고 있다. 기사에 게재된 무학고녀 해군군속

5) 『매일신보』 1944.1.31 「男子못지않게 活躍, 舞鶴高女海軍軍屬의 놀랄만한 能率」.

(海軍軍屬)의 경우 "오전 중과 오후에는 한주일 매번 한시부터 세시까지 사이에 학과 교육을 실시하고 그 외 시간에는 실습"을 한다고 하여 하루 대부분의 시간을 주로 노동에 할애하고 있다는 정도만을 파악할 수 있을 뿐이다. 실제 이들 여성들이 수행한 작업내용이나 처우 등은 자세히 다뤄지지 않았다. 해군군속으로 동원된 여성들 가운데는 재학생도 있었다. 당시 학교 교육이 전시 노동으로 대체되어 재학생까지 군(軍)관련 노무 작업을 수행하였던 것이다.

군속에 대한 지원과 모집은 1943년부터 1945년까지 이어졌다. 1945년 3월 2일 『매일신보』에는 다음과 같이 "남녀군속모집"에 관한 내용이 실려 있다.

> 중지파견 ○○부대에서는 이에 동부대의 사명이 중대함에 반하여 장병이 일체가 되어 용선맹투하여 함에 있어 이에 수하의 부족함이 있는 현상임으로 그의 인원을 보충하고자 남녀군속을 모집하기로 되었다. 그런데 이에 모집한 인원은 남녀 합하여 백수십 명으로 이에 희망자는 해주 육군병사부에 지급 신출하려는 바 이에 근무지는 남경 및 그 부근이라 한다.

위의 내용으로 보면 군속의 모집인원은 백여 명 이상으로 보이며 남성뿐 아니라 여성군속도 모집하고 있음을 알 수 있다. 이들이 실제 어떠한 일을 수행할지에 대해서는 언급되어 있지 않았고 근무지에 대한 간단한 설명만을 소개하며 군속을 모집하였다.

종군간호부 등과 같은 군요원은 1938년 이후 조선에서 동원되기 시작하였고, 군노무자로 여자군속은 1943년에 모집 내용이 확인된다. 1944년에는 진해 해군시설부에서 고녀 여학생들을 군속으로 동원하여 노무를 수행하도록 하였다. 이후 1945년에는 국내뿐 아니라 국외로 보낼 군속을 모집하기에 이른다.

다음은 조선남선 제17방면군[6] 인천조병창 군속으로 동원되었던 여성의 사례이다. 인천조병창[7]은 일제가 전쟁을 수행하기 위해 각종 무기를 생산한 곳으로 당시 이곳에는 일반 공원 1천여 명, 학생 250여 명 정도가 일을 하고 있었다.[8] 정봉희(가명)는 1928년생으로 인천조병창에 군속(직위: 工員)으로 동원되었다. 특히 정씨는 유수명부(留守名簿)[9]에 기록이 남겨져 있는데 창씨명, 동원시기, 동원지역 소속, 동원유형 등이 기재되어 있다. 유수명부(留守名簿)에 기재된 정씨의 사례는 국내 동원 여자군속의 중요한 근거가 된다.[10]

〈표 Ⅲ-2〉 유수명부(留守名簿)에서 확인된 군속 동원 여성

항목	내용
창씨명	慶村奎寬
동원시기	1945.4.24~1945.8.30
동원지역	인천
소속	조선남선 제17방면군 인천조병창
동원유형	군무원/工員

출처: 留守名簿, 363쪽, 국가기록원

6) 조선군은 1945년 2월 조선군관구사령부(朝鮮軍管區司令部)와 제17방면군으로 분리되었다. 이는 일본본토의 전장화, 곧 본토결전에 적극 대비하기 위해 결정한 〈제국육해군작전계획대강〉에 따라 취해진 조처였다(신주백, 「조선 주둔 일본군('조선군')의 성격과 역할」, 『동양학』 39, 단국대동양학연구소, 2006, 172~173쪽).

7) 일제는 인천육군조병창을 신설하기 전까지 일본 육군이 만주에서 작전할 당시 필요한 탄피 등을 후방기지에서 복제하기 위해 평양병기제조소를 개설했다. 평양병기제조소는 인천육군조병창이 설치된 후에 육군 예하로 편입되어 작업을 이어갔다. (한만송, 『캠프마켓』, 봉구네책방, 2013, 65~66쪽).

8) 한만송, 앞의 책, 81~81쪽.

9) 1944년 11월 3일 일본육군이 통지한 '유수업무규정'에 따라 조선인 출신 일본군 군인과 군속 등의 현황과 본적지 등을 작성한 것으로 아시아태평양전쟁 말기 일본육군에 군인과 군속으로 동원되었던 조선인을 확인할 수 있는 주요명부 중 하나이다.

10) 위원회에 신고한 자료에(2008.6월 기준) 따르면 여성 간호사 4명, 조병창의 군속 1명, 이사생 1명 등이 확인된다.

정씨는 국민학교 5학년경에 일본인 교사의 말에 속아 군속으로 지원했다. 군속으로 동원된 정씨의 동원과정을 보면 앞서 해군군속 모집과 마찬가지로 학교와 교장이 관여하고 있음을 알 수 있다. 정씨의 작업은 온종일 서서 탄환 제조 과정에서 생긴 불량품을 골라내는 일이었고, 같은 장소에서 30명 정도의 공원(工員)들이 작업을 하였다. 군인들이 지키고 있는 기숙사에서 20명 정도가 함께 생활하였고 식사는 부실했다.[11)]

兵器만드는工員學徒

先陣勇躍出動

最初로仁川造兵廠서作業

(왼 쪽) 『매일신보』 1944.5.10. 工員學徒들 仁川造兵廠 入所式(사진은 격려사를 듣는 여학생들)

(오른쪽) 『매일신보』 1944.5.10. 兵器만드는 工員學徒

인천조병창 병원 서무과에서 1942년 9월부터 1945년 8월까지 일을 했던 지영례(1928년생)는 당시 조병창 공장안에 여학생들을 비롯한 여성들이 일을 하고 있었다고 증언하고 있는데[12)] 이는 앞서 제시된 정봉희

11) 평택시-435.

(가명)의 증언내용과 유사하다. 인천조병창에는 정씨와 같이 군속으로 일했던 여성들이 다수 있었을 것으로 판단된다.

국내에서 군속으로 동원된 정씨 외에도 국외 동원된 여성 중 명부에 기재된 이들은 고원(雇員), 용인(傭人), 사무원, 교환원이 있었으며 간호부도 확인(위원회 2010년 기준)되었다.[13] 간호부의 경우 인도네시아, 필리핀, 중국 중부, 만주 간도성, 중국 만주 등의 지역으로 동원되었고, 주로 임시간호부 혹은 용인 등으로 유수명부에 기재되었다.

여성 가운데 일부는 위안부로 동원되었다가 간호부로 편입된 사례도 있는데[14] 명부에 기재된 여성의 경우 종군간호부였던 군속과, 일본군 '위안부'로 동원되었다 간호부로 편입되어 군속으로 기재된 경우가 확인되었다. 군속과 위안부 사이의 관련성을 제기할 수 있는 단서이다. 유수명부에 군속으로 기재된 일본군'위안부' 피해자 중 한 명은 김복동이다. 그녀는 14세에 위안부로 끌려가 중국, 홍콩, 말레이시아, 인도네시아, 싱가포르 등 일본군 침략경로를 따라 끌려 다녔고 그 과정에서 일본군에 의해 남방제10육군병원으로 이동하였다. 유수명부에는 그녀의 이름이 남방제10육군병원 용인(傭人)으로 기재되어 있다. 이는 일본군'위안부' 여성을 군속으로 전환한 사례로 볼 수 있는데 여성들을 이러한 방식으

12) 지영례의 경우 학교를 다니다 직장을 다니고 있으면 정신대로 가지 않는다는 이야기를 듣고 학교를 그만두고 인천조병창에서 일을 하였다(국사편찬위원회, 『구술사료선집26: 일제의 강제동원과 인천육군조병창사람들』, 2019, 82~88쪽).

13) 신영숙, 「아시아태평양 전쟁기 조선인 종군간호부의 동원실태와 정체성」, 『여성과 역사』 14, 2011, 155~156쪽.

14) 이와 관련한 자세한 내용은 일본군'위안부' 문제와 관련되는 것으로 이미 다루어진 바 있기 때문에 여기서는 자세히 다루지 않는다. 다만 유수명부에 군속으로 실린 여성 가운데 일본군'위안부' 피해 여성이 있었다는 사실은 주목할 필요가 있다. 이와 관련해 구체적 내용은 다음의 연구를 참고하기 바란다(강정숙, 「일본군 '위안부' 제의 식민성 연구: 조선인 '위안부'를 중심으로」, 성균관대사학과 박사학위논문, 2010; 강정숙, 「第二次世界大戰期 인도네시아로 動員된 朝鮮人 女性의 看護婦 編入에 관한 硏究: 留守名簿를 중심으로」, 『한일민족문제연구』 20, 2011).

로 처리한 사례가 어느 정도인지 현재로서는 확인하기 어렵다.

1944년 전시동원정책이 점차 강화되어 「學徒動員非常措置要綱」과 「學校別動員基準」 등에 따라 중등학교 고학년 이상은 1년 동안 동원하는 것이 가능해졌다. 이러한 동원은 「學徒勤勞令」(1944.10)에 따른 것이었다. [15] 1944년 이후 각 지역에서는 학생에 대한 동원도 본격적으로 이루어졌다고 할 수 있다. 여학생의 경우 처음에는 일감을 받아 학교에서 작업을 하다 나중에는 군수공장 안에서 직접 노동을 하기도 하는 등[16] 여학생에 대한 노동력동원이 점차 확대되었다.[17]

> 이미 전력증강에로 돌격태세를 갖추고 있는 반도 전 학도들에 앞서 맨 먼저 이날 조병창에 동원된 경성공업, 인천중학, 인청상업, 인천공업과, 인천고녀, 인천소화고녀 등 남녀 6개 중등학교생도 360명은 입창식을 성대히 거행하고 이들은 한시각이 급한 제1선의 병기는 우리가 담당하고 생산하겠다는 기백과 열의를 가슴에 품고 9일부터 공원들과 어깨를 나란히 드디어 취업하였는데 이들 동원 학도들을 맞이한 조병창 당국에서도 생도들의 본분인 수학에도 충분히 유의하여 작업시간 외에 적당히 시간을 내어 학과와 군대적 훈련으로서 훌륭한 일본인 여성에 만전을 기하도록… (중략)[18]

국내에서 학생들을 병기 만드는 군수공장으로 처음 동원한 곳은 인

15) 김미현, 앞의 논문, 175쪽.

16) 인천여자고등학교동창회, 『仁川女子高等學校百年史』, 2008, 84~86쪽(김미현, 앞의 논문, 166쪽).

17) 1차로 1944년 5월 경성공립공업, 인천공립공업, 인촌공립중학, 인천공립중학, 인천공립상업의 4개교에서 250명과 인천공립고등여학교, 인천소화고등여학교의 2개교에서 110명이 인천육군조병창 제1조소(부평)로 동원되었다. 인천조병창에는 많은 군속, 일반노동자들이 동원되었는데, 학교 단위의 학생동원도 그 한 부분을 차지하였다(김미현, 앞의 논문, 174~175쪽).

18) 『매일신보』 1944.5.10 「兵器만드는 工具學徒, 先陣勇躍出動 最初로 仁川造兵廠서 作業」.

천조병창[19]이었는데 인천조병창은 이후 2차동원도 진행하였다.[20] 이곳에 경성공업, 인천중학, 인천상업, 인천공업과 인천고녀, 인천소화고녀 등 6개 중등학교 생도 360명을 동원하여 입창식을 성대히 거행하였다. 인천조병창에는 일반노동자와 군속이 동원되었는데, 학교 단위의 여학생 동원도 한 부분을 차지하고 있었다. 인천조병창으로 동원되었던 여학생들은 남학생들과는 달리 기숙사 생활은 하지 않았으며 동원된 남녀 모든 학생들에게 임금은 지급되지 않았다.[21]

조선총독부 아베 노부유키 총독은 부임 후 처음으로 인천지역 공장지대를 시찰하였고 인천조병창에 들러 동원된 학생들을 격려했다. 이타가키(坂垣) 조선군사령관도 1944년 7월 17일 조병창을 방문해 동원된 학생들을 직접 격려하였다.[22] 이러한 시찰은 당시 조선총독부의 인천조병창에 대한 관심을 알 수 있는 대목이다.

인천조병창뿐 아니라 여학생들은 해군 피복공장에도 동원되어 전쟁물자인 군복을 생산하였다. 1942년 경기공립고등여학교에 재학 중이던 신현경에 의하면 "이 시기 영어수업도 없어지고, 근로를 하면서, 이후

19) 일제는 1939년 캠프마켓 부지와 그 인근인 인천시 부평구 산곡동 일대에 '일본 인천 육군조병창'을 설치해 패망 전까지 전쟁 물자를 생산했다. 인천 육군조병창은 제1 제조소(부평조병창)과 평양병기제조소를 두고 있었다. 부평 조병창의 생산품과 월간 생산능력은 소총 4천 정, 총검 2만 정, 소총탄환 70만 발, 포탄 3만 발, 군도 2천 정, 차량 200량 등이다(富平史編纂委員會, 『富平史』 1권, 2003, 292~293쪽).

20) 『매일신보』 1944.9.2 「第二次로 三校 仁川造兵廠에 動員」.

21) 인천 조병창에 학생으로 동원되었던 양재형씨는 당시 노동상황에 대해 자세하게 기억하고 있다. 양재형은(1927년생, 남자, 인천 중구 경동 5번지 출생) 창영국민학교를 졸업(32회)하고 인천공립직업학교(현 인천기계공고)에 입학해 2학년 때 일제에 의해 강제로 인천조평창에 끌려가 전쟁물자를 생산하는 노역을 하였다. 인천 조병창에는 인천 학생들만이 아니라 서울 경성고등학교와 용산중학교 5곳의 학생들이 전쟁물자를 생산했다. 당시 조병창에서 일반 공원 1천여 명, 학생 250여 명 정도가 일하였다. 당시 여학생들도 강제로 동원되어 전쟁 물자를 생산하였다고 한다(한만송, 『캠프마켓』, 봉구네책방, 2013, 82쪽).

22) 『매일신보』 1944.7.19(한만송, 앞의 책, 79쪽).

해군 피복공장에까지 가서 일을 하다 해방을 맞았다"고 구술하였다.[23]

이렇듯 고등여학교 학생들에게도 근로동원은 강제되었고 전쟁말기로 갈수록 학교안에서 이루어지던 노동은 공장 등으로까지 확대되었다.

2. 노동력 공급원으로서 여학교

전시기 학교는 노동력 동원을 주도한 기관 중 하나이다. 여학교 또한 여성노동력 공급원으로서 전시기 초반에는 '가사'관련 노동이 학교 안에서 이루어졌고, 1943년 이후에는 학교 안에서 뿐 아니라 군수공장에 직접 동원되기도 하였다.

전시기에 들어 각 학교 여학생들에 대한 '근로작업'은 봉사라는 명목을 띤 채 꾸준히 진행되었다. 남녀학생 그리고 학교 단위의 동원도 이루어졌다. 「학교근로보국대요항」에서는 남녀중등학교 이상 학교근로보국대를 조직하도록 되어 있었지만, 소학교까지 범위를 확대하였다.[24]

초반에는 노동력의 직접 동원 보다는 전시기 '시국인식의 모범'을 보이기 위한 행사 차원이 컸다.[25] 학교근로보국대의 경우 초반에는 주로

23) 1928년생 2남 3녀 중 맏딸. 1935년 혜화공립보통학교 입학, 1941년 졸업. 덕수공립심상 소학교 고등과 입학, 1942년 덕수공립 심상소학교 고등과 1학년 수료. 서울 경기공립고등여학교 진학, 1946년 서울경기공립고등여학교 졸업. 경성약학전문학교 입학(『주민생애사를 통해 본 20세기 서울현대사: 서울주민 네 사람의 살아온 이야기』, 서울시립대학교부설 서울학연구소, 2000, 24쪽).

24) 경기도 학무과에서는 1938년 6월 30일에 관내 각 남녀중등학교 교장회의를 소집하여 남녀중등학교 4, 5학년에 한해 학교근로보국대를 만들도록 결정하였다. 그러나 이는 다시 수정되어 남녀중등학교 4, 5학년만이 아니라, 저학년까지 전부 참가시키고, 소학교까지 범위를 확대하기로 하였다(『조선일보』 1938.7.15 「상급학생은 교외로 하급학생은 교내서 경기도 학생근로보국대 21일 결단식. 소학생까지 6만 명 동원 결정」).

25) 조선신궁에서 열린 경기도 학교근로보국대 결성식에 인천부에서는 인천상업학교, 인천중학교, 인천고등여학교의 학교대표가 참석하였다(김미현, 「전시체제기 인천지역 학생 노동력동원」, 『인천학연구』 12, 2010, 22쪽).

방학기간을 이용하여 노동을 시키는 경우가 많았다. 고등여학교 여학생의 경우 교정청소, 신사 경내 청소, 군용 피복 재봉작업 등에 동원되곤 하였다.[26] 고등여학교 학생뿐 아니라, 소학교 학생도 근로보국대로 편성되어[27] 방학을 이용해 일을 하였는데 학교비품정리, 괘도 붙이기 같은 것을 하였다.[28] 1939년 이후에도 이러한 학교 내 단기적 동원은 계속되었는데 여학생들은 주로 실내작업이나, 빨래봉사 등의 일에 동원되었다.[29]

이러한 사례는 여학교에서 공통적으로 확인되는데, 숙명고녀의 경우를 보자. 학교행사를 기록한 숙명고녀 교무일지에서 1938년, 1939년 학교의 학사 일정 및 행사 내용을 보면 당시 여학교 내에서 이루어지고 있었던 활동과 참여 행사를 알 수 있다.[30]

〈표 Ⅲ-3〉 1938~1939년 숙명고녀 교무일지

날짜	행사 내용
1938.4.1	시업식
1938.4.2	체격검사, 장티브스 예방주사
1938.4.3	신무천황제
1938.4.5	입학식
1938.4.8	장티브스 예방주사
1938.4.15	3년생 석가탄일참열

26) 『경성일보』 1938.7.23; 『조선일보』 1938.7.17 「근로보국대 결성, 12~40세의 도민 총동원 구체안은 내무국장 회의서」; 『동아일보』 1938.7.26 「여학생 근로활동 南總督 승마시찰 격려」; 『동아일보』 1940.7.21 「중등교 근로보국대 일천여 명이 동원 송도, 개성교, 호수돈고녀생도」.

27) 『동아일보』 1939.7.16 「근로봉사 금천소교생 동원」.

28) 『경성일보』 1938.7.17 인천부내 8개교 소학교 학생들 근로보국대로 편성되어 방학을 이용하여 일을 하였다. 용강, 송림, 창영, 박문, 영화여자, 주안 등의 학교들은 여름방학 때 5학년 이상 5일간 일하도록 하였다.

29) 『동아일보』 1940.7.25 「씩씩한 근로봉사대 高女校整地作業」.

30) 일부기간에 한정된 것이지만 학교 校史자료에서 확인할 수 있는 〈교무일지〉의 내용은 일제시기 학교생활을 이해할 수 있는 자료로 활용 가능하다.

1938.4.23	李王 등 비전하 내교하시다
1938.4.26	靖國神社 임시 대제로 휴업
1938.4.29	天長節 축하식 거행
1938.4.30	용산연병장에서의 招魂祭에 각 반 1명씩 참열 오후 경성공업학교의 제등 및 임교수의 강연
1938.5.1	폐품전람회 견학
1938.5.27	해군기념일 식 거행
1938.6.7	邑井操씨의 군사강연
1938.6.20	鮮展견학
1938.6.27	檀原神宮 조영 헌금 47원 82전
1938.7.7	중일전쟁1주년 기념식 거행
1938.7.21	3,4학년 근로봉사 개시
1938.7.30	근로봉사 종업
1938.9.2	78연대 전몰장병 고별식에 학생대표 참열
1938.9.10	위문대 20개 헌납
1938.10.29	한구함락 축하기행렬에 참가
1938.10.31	군사연맹 의탁의 방한쪼끼 제작, 위문대(慰問袋) 50개 증정
1938.10.07	정신작흥주간 사업개시
1938.10.10	정신작흥에 관한 조서 봉독식 거행
1938.10.22	79연대에서 거행하는 전몰자 위령제에 대표 참가
1938.10.27	4학년 일반 수학여행
1938.10.26	방화(防火)연습
1938.10.29	교내음악회, 오후 영화관람
1939.1.10	방과후 七宮의 청소작업에 나가다
1939.1.11	1, 2학년 旗行列에 참가
1939.1.27	전몰장병 고별식에 학생대표 참가
1939.3.3	학생대표 출정부대 전송
1939.3.14	4학년 시내견학
1939.5.10	육아에 관한 강연
1939.6.1	청소년 학도에게 내리는 勅語 봉독식
1939.6.16	대표귀환대의 出迎
1939.6.22	2학년 파고다 공원 청소, 4학년 대표 육군병원 위문
1939.6.23	방공연습, 폐품전 견학
1939.6.24	鮮展 견학
1939.6.26	경기도 여자중등학교 체육대회 참가

1939.7.7	중일전쟁 2주년 기념식 참가
1939.7.8	서예전 견학
1939.7.19	출정 병사 환송
1939.7.21	근로보국 작업 개시
1939.7.31	근로작업 종료
1939.9.8	防空연습
1939.9.9	청소년학도에 내리는 칙어 봉독식
1939.9.27	위문대 제작

출처: 淑明女子中高等學校, 『淑明七十年史』, 1976, 183~185쪽. 표에는 일반적인 시업식과 종업식, 시험개시 일정, 입학식, 선생님 고별식과 신임식 등의 행사 등은 제외하고 정리하였다.

〈표 Ⅲ-3〉은 1938년, 1939년의 교무일지를 발췌하여 정리한 것이다. 이는 학교의 일반적인 학사 일정으로 학교의 주요 행사 내용 등을 통해 당시 여학교 내에서 이루어지고 있었던 여학생들의 학교활동과 당시 여학생들에게 부여된 역할을 참고할 수 있다.

상기표를 보면, 각년도 7월에 약 열흘 정도 근로보국 작업을 진행하였음을 알 수 있다. 단기적인 것이긴 하지만 일정기간 동안 여학생들의 '근로작업'이 1938년, 1939년 정례적으로 진행되고 있었음을 알 수 있다. 이러한 단기적인 작업 외에도 청소작업이나 방한조끼 제작 등의 활동, 전쟁과 관련한 각종 행사에 일상적으로 동원되고 있음도 확인할 수 있다. 출정병사의 환송, 육군병원 위문, 해군기념일 기념식 거행, 중일전쟁 기념식 참가, 축하기 행렬 참석 및 방공·방화 연습 등 군행사, 위문행사 등에도 적극적으로 동원되었다.

여러분들의 활약하는 실황은 매일 라디오나 신문이 보도하고 있으므로 잘 알고 있습니다. 그러면 우리들의 생활을 말씀드리겠습니다. 내선일체가 된 지금, 이곳 조선의 남자분들은 防護團의 단원이 되어 기뻐하고, 제2선의 남자로서 일하고 있으며, 부인들은 국방부인회나 애국부인회의 회원이 되어서 총후부인으로서 각 가정의 폐품을 수집하거나 헌금을 하거나 위문주머니를 만들면서 각기 총후의 사명을 다하고 있고, 우리들 여학생들도 매달 초하루를 애국일로 정하고 신궁 참배를 하여 여러분의 무운장구를 기원하고, 그후 미화작업으로서 가까운 큰 도로나 공원의 청소로 봉사하고 있습니다. 또한 매주 월요일에는 신궁 참배일로 정하여 그래서 연필 한자루, 종이 한장이라도 절약하여 그것을 위문금으로서 헌금하기로 정하고 또 위문주머니를 만드는 일을 즐겁게 여기고 있습니다.[31]

수학여행, 체육대회, 시험 등과 같은 학사 일정 속에서 전쟁을 위한 '근로봉사'는 정례화되어 있었다.

(왼 쪽) 梨花女專生徒의 軍服修繕作業 (『國民總力』 제4권 7호, 1942.7)
(오른쪽) 경기고녀 생도의 군복수선 작업(『國民總力』 제4권 9호, 1942.9)

31) 1940.3월 교지 『淑明』 23호(淑明女子高等學校, 앞의 책, 196쪽).

> 여름방학동안 10일간의 근로작업은 군인들의 군복, 셔츠의 소매 양말의 수선 등, "자 수선하는 방법을 설명합니다. 여러분" 설명하시는 선생님의 음성, 우리들 앞에는 얼마간 검은 빛이 도는 기름 냄새질은 딱딱한 군복바지가 쭉 펼쳐져 있었다. "둥글게 헤어진 것은 이렇게 하고, 길죽하게 망가진 것은 이런 식으로 합니다." 선생님의 설명은 계속된다. 꿰매는 방식은 지극히 간단한 것이지만 처음 손에 쥔 일이었고, 꿰매는 우리들에겐 학교에 제출하는 성적품보다 아직은 힘든 작업이었다. 그리고 셔츠 소매의 단추구멍을 감치는 일, 양말 뒷꿈치 꿰매기 등은 암만해도 생각대로 잘 되어지지 않았다.[32]

위의 내용을 보면 여학생에게 주어졌던 근로 작업은 "군인들의 군복, 셔츠의 소매 양말 수선" 등 일반적으로 '가사'작업으로 분류될 수 있는 일들이었다. 전시기 초반에는 주로 이러한 작업들이 여학생들에게 부여된 '근로봉사'의 내용이었다. 단순보조 수준의 노동력 제공이었지만 이러한 작업들을 통해 여학생 근로를 부각하고 선전에 적극 이용하였다.

그러나 1941년 「勤勞報國隊活動强化要綱」을 통해 학기 중에도 연간 30일 학생을 동원할 수 있게 되면서[33], 학교 내 노동력동원은 점차 일상화 · 강제화 · 다각화된다. 식량생산 문제가 부각되자 국민학생을 농업생산에 동원할 계획을 세운다거나[34], 여학생들에게 '근로봉사'뿐 아니라, '무도수련' 등도 함께 이행하도록 조치했다. 학생의 본래 역할은 점차 배제되고, 전쟁을 원활히 수행하기 위한 하나의 단위가 된 학교는 실습지로 활용되기 시작하였다. 당시 인천소화고등여학교의 경우 학교 운동장을 밭으로 조성하여 학년별로 배분해 고구마를 재배하는 등 식량증산을 위한 활동도 하였다. 학교에서 이루어지는 노동은 다양한 형태의

---

32) 1940.3월 교지 『淑明』 23호(淑明女子高等學校, 앞의 책, 185쪽).

33) 『경성일보』 1942.7.21.

34) 『매일신보』 1943.6.30 경기도 관하 중등학교 여름방학 초반 1주일은 학교지정의 근로봉사를 하고 나머지 기간은 각 지방부락에 돌아가 식량증산에 동원될 예정이었다.

작업으로 분화되었다.

모내는女學生

農場에京畿高女部隊動員

(왼 쪽) 경성무학고녀 공한지(空閑地) 이용경작 사진(『國民總力』 제4권 4호, 1942.4)
(오른쪽) 『매일신보』 1944.6.29. 모내는 경기고녀 여학생 사진

당시 고등여학교 학생의 회고담 등에서 전쟁준비를 위해 동원된 여학생 생활의 일면을 엿볼 수 있다. 전주고등여학교 여학생들은 근로동원뿐 아니라 위문대를 만들거나 천인침, 군인들의 내의와 팬티 등을 만드는 일에 동원되었다. 그리고 일본군대가 출행(出行)할 때마다 일본 군인을 전송하는 일도 여학생들의 몫이었다.[35] "교외의 공장에 가서 가제를 짜는 일, 마사를 만드는 일 등을 3일에 한 번씩"하는 등 직접 공장에서 노동을 하기도 하였다.[36] 여학생들은 "위문부대인지 직공인지, 노무자인지 분간할 수 없는" 생활을 하였다.[37] 학교에서 수업은 제대로 진행되지 않았고 전쟁 지원을 위한 여학생들의 노무동원은 일상화되었다. 몸빼를 입고 구급주머니를 어깨에 걸치고 다녀야 했던 전쟁말기 여학교 학생들 중에는 공장으로 동원된 경우도 있었다. 공장에서의 노동, 병원에서 간호실습 훈련 그리고 학교 안에서의 군복 단추달기 등을[38] 하는

35) 『全州女子高等學校六十年史』, 全州女子高等學校同窓會, 1986, 141~142쪽.
36) 『仁川女高百年史』, 仁川女子高等學校總同窓會, 2009, 84쪽.
37) 『淑明七十年史』, 淑明女子中 · 高等學校, 1976, 187~188쪽.

등 훈련, 위문, 신사참배, 노무동원이 학교생활의 대부분을 차지하였다.[39] 일제는 전시체제의 유지와 노동력 동원을 위해서 교육정책에 변화를 도모하였다. 1943년 4월 제4차 「조선교육령」이 개정되는데 이를 통해 모든 학교는 교육의 장에서 노동력 편성과 공급의 장으로 전환되었다.[40] 전체적으로 실업학교의 수가 증가한 가운데 특히 여자실업보습학교의 수가 급격히 증가하였다. 보습학교의 특성이 산업 일선에서 실무에 종사하는 노동기술자를 단기간에 양성하는 목적[41]을 가지고 있다는 점을 고려하면 실무에 종사하는 노동기술자 양성이 다급해진 일제가 실업보습학교를 집중적으로 늘린 것으로 보인다.[42]

제4차 조선교육령기 수업시수 및 교육내용의 변화와 함께 여학교 관련 규정 등에서 보이는 변화는 '여성체육'과 관련한 사항이다. 1943년 3월 제4차 「조선교육령」을 단행하고 3월 27일 총독부령(總督府令) 제59호 「고등여학교규정」이 공포되었는데 이때, 체조과(體操科)의 명칭은 체련과(體鍊科)로 개칭되었다.[43] 개칭된 체련과의 지도목표를 보면 "신체를 단련하고 정신을 연마하여 강건한 심신을 육성하고, 단체훈련에 힘써 황국여자됨의 실천력을 증진하는 것"을 요지로 하고 있다.[44] 즉 여학생에게 신체단련과 단체훈련이 강조된 것이다. 1943년 4월 진명여학교의 교수과정 및 매주 교수시간표를 보면, 체련시간은 1~4학년 모두

38) 『慶南女高六十年史』, 慶南女高六十年史編纂委員會, 1987, 79쪽.

39) 『進明七十年史』, 進明女子中·高等學校, 1980, 149쪽.

40) 이화여자대학교 한국여성사편찬위원회, 『한국여성사2』, 1972, 19쪽.

41) 박소영, 「식민지하의 실업학교 교육과정 변천연구」, 부산대교육학과 석사학위논문, 1993, 53쪽.

42) 최숙영·김동환, 「일제시대 여성교육에 대한 고찰: 제천공립실과여학교를 중심으로」, 『지역문화연구』 3, 세명대지역문화연구소, 2004.

43) 김명화, 『한국근대여성체육에 관한 연구: 일제식민지시대를 중심으로』, 숙명여대교육대학원 석사학위논문, 1991, 84쪽.

44) 施行規則第 6條.

36시간 이상이고, 체련의 과목에 체조, 무도, 교련이 포함되어 있다.[45]

〈표 Ⅲ-4〉 진명의 교수과정 및 매주교수시간표(1943.4)

학년	제1학년		제2학년		제3학년		제4학년	
교과목	시수	과정	시수	과정	시수	과정	시수	과정
체련	4	체조 무도 교련	4	체조 무도 교련	4	체조 무도 교련	4	체조 무도 교련
계	36		36		37		37	

출처: 進明女子中高等學校, 『進明七十五年史』, 1980, 125쪽.

당시 학교에서는 '건강보국(健康報國)'을 전제로 한 인고단련의 실천을 교육방침으로 하여 특별 연성을 실시하였다. 진명여학교의 경우 전교생 수영훈련과 행군훈련을 하였는데 이를 통해 여학생에 대한 단련 및 훈련을 강화하고, 전쟁을 위한 지원과 협력이 가능한 상태를 유지하고자 하였다.

〈표 Ⅲ-5〉 1942~1943 進明女學校 행사

날짜	행사
1942.7.13	5일간 뚝섬에서 전교생 수영훈련
1942.8.10	서울 거주 학생을 소집하여 인천 풀에서 수영 훈련
1942.11.20	전교생 모래 4kg을 지고 노량진에서 상인천역까지 24km 행군
1943.8.16	6일간 인천송도에서 전교생 수영훈련 숙사는 인천 영화학교의 교사를 사용
1943.10.23	전교생 모래 4kg을 지고 노량지에서 인천가도를 따라 24kg 강행군
1944.11.11	모래 4kg을 지고 노량진에서 오류교 왕복 24km 강행군

출처: 進明女子中高等學校, 『進明七十五年史』, 1980, 128쪽.

45) 進明女子中高等學校, 『進明七十五年史』, 1980, 125쪽.

1942~1943년 사이 진명여학교 행사를 보면 여학생의 체력단련을 위해 실시한 교육의 내용이 수영훈련, 모래를 지고 하는 행군 등 흡사 군사 훈련과 유사하다. 훈련대상이 전쟁을 수행할 수 있을 정도의 강한 체력을 구비하도록 하는 데 단체훈련의 목적이 있었다. 이러한 훈련은 여학생 동원의 연장선상에서 이루어진 것이라 볼 수 있다.

체조가 본격적으로 남녀 공통과목으로 들어가기 시작한 것은 1922년 제2차 「조선교육령」 개정부터였다. 제3차 「조선교육령」부터 남녀 모두 실업이 추가되었고, 1943년 제4차 「조선교육령」 개정 시 체조과목 외에 무도, 교련 등이 남녀 교육과정에 추가되었다. 이미 1942년 4월 18일 「학교체육쇄신지도방침」을 발표하여 전시에 효율적으로 대응할 수 있는 방향으로 교육 내용을 맞추었다.[46] 일제는 1944년 4월 「학두동원체제 정비에 관한 훈령」, 「학도동원본부의 설치」, 동년 10월에 「학도동원령」, 그리고 1945년 3월에 「결전교육조치강령」 등을 공포하여 학교를 전쟁준비기관으로 전락시켰다.[47] 인적자원을 바로 실전에 투입하기 위해서는 최소한의 지식과 언어능력 그리고 단련된 신체가 필요하다.[48] 체육교육과 체력장검정 등의 실시는 인적자원의 활용을 위한 차원에서 수행된 것이라 볼 수 있다.

학교에서는 여자도 남자와 같은 목표 아래 체육교육을 받았고, 훈련과 체조에 있어서 단체나 집단이 강조되며 다양한 체조들이 학교체육에서 등장하였다. 이러한 학교체육은 체력장검정 종목을 통해 개개인의 수준을 측정하고 체력장 검정 초급 이상의 획득 또는 유지하는 것을 목표로 설정하였다. 조선총독부는 1942년 9월 체력장검정을 전국적으로

46) 朝鮮總督府學務局學務課篇, 『現行朝鮮教育法規』, 朝鮮行政學會, 206쪽.

47) 이승규, 「近代 身體文化 形成과 日帝强占期 學校體育」, 고려대학교체육학과 박사논문, 2013, 39쪽.

48) 정근식, 「식민지지배, 신체규율, '건강'」, 『생활속의 식민지주의』, 산처럼, 2007, 95쪽.

실시하기 위해 구체적인 대상, 연령, 종목, 기간, 종류를 마련해 해당자 전원이 검정을 받게 했다. 체력장검정은 체력증강을 도모해 국력의 기초를 배양한다는 목적을 가지고 15세에서 25세(여자 21세)까지의 남녀를 대상으로 매년 달리기, 뛰기, 던지기, 운반, 현수의 기초검정과 수영, 행군의 특수검정으로 나누어 전국적인 단위로 실시했다. 이 중에서 특히 운반은 합격률의 저조로 인해 중량의 무게를 낮추고 기록을 세분화하는 등 내용을 개정했다.[49)]

『매일신보』 1944년 6월 2일 '擴大된 體力章檢定'이라는 제목의 기사를 보면 여자체력장 검정의 목적을 확인할 수 있다.

> (중략) 이제까지의 여자체력장은 **생산을 부담하고 있는 여자들을 단련하야 증산을 촉진하고** 억센 모성을 육성할 것 번잡한 전시하의 가정생활 가정방공 등을 늠름하게 해낼만한 억센 체력을 만드는데 목표를 두고 나려왔던 것이다. **그러나 현재와 같이 각 연령층의 남자가 동원되어 전쟁에 나가는 혁혁한 무훈을 세우고 있어 총후여성의 활동을 한층 더 필요를 느끼게 되여 이번 체력장 검정의 범위가 50세까지의 여성에게도 확대된 것이다.**[50)] (강조는 필자)

여자체력장은 "생산을 부담하고 있는 여자들을 단련해 증산을 촉진하고"자 하는 목적을 가진 것이었다. 여자체력장검정은 여성의 노동력 수준의 파악과 노동력 동원으로 활용 가능한 여성의 신체를 확보하려는 측면도 있었다.

---

49) 체력장검정은 조선에서 법령으로 제정되지 않았지만 경성부가 일본 후생성의 규정에 따라 약 2년 8개월간 학생, 청년단원, 공장, 회사, 관공서 등의 청소년에게 시범적으로 실시해 청소년의 체력에 대한 전반적인 경향을 파악할 수 있는 계기가 되었다(손환, 「일제강점기 조선의 체력장검정에 관한 연구」, 『한국체육학회지』 제48권 제5호, 2009, 6~9쪽).

50) 『매일신보』 1944.6.2 「擴大된 體力章檢定 年齡別의 標準, 女子體力章의 意義」.

〈표 Ⅲ-6〉 남자체력장 검정종목 및 표준(기초검정)

등급 종목	상급	중급	초급	등급 외		
				갑	을	병
100m 달리기	14초 이내	14초1~15초	15초1~16초	16초1~17초	17초1~18초	18초 이상
2000m 달리기	7분30초 이내	7분31~8분	8분1초~9분	9분1초~ 10분	10분1초~ 11분	11분 이상
멀리뛰기	4m80이상	4m79~4m50	4m49~4m	3m99~3m80	3m79~3m50	3m49 이하
수류탄 던지기	45m이상	44m99~40m	39m99~35m	34m99~30m	29m99~25m	24m99 이하
운반 100m	40kg 23초 이내	40kg 23초1~26초	40kg 26초1~29초	30kg 30초1~35초	30kg 30초1~35초	30kg 35초1 이상
현수굴신	12회 이상	11회~9회	8회~5회	3회	3회	2회 이하

출처: 高宮太平, 『朝鮮年鑑』, 京城日報社, 1943, 541쪽(손환, 「일제강점기 조선의 체력장검정에 관한 연구」, 『한국체육학회지』 제48권 제5호, 2009, 8쪽 재인용).

〈표 Ⅲ-7〉 여자체력장 검정종목 및 표준(기초검정)

등급 종목	상급	중급	초급	등급 외
1,000m 속행	4분30초 이내	4분31초~5분	5분1초~5분30초	5분31초~6분
승도(繩跳)	1분20초 이상	50초~1분19초	30초~49초	20초~29초
단봉던지기	20m 이상	18m~19m99	15m~17m99	10m~14m99
운반 100m	16kg	16kg	16kg	16kg
	23초 이내	26초 이내	29초 이내	35초 이내
체조	대일본여자청년체조	대일본국민체조	국민보건체조2	국민보건체조2

출처: 高宮太平, 『朝鮮年鑑』, 京城日報社, 1943, 542쪽(손환, 「일제강점기 조선의 체력장검정에 관한 연구」, 『한국체육학회지』 제48권 제5호, 2009, 8쪽 재인용).

여자체력장검정 종목을 보면 기초검정으로 1,000m속행(千米, 速行), 승도(繩跳), 단봉던지기(투척), 운반 100m, 체조로 구성되어 있다.[51] 운반의 경우, 운반방법은 소정의 중량(16kg)을 반으로 나눈 중량물(8kg)을 양손으로 들거나 안고 운반한다. 중량물의 용구형태는 별도로 정하지 않고, 예를 들면 포제(布製), 목제의 원추형 용기(물통 같은 것) 또는 망을 구비해 토사 등을 넣어 운반에 위험이 없는 것으로 하도록 했다. 운반시간을 계측하여 23초 이내는 상급, 26초 이내 중급, 29초 이내 초급, 35초 이내는 등급 외로 평가한다.[52]

(왼 쪽) 『매일신보』 1943.3.26. 體育, 女子體力章實施 앞둔 各校의 準備, 全校生合格目標 淑明高女篇
(가운데) 『매일신보』 1943.3.25. 女子體力章 實施 앞둔 各校의 準備, 選手 本位를一擲 體力章種目 全般에 徹底指導 進明高女篇(중량 운반하는 광경)
(오른쪽) 『매일신보』 1943.3.24. 女子體力章實施 앞둔 各校의 準備, 傳統 있는 體育熱 京城女高篇

전쟁수행국의 식민지라는 상황 속에서 여학교의 체육교육은 '총동원체제' 하에서 동원 노동력의 현황을 파악하고 질적 향상을 도모하는 데 초점을 두었다. 체력장 검정의 운반, 투척 등의 종목을 통해 대상 노동력의 수준을 파악하고, 일정 수준의 목표를 제시하여 반복 측정함으로써 노동력의 개선을 독려하였던 것이다. 또한 이러한 체력장 검정의 기록과 신체검사기록은 당시 '총동원체제'하에서 동원 대상에 대한 정보의

51) 『朝鮮年鑑』, 京城日報社, 1943, 599쪽.
52) 『朝鮮年鑑』, 京城日報社, 1943, 541~542쪽.

수준을 높이는 데도 기여하였다. 이러한 일련의 활동은 전쟁수행을 위해 인적자원의 배치 및 동원에 필요한 자료를 얻는 목적도 있었다. 이는 정신대로 끌려간 여학생들의 사례에서 일부 확인할 수 있다. 당시 학교는 학생들의 건강상태, 체력 수준 등에 대한 정보를 학적부의 「신체생활란」에 정리하여 파악하였고, '달리기와 얼굴상태', ' 발육 및 영양상태'가 양호한지 여부 등이 학적부에 기재되었다. 이렇게 기재된 건강상태에 대한 정보는 전쟁말기 근로정신대 등으로 여학생을 동원하는 데 활용되기도 하였다.

1992년 서울영화국민학교에 보관되어 있던 학적부에서 해방전 서울방산국민학교(당시 경성부 제2공립소학교)에 재학 중이던 여학생들의 정신대 동원 기록이 발견되었다. 이는 당시 방산국민학교에 근무하며 조선 학생들을 정신대로 보낸 일본인 담임교사 이케다씨가 자신이 직접 작성했던 학적부를 찾으면서 언론을 통해 알려졌다.[53)]

학교는 학생에 대한 기본정보(건강상태, 학력, 보호자 상황 등)를 소장하고 있는 곳이라는 점에서 일제가 동원을 위해 학교가 가진 기록을 활용하고자 한다면 충분히 가능한 일이었다. 학적부 등에 기재된 학생에 대한 정보는 동원대상의 노동력 수준을 파악하는 데 유용하게 활용할 수 있기 때문이다.

3. 소결

5장에서는 군, 학교를 중심으로 한 동원의 유형을 살펴보았다. 군(軍)에서도 여성노동력 동원이 이루어지고 있었는데 육군과 해군 등에 의해

53) 『경향신문』 1992.1.15 「교사는 제자몰이꾼으로 전락」.

동원된 여자군속의 경우가 이에 해당한다. 종군간호부 등과 같은 군요원은 1938년 이후 조선에서 동원되기 시작하였고, 군노무자로서 여자군속은 1943년 모집 내용이 확인되었다. 1944년 진해 해군시설부에서 고녀 여학생들을 군속으로 동원하여 노동을 하도록 하였고, 1945년에는 국내뿐 아니라 국외로 보낼 군속을 모집하였다.

이 시기 여학생들에게는 근로능력강화를 위한 신체단련이 강조되었다. 단순히 여학생의 체력단련이라 하기엔 무리가 있어 보이는 행군 등도 실시되고 있었다. 1942년 9월 조선총독부는 체력장 검정을 전국적으로 실시하기로 하고 구체적인 대상, 연령, 종목, 기간 등을 마련해 해당자 전원이 검정을 받게 했다. 전쟁수행국의 식민지라는 상황 속에서 여학교의 체육교육은 '총동원체제'하에서 동원 인력의 현황과 상태를 파악하고, 인적자원으로서 용이하게 활용할 수 있도록 준비를 하는 것에 초점을 두었다. 즉 체력장 검정의 운반, 투척 등의 종목을 통해 대상 노동력의 수준을 파악하고, 일정 수준의 목표를 제시하여 반복 측정함으로써 노동력의 개선을 독려하였다.

전시기초반 여학생들은 주로 '가사'와 관련한 근로작업에 동원되었는데, 전시가 본격화되면서 학교내에서 이루어지던 노동은 교외의 공장노동으로까지 확대되었다. 학교에서의 수업은 제대로 이루어지지 않았고 전쟁 수행을 위해 여학생들의 노동력 동원은 일상화되었다.

제6장
국내외 여성노무동원 양상

2013년 현재 확인된 여성노무동원 피해 현황을 보면, 총 1,018건(다중동원 포함 1,039건) 중 국내동원 327건, 국외동원은 691건으로 파악되었다. 국내보다 국외동원의 비중이 높게 나타났고 국외는 일본이 50.76%로 다수를 차지했다. 동원 여성의 본적지별 분포를 보면 경남북, 전남북, 충남북 등 삼남지역에 편중(94.71%)된 경향을 보였다. 직종별 현황을 보면 공장(614건, 그 가운데 국내 방적공장으로 동원된 여성은 288건)이 다수를 차지하고 탄광산(143건)도 적지 않은 건수를 보였으며, 탄광산의 선탄광(選炭鑛)이나 토건작업장에서 중노동을 한 경우도 파악된다.[1] 여기서는 국내외 여성노무동원 양상을 사례를 중심으로 살펴보도록 한다.

1) 위원회 보도자료 2013.10.2.

1. 국내동원

1) 방적공장으로 동원된 유소녀들

노무관련 행정기구의 변화

여성노무동원 실태를 살펴보기에 앞서 조선총독부의 행정과 정책의 맥락 속에서 추진된 노무관련 행정기구의 변화 추이를 살펴볼 필요가 있다. 이는 조선총독부가 인적자원을 확보하기 위해 어디에 어떻게 선택과 집중을 하고자 하였는가를 이해할 수 있는 배경이 되기 때문이다.

1938년 「국가총동원법」의 공포 이후, 노동력의 확보와 관리를 담당하는 부서의 위상이 강화되기 시작했다. 노무과(勞務課)는 사회과(社會課) 노무계(勞務係)에서 출발해 1941년 노무과로 승격되었다. 소속국은 내무국(內務局)·사정국(司政局)·광공국(鑛工局) 등을 거쳤다. 내무국 사회과는 1931년 7월 신설되었고, 주요 업무는 사회사업과 사회교화사업으로 대별된다. 1930년에 들어 사회통제가 더욱 강화되어야 할 시기에 이르면서 1932년 2월 13일 사회과는 내무국에서 학무국(學務局)으로 소속이 바뀌게 된다. 1936년에 학무국은 전시체제에 적합한 사상전도와 민중교화사무에 치중하기 위해 사회사업업무와 사회교화교육업무로 구분되는데 사회과를 다시 내무국 산하로 두어 전자의 업무를 담당하도록 하였다.[2)]

여성에 대한 노무동원의 송출 과정에서 내무국 사회과는 노동력조사

2) 노무동원 관련 행정조직 및 기능분석, 노무동원 송출과정에 대한 연구는 다음을 참고바람(정혜경, 「조선총독부의 노무동원 관련 행정조직 및 기능분석」, 『한국민족운동사연구』 54, 2008, 216~221쪽).

(노무수급조사), 해당 도(道)에 인력 요청을 하달하는 것, 지역할당에 따른 인력동원 업무수행(총력연맹, 주재소, 소방서, 직업소개소 등)을 담당하였다. 1937년 총독부 사회과는 영등포 종방 경성공장 개설을 시작으로 여성 공장노동자 알선에 나선 이후 경성, 강원, 충남북, 전남의 각 5도에서도 각각 모집에 나섰다. 사회과는 종래 주로 노천(露天)노동자의 알선을 하고 있었는데 "여자방면의 알선에도 노력할 방침"이라며 여성에 대한 모집·알선 등에도 나서고 있었다.[3)]

내무국 사회과 사무분장 가운데 '노무'와 관련한 업무가 명시되기 시작한 것은 「朝鮮總督府訓令」 제7호(1939.2.7)에 의해서이다.[4)] 그 후 총독부의 사무분장에 의해 1941년 3월에 내무국에 노동·실업 관련 사무를 전담할 노무과가 신설되어 '노무'에 관한 업무는 노무과가 직접 담당하게 된다. 노무과가 사회과 노무계(勞務係)에서 과(課)로 승격한 것은 1941년 3월 13일자 「朝鮮總督府訓令」 제23호에 근거한다.[5)]

노무과의 승격은 노동자의 보호보다는 군수부문을 중심으로 한 부족한 노동력의 확보와 징용 등을 위한 조치였다. 설치 당시 노무과 사무는 직업소개와 기타 노무의 수급조정, 실업대책, 노동력의 보유·증강, 노동조건, 노동보호, 국민직업능력의 등록 및 국민징용, 기타 노무에 관한 사항으로 규정되었다.[6)] 계(係)에서 과(課)로의 승격은 '노무'관련 업무의 확장 및 강화를 의미한다.

내무국에 속해 있던 노무과는 1941년 11월 19일자 「朝鮮總督府訓令」

---

3) 『매일신보』 1937.2.20 「여직공 알선 최초 성적 양호 '鍾紡'에서 소개 결과」.

4) 『朝鮮總督府官報』 제3614호, 1939.2.7(정혜경, 『일본 '제국'과 조선인 노무자 공출: 조선인 강제연행·강제노동연구2』, 선인, 2011).

5) 『朝鮮總督府官報』 號外 1941.3.13.

6) 서호철, 「조선총독부 내무부서와 식민지의 내무행정: 지방과와 사회과를 중심으로」, 『사회와역사』 102, 2014, 69쪽; 정혜경, 『일본 '제국'과 조선인 노무자 공출: 조선인 강제연행·강제노동연구2』, 선인, 2011.

제103호에 의해 후생국으로 배속된다. 후생국에 소속되었던 노무과는 다시 이듬해에 사정국으로 이속된다.[7] 일본정부는 아시아태평양전쟁이 가속화됨에 따라 전쟁수행을 위한 군사력 조성기지로서 식민지 조선에 대한 지배체제를 강화하기 위해 조선총독부의 행정체제를 일본 중앙행정체제와 일원화하도록 했다. 이러한 조치에 따라 1942년 11월 1일 노무과는 지방과·외무과·사회과·토목과·지방관리양성소와 함께 사정국으로 배속되었다.[8]

이후 1943년 12월에 조선총독부는 또 다시 행정개혁에 착수하였다. 이에 의해 사정국에 소속되어 있던 노무과는 광공국으로 이속하게 된다.[9] 1944년 10월에 다시 행정조직이 개편되는데, 이에 따라 노무과는 근로조정과·근로동원과·근로지도과로 세분화되었다.[10]

이러한 행정조직의 개편은 동원을 효율적으로, 신속하게, 최대한의 효과를 낼 수 있도록 하기 위함이었다. 자원과 물자는 말할 것도 없고, 남성, 여성 할 것 없이 동원가능한 인력을 '총동원' 하고자 하였다. 여성들은 국내외 여러 직종에 동원되고 있었는데 방적공장도 그 가운데 하나였다.

국내 방적공장 현황과 여성동원

국내의 대표적인 방직공장은 가네가후치(鐘淵)공업, 다이니혼(大日本)방적, 도요(東洋)방적, 조선방직을 들 수 있고, 국외는 중국(만주)의

7) 정혜경, 앞의 논문, 2008, 222~224쪽.

8) 『朝鮮總督府官報』 號外 1942.11.1; 『朝鮮總督府勅令』 제729호, 1942.11.1.

9) 총무·사정·식산·농림·철도·전매 등 6국 폐지. 광공·농상·교통 등 3국 신설. 총 8국(총독관방·재무·법무·학무·경무·광공·농상·교통).

10) 『朝鮮總督府官報』 號外 1944.10.15.

남만방적을 들 수 있다.[11] 정부조사에 의하면 국내동원과 관련한 기업 중 불상(不詳)(44%)의 경우를 제외하고, 다수를 차지하고 있는 것은 가네가후치(鐘淵)공업, 다이니혼(大日本)방적, 도요(東洋)방적, 조선방직으로 국내동원기업 전체의 39.2%를 차지한다. 여기서는 이들 기업에 동원된 여성의 사례를 중심으로 동원과정과 노동상황 등을 살펴보자.

조선내 일본의 방직공업은 1910년대 가내수공업을 벗어나 근대적 방직공업이 등장하는 시기를 거쳐 1920년대의 공장제적 운영을 갖추게 되었고, 1931년부터 1943년에는 일본의 대규모 방적자본들이 조선에 대거 진출하였다.[12]

가네가후치(鐘淵) 방적공장은 1935년 8월에 광주시 임동에 설립되었다. 공장은 35,000추의 방기와 1,000추의 직기를 보유하였으며, 조선 내에서 동양방적 경성공장 다음으로 큰 규모의 공장이었다. 1936년 10월에 서울시 영등포구 문래동에 설립되었던 경성공장은 설립당시 30,240추의 방기와 600대의 직기로 설립되었다. 조선방직주식회사는 일제강점기 일제가 한국에서 목화의 재배와 매매 및 면사방직과 판매에 대한 영리를 목적으로 1917년 11월 범일동 일대에 세운 일본 미쓰이 재벌계 방

---

11) 〈조선진출 日本紡績業體一覽〉

진출 연도	업체명	진출 연도	업체명
1917.11	조선방직 부산공장	1939.3	데이고꾸(帝國)제마 인천공장
1932.12	도요(東洋)방적 인천공장	1939.4	다이니혼(大日本)방적 경성공장
1935.8	가네가후치(鍾淵)방적 광주공장	1939.12	朝鮮麻紡 대구공장
1936.5	도요(東洋)방적 경성공장	1940.5	군제(郡是)방적 대구공장
1936.10	가네가후치(鍾淵)방적 경성공장	1942.12	구레하(吳羽)방적 대전공장

출처: 『東一紡織社史』, 1982, 동일방직주식회사, 43쪽.

12) 강이수, 「1930년대 면방대기업의 노동과정과 여성노동자의 상태」, 이화여대사회학과 박사논문, 1992.

직회사이다. 1925년 부산공장에서 조면업을 시작하여, 1928년 대구공장 설립 등을 거쳐, 사리원 및 진남포공장(1933), 원주공장(1934), 대전공장(1935), 안동공장(1936), 춘천공장(1937), 김천공장(1939) 등 철도를 중심으로 공장을 설립하며 조면업을 확장시켜갔다.[13)]

조선 3대 방적회사였던 동양방적 경성공장은 영등포에 위치하였고, 1936년 5월에 착공되어 1937년 4월부터 조업을 개시하였고 군수공장으로 지정되었다. 동양방적 인천공장은 1932년 12월 인천시 만석동에 설립되었는데 1933년 10월 1일 방기 31,488추와 직기 1,292대로 조업을 시작하였다.[14)] 다이니혼(大日本)방적은 영등포구 당산정에 소재하였고(경기 경성부) 1939년 조업을 개시하였다. 주로 염색가공 등을 하였고 군수회사법에 의해 제2차 군수회사로 지정되었다.

정부에서 확인된 국내 여성노동력 동원 327건 가운데 1938년 5월에서 1945년 8월 사이 가네가후치(鐘淵)공업으로의 동원은 39건이다.[15)] 동원 여성 중 본적지 내 동원은 21건, 본적지 외 이동은 18건으로 나타났다. 전북, 충남, 충북, 경북지역의 여성들이 주로 전남의 가네가후치(鐘淵) 방직공장으로 동원되었으며, 1943년 이후 동원은 증가 양상을 보인다. 동원 연령은 9세에서 21세까지 나타났는데, 그 가운데 14세 미만이 73%를 차지하였다.

다이니혼(大日本)방적의 경우 같은 시기 동원은 37건으로 확인되었다. 다이니혼방적은 함경북도 청진과 경성에 공장이 있었는데 이 공장

13) 서문석, 「일제하 대규모면방직 공장의 고급기술자연구」, 『경영사학』 제18집 제1호(통권 30호), 한국경영사학회, 2003, 158~162쪽.

14) 『동일방직사사』, 1982, 43~46쪽.

15) 이 밖에 전남 지역 소재 불상의 방직공장 동원 피해여성 중 일부는 가네가후치(鐘淵)공업에 동원된 것으로 추정된다. 당시 전남 광주에는 전남도시제사㈜와 가네가후치공업 등 2개 회사가 각각 작업장을 운영하고 있었는데, 가네가후치 공장의 규모가 매우 컸다.

으로 동원된 여성도 경상북도와 충청남도, 충청북도, 전라북도 등 각 지역에서 왔다. 이는 도요방적이나 조선방직의 경우도 마찬가지의 양상을 보인다. 경성과 경기 인천에 있던 도요방적공장에는 강원도, 경기, 경상북도, 전라북도, 충청남도, 충청북도 지역의 여성들이 동원된 것으로 확인되었으며, 경기 경성, 경상남도 부산, 경상북도 대구에 있던 조선방직공장도 강원도, 경상북도, 전라북도, 충청남도, 충청북도지역에서 여성들이 동원되었다. 이렇듯 전시기 국내 방직공장의 여성노동자는 전국 각 지역에서 동원되고 있었다.

특히 위의 네 공장의 동원시기별 현황을 검토해본 결과, 모두 1943년 이후 동원이 증가하고 있다는 사실을 확인하였다. 이는 1943년 이후 여성노무동원이 점차 확대 강화되고 있던 정책 내용과 일치하는 결과이다.

전쟁이 가속화되고 노동력 부족이 심각해지면서 1943년 이후 지원과 모집의 형식은 약화되고 강제차출의 방식이 점차 강화되었다. 1943년 이전에는 주로 관에 의해 할당되어 동원되거나 근로보국대에 의한 방식으로 여성노동력이 동원되었다면, 1943년 이후에는 여자근로정신대 등 징용과 같은 방식에 의해 동원이 이루어졌다.

1944년 이후 각 도(道)및 부(府)의 관련 부서(근로동원과, 노무과 등)에서는 여성들을 조선 내 각 공장으로 알선하는데 적극적으로 개입하였다.[16] 부(府)의 근로동원 창구에서는 지원수속을 하는 창구를 마련하기도 하였다. 지원수속에는 이력서와 친권자의 동의서를 첨부하는 형식을 갖추고 있었으나[17], 실제 지원을 취소하거나 연기 등을 할 수 있는 선택권은 거의 없었고 반강제적 방식으로 지원이 이루어지고 있었다.

16) 『매일신보』 1944.7.8; 『매일신보』 1944.9.3; 『매일신보』 1944.9.9; 『매일신보』 1945.1.25.
17) 『매일신보』 1945.1.25 「발랄한 정신대, 특공정신으로 응모하라」.

동원 연령의 경우도 대부분의 방직공장이 유사한 양상을 보이는데 도요방적의 경우 14세 미만 동원이 85%를 차지하였고, 나머지 세 기업도 모두 70%이상을 차지하였다. 이는 14세 미만의 유소녀에 대한 노동력 착취의 일상화를 말해주는 것이다.

일본에서는 공장법이 1916년에 시행되고, 1923년에 개정되었다. 개정된 공장법에는 14세 미만 아동노동금지조항이 포함되어 있다. 그러나 조선에서는 공장법이 시행되지 않았고, 14세 미만의 어린 소녀들은 너무도 쉽게 공장으로 동원되었다. 다음 김수자(가명)는 14세 미만 여성 동원의 한 사례이다.

김수자(가명)는 1943년 13세에 도요방적 인천공장으로 동원되었다.[18] 동원 당시 마을에서 처녀들이 있는 집들을 대상으로 심지뽑기('제비뽑기'의 방언)를 했고, 이를 통해 김씨와 마을 친구 등 4명, 그리고 다른 지역(덕산마을)의 여성 3명이 차출되었다. 심지뽑기 했던 바로 그날 공장으로 출발했는데, 어디로 가는지도 모른 채 남자 2명에게 이끌려 김천역에서 열차를 타고 인천으로 이동하였다고 한다. 이동 중에 함께 가던 여성 한 명은 탈출하였고 나머지 여성들은 인천공장에 도착했다. 김씨는 실뽑는 부서에 배치되었는데 함께 갔던 사람들과는 다른 곳에 배치되어 귀향할 때까지 전혀 보지 못하였다. 공장에서의 노동은 일주일 주야 교대로 일을 하였으며 작업은 일본인의 감독 하에 이루어졌다. 식사는 소금물에 밥이 조금 나와 늘 배고픔에 시달려야 했다. 기숙사는 방 1칸에 10명 정도씩 사용하였다. 김씨는 공장에서 일하던 도중 졸았다는 이유로 일본인에게 구타를 당하기도 했다.

김씨 사례를 보면 공장 동원의 대상은 주로 미혼여성이었음을 알 수 있다. 이동을 책임진 사람은 회사 모집인으로 이들은 각 마을에서 차출

---

18) 경남 밀양시-349.

된 여성들을 데리고 회사까지 이동하는 역할을 맡았다. 공장에서 작업은 다른 방적공장과 마찬가지로 주야교대 작업을 하였고, 여성들은 한 방에 10명 내외가 함께 기숙사 생활을 하였다. 감독관이 공장 안팎의 출입을 통제하였으며 그들의 말을 따르지 않는 경우 여성들에게 폭력을 휘둘렀다. 당시 여성을 강제차출 하는 방식은 마을에 따라 다양하였는데 김씨의 경우는 제비뽑기가 이용된 것이다. 마을에서 일정한 수의 여성들이 동원되어야 했던 상황에서 반발을 최소화하기 위해 제비뽑기라는 방식까지 이용된 것이다. 어찌되었든, 어떠한 방법이었든 선택된 사람은 저항하지 못했고 뽑힌 사람은 무조건 갈 수밖에 없었다. 거부를 할 수도 그렇다고 또 다른 선택을 할 수 있는 방법도 없었다. 본인이 원하지 않더라도 선택된 여성은 강제적으로라도 가야 하는 구조였기 때문이다. 제비뽑기는 동원할 사람을 쉽게 차출하기 위한 편의적인 방식의 하나였을 뿐이다.

경북 칠곡군 출신의 장민서(가명)는 1943년 12월 13세에 동양방직으로 동원되었다. 부모님 슬하 딸이 7명이 있었는데 일본사람과 구장이 딸이 많다며 장씨를 강제로 데리고 갔다. 이때 다른 마을의 여성들도 공장으로 함께 이동하였으며 각 마을별로 일정한 수를 채워 공장으로 보내졌다.[19] 이는 말단행정기관이라 할 수 있는 구장이 매개가 되어 각 마을의 동원가능한 여성들을 공장으로 동원한 사례이다.

1943년 10월 가네가후치 방적공장으로 동원된 김월이(가명)의 경우 어린 나이임에도 불구하고 13세 때 마을 반장이 가야한다고 하여 공장으로 가게 되었다.[20] 동년 같은 공장에 동원된 이예종(가명)의 경우도 15세에 면서기가 집으로 와서 가야한다고 하여 그녀는 갈 수밖에 없었

19) 경북 성주군-998.
20) 전남 장성군-563.

다.[21] 같은 면의 비슷한 연령의 여성 수십 명이 같은 공장으로 보내지고 있던 것은[22] 당시 동원의 양상이었다. 나락 공출을 못냈다는 이유로 공장으로 보내지기도 하였고,[23] 불시에 사람들이 집으로 들이닥쳐 강제로 끌고가기도 하였다.[24] 이러한 동원방식은 1943년 이후 점차 노골적으로 진행되었다.

1943년 이후 여성동원 방식을 보면 각 지역별 할당인원이 있었던 것으로 추정된다. "마을에서 12명을 데려가야 한다"거나[25], "공출"[26]을 해야 한다는 등의 언급은 이러한 추정을 뒷받침한다. 구장, 면서기 등이 나서고 있는 것은 동원 관련 부서를 통해 하달된 지시와 명령에 따른 것으로 볼 수 있다. 일제는 효율적으로 여성을 동원하기 위해 지역의 사정을 누구보다도 잘 알고 있었던 사람을 동원에 적극 활용하였다. 보통 마을의 구장, 면서기 등은 이러한 사람들이었기 때문에 관에서 이들을 활용하는 것은 효율적인 방법이었다. 어느 한 지역에서만이 아니라 조선 각 지역에서 거의 유사하고 공통적인 동원양상을 보이고 있는데 이는 행정기관을 통해 방침에 따라 지시를 수행하는 과정에서 나타나는 현상이라 볼 수 있다.

당시 호적계 징용을 담당하는 면직원에 의해서 여성이 동원[27]되기도 하였는데 이는 여성동원이 징용과 같은 방식으로 수행되었을 가능성을 보여준다. 다만 여성들의 경우 호적에 누락된 경우가 다수 있었다는 점에서 남자징용과 달리 구장, 순사 등과 같은 이들의 협조가 필요했다.

21) 부산 해운대구-47.
22) 부산 해운대구-47.
23) 전남 장성군-592.
24) 완도군-201347; 전북 완주군-258.
25) 전북 완주군-972.
26) 전남 완도군-842.
27) 전남 나주시-614.

> 열일곱에 졸업하고서 바로, 정신대 뽑아간다고 그래가지고, 거기 안갈라구 저 군수물품 여기 삼방사(三邦社: 대전시 인동에 위치하였던 식품공장)라고 있어요. 군수물품 맨드는디 삼방사, 군인들 먹는 된장, 간장 그런거 맨들고 김 같은거 이렇게 해서 깡통에다가 너서 보내고 하는 그런 공장이 있었어. 그랬는디도 영장같이 이게 나와 가지고, 대전 저기 소개소(대전직업소개소)라는 데가 있어요. 거기로 며칠날까지 오라고 그래서 갔지. 그게 나왔으니까 가여지. 가보니까 뭐 개나 소나 다 왔어.[28]

위 사례의 박순덕은 여성들을 정신대로 뽑아간다는 소문을 듣고 정신대로 가지 않기 위해 미리 군수물품 만드는 공장에 들어가 일을 하는 방법을 택했다. 그렇지만 그러한 노력에도 불구하고 결국 그녀는 일본으로 동원되었다. 박씨는 동원 당시 "영장"같은 것이 나왔다고[29] 증언하였는데 이는 「여자정신근로령」 혹은 「국민근로보국협력령」과 관련한 서류일 것으로 사료된다. "정신대로 뽑아간다고 그래가지고", "그게 나왔으니까 가여지"라는 피해자의 구술에서 당시 여성들은 정신대를 거부할 수 없는 것으로 받아들이고 있었다는 것을 알 수 있다.

박순덕의 사례에서 또 한 가지 주목할 점은 동원과정에서의 직업소개소 역할이다. 박씨가 동원되는 과정에는 직업소개소가 등장하는데, 박씨와 같은 사례를 보건대 직업소개소는 모집 혹은 차출한 여성들을 집합시켜 이들에게 지역과 직종을 구분하여 동원지로 보내는 업무와 통제하는 역할의 일부(집합 · 분류 · 이송지원 등)를 담당하였다.

1940년 이후 직업소개소는 노동력을 통제하고 동원하는 국가기관으로서 역할을 수행하였으며, 특히 1939년 이후 국영직업소개소 안에 소년부, 여자부, 청(장)년부 등 3부를 설치하여 전임자를 두는 등 그 업무

28) 일제강점하강제동원피해진상규명위원회, 앞의 책, 252쪽.

29) 『조선여자근로정신대 그 경험과 기억』에서 '영장'에 대해 언급한 이는 김남이, 박순덕, 성영애, 강영복이다.

가 전문화 · 세분화되었다.[30)]

조선총독부는 1940년 1월 20일 「조선직업소개령」 및 「동시행규칙」을 공포하여 전시 정책 목표에 맞게 직업소개소의 노동력 공급 동원 기능을 대폭 확대하였다. 직업소개소는 노무수급의 조정과 노동력 동원의 주도기관 중 하나였다.[31)] 조선총독부는 「조선직업소개령」의 공포와 함께 직업소개소의 국영화를 추진하였는데[32)], 1940년에는 기존의 공설직업소개소 가운데 경성 등 6개 직업소개소를 국영화하였다. 1941년에는 이를 9개소로 확대하고, 다시 1942년에 이르러 경성, 청주, 대전, 전주, 광주, 대구, 부산, 해주, 평양, 신의주, 춘천, 함흥, 청진 등 전국 13개 도청소재지에 국영직업소개소 13개소를 설치하였다. 이리하여 전국의 직업소개소는 사립을 포함하여 19개소로 확대되었다.[33)] 종래에는 주로 관내의 직업소개에 머물던 직업소개의 업무가 취직자를 관내외 이른바 시국산업부문에 '산업전사'로 파견하는 업무를 맡았다.[34)] 직업소개소는 점차 말단 노동력 동원기관의 하나로서 조선뿐 아니라 일본, 남양군도 등으로 노동력을 동원하는 역할도 수행하게 되었다.[35)]

1944년 가네가후치(鐘淵) 전남 방적 공장으로 동원된 김순민(가명)은 광목 짜는 틀을 가지고 실 짜는 일을 하였다.[36)] 월급으로 5원 정도를 받았고, 주야간 교대 근무를 하였다. 공장에 동원된 김씨가 공장에서 동료

---

30) 『매일신보』 1939.12.12 「國營職業紹介所 少 · 壯 · 女子의 三部 두고, 勞務斡旋을 擴充: 一月一日부터 看板도 새로」.

31) 「朝鮮社會事業」 18-2호(1940.2), 2~3쪽(홍순권, 「일제시기 직업소개소의 운영과 노동력 동원 실태」, 『한국민족운동사연구』 22, 1999, 356~357쪽).

32) 京城府, 『京城職業紹介所所報』(特輯號), 1940, 12~13쪽.

33) 朝鮮總督府, 『施政年報』 各年度.

34) 홍순권, 앞의 논문, 357~358쪽.

35) 홍순권, 앞의 논문, 359쪽.

36) 진도군-544.

들과 불렀던 노래가 있는데 노래 가사에는 공장 노동의 고통스러움과 절박함이 묻어난다.

> 떠나자 떠나자 어서 떠나자/악마같은 방직공장 어서 떠나자/집에 계신 부모님이 오신다 해도/내맘대로 뜨지못한 금전이로세/동지 섣달 긴긴밤에 잠도 못자고/삼사월 긴긴해에 햇빛 못보고/오뉴월 더운날에 바람 못쐬고/악마같은 요세상 가분하구나/떠나자 떠나자 어서 떠나자/악마같은 이 종방 어서 떠나자

동원된 여성들에게 공장은 규율과 통제 속에 쉼 없이 노동을 시키는 "악마 같은" 곳이었고 햇빛도 제대로 볼 수 없는 환경이었을 뿐 아니라 더워도 바람 한 점 쐬지 못하는 열악한 공간이었다. 이 노래 가사에는 노동착취 현장인 공장을 떠나고 싶어 하던 여성들의 바람이 구구절절 담겨 있다.

전시체제기 이전에도 가네가후치 전남공장의 노동실태 상황은 매우 열악했다. 방적공장의 기숙사제도는 가혹한 노동으로 인한 결근율과 이직율을 낮추고, 주야 2교대로 작업을 원활하게 하며 노동자를 통제하기 위한 목적을 가지고 있었다.[37]

정부조사에 의한 동원 사례를 정리해보면, 국내 방직공장으로 동원된 여성의 작업환경과 노동내용 그리고 공장생활 등은 공장마다 크게 다르지 않았다. 열악한 환경에서 하는 노동은 유소녀들의 건강에 문제를 초래하기도 하였고 이로 인해 사고가 발생하기도 하였다. 노동하는 여성 상당수가 14세 미만으로 밝혀졌는데, 장차 어머니가 될 수 있는 유소녀들에 대한 보호는 공장에서 전혀 이루어지지 않았다. 조선여성은 철저히 일하는 기계로 취급받았을 뿐이다.

---

37) 정혜경, 「일제강제동원&평화연구회 P's Note No2」, 2011, 11쪽(미간행).

당시 조선인들에게 여성동원은 단순노동력 동원으로만 받아들여지지 않았다. 여성동원은 성동원으로 인식되고 있었다. 공장으로 동원되었던 여성들도 이러한 오해에서 자유롭지 못했다. 당시 동원된 여성들은 노동에 대한 고통과 이들을 바라보는 사회적 편견까지 견뎌야 했다.

2) 토목사업장 등 산업현장으로 내몰린 여성들

남성노동력의 강제동원으로 인해 부족해진 노동력을 채우기 위해 여성들은 근로보국대의 형식 혹은 모집 등의 방식으로 적극적으로 활용되었다.

당시 법령에 의해 일본 당국이 규정한 강제동원 연령에 대해 살펴보면, 한반도 내 동원의 대다수를 차지하는 근로보국대의 경우에는 1941년 11월에 남(14~40세 미만), 여(14~25세 미만)였다가 1943년 12월에 남(14~50세 미만)으로, 1944년 11월에는 남(14~60세까지), 여(14~40세, 배우자가 없는 여성)로 확대되었다.[38)]

1941년 이후 이러한 규정이 존재했음에도 불구하고 실제 조선 내 동원과정에서 이러한 규정조차 제대로 지켜지지 않았다. 실제 피해자로 판명된 이들 가운데 법령에 근거한 동원연령보다 낮은 연령도 확인되었기 때문이다. 위원회의 공식 보도자료(2013.10.2)에 따르면 14세 이하 아동(여성)이 전체 여성노무동원 피해자의 40.74%에 이른다고 밝히고 있다.[39)] 한반도내 동원은 근로보국대와 관알선, 국민징용 등 동원경로가 다양하므로 동원지역 시기에 따라 각각 달리 분석할 필요가 있으나 동원연령의 공통적인 기준은 대체로 14세와 40세이다.

여성들은 방직공장에서부터 직물회사, 해운관련, 건설현장 등에 이르

38) 김윤미, 「총동원체제와 근로보국대를 통한 '國民皆勞': 조선에서 시행된 근로보국대의 초기운용을 중심으로(1938~1941)」, 『한일민족문제연구』 14, 2008, 122쪽.

39) 『일요신문』 2013.8.12; 『경향신문』 2013.10.15.

기까지 노동자로 알선되는 분야가 확대되고 있었다.[40] "함남도내의 주요 공사장, 공장, 광산 등은 약 100여 개소에 여자 노동자들이 5,300명"이라는 것에서 보이듯 여자들이 점차 남성노동력이 부족한 각종 현장으로 동원되고 있었음을 알 수 있다. 앞서 살펴보았듯이 이 시기 공장에서 여공으로 동원된 여성들의 생활은 그들의 의지와는 상관없이 반강제적인 통제 속에 놓여 있었다. 가족이 아파도 집으로 갈 수 없었고,[41] 식사는 부실했으며 노동강도는 강하였다. 고된 생활을 견디기 힘들어 도망을 치는 이들도 있었다. 1930년대 이전부터 공장생활이 가지고 있었던 여러 제반 규율이나 강제적 통제 등은 전시가 본격화되면서 더욱 강화되었다.

군수공장 외에 조선 내 토목사업장이나 공사장 등에도 여성들이 동원되기 시작하였다. 이는 당시 신문기사 등에서도 확인할 수 있다. 다음은 『조선일보』에서 확인된 사업장(공사장)과 관련 기사를 정리한 것이다.

〈표 Ⅲ-8〉『조선일보』'공사장' 관련 기사

제목	날짜
함남 각처 공사장 노동자가 대부족. 작년 말 현재 도지방과의 초사	1937.2.6
도로포장 공사장. 여자 역군 70명. 날마다 벌어서 병부와 유자를 부양. 규중에서 가두로 진출. 포장공사 편 (완)	1938.4.14
각 공사장에 반영된 노력부족의 고민. 국책 공사진척에 지장불무로 강원도에서 근본대책을 고구	1938.8.2
농민 공사장 진출은 영농상 지장 막대. 도당국 대책에 부심중	1939.3.24

40) 『매일신보』 1940.9.22 「人夫補充에 女役軍, 群山運輸關係회사에서 積極採用」; 『매일신보』 1940.11.7 「勞動力不足의 咸南에, 婦女의 進出 活潑, 興南에서만 一日平均 七百餘名」; 『매일신보』 1940.11.17 「여자도 건설부대로, 함남도내 공사장에 5천 명 동원」.

41) 『매일신보』 1940.7.20 「어머니가 아픈데도 못가게 합니다. 제사회사 기숙사 여러 여공 경찰 찾아 하소연」.

무산 철도공사장에 和順(화순)서 3백 명 출발	1939.3.25
무안군하 노동자. 서북 조선 공사장으로 786명 이송	1939.5.16
13년 중에 노동자 16만 9천 명 알선 건설도상 강원도의 각종공사는 각 방면을 통하야 크고 적은 사업이 발흥하야 수많은 노동자를 쓰게 되여 도내 노동자는 총출동하고 도외로부터도 다량이 일을 하였으나 지금까지 부족되어 큰 지장을 초래하고 있다. 강원도 사회과에서는 노동자 대책에 전력을 다하는 중인데 소화13년 중 각 공사장에 알선하여 준 집계를 보면 총인원 16만 9,113명으로 여자도 4,465이나 된다고 한다. 각 공사별로 보면 다음과 같다. 각종광산 1,720명 탄광 4,632명 철도공사 61,940명 도로공사4 058명 사방공사 39,357명 ㅁㅁ공사 4093명 기타공사 53,383명	1939.5.3
응모자 없어서 관력으로 강제. 중앙선 공사장에 인부 飢饉. 수원면서도 2백 명 이송	1939.6.5
춘천엔 노동자 기근. 중앙선 공사장에 폭주. 노동력조절에 도당국도 부심	1939.6.27
자력 극복 위주로 한 개풍군의 한해 대책. 부업장려, 공사장 진출에 노력	1939.8.13
노력 부족 보충책으로 농촌 잉여노력을 조사. 도내 각공사장에 5만여 명 노동자 부족을 예상하고 강원도에서 각관하에 지시	1940.3.19
남조선의 노동부대 국경 공사장에 진군. 선발대로 2천 7백 명이 선착	1940.5.8
노력 부족에 대비 노동자 자유 모집 干先 양 공사장서 8백 명을 모집	1940.6.13

〈표 Ⅲ-8〉의 『조선일보』 기사에 실린 각 공사장 관련 내용을 검토해 보면, 노동자부족으로 인해 각 도(道)가 노동력을 동원하기 위한 방안에 고심한 것을 알 수 있다. 이 가운데 1939년 5월 3일자 기사를 보면, 강원도 사회과에서 노동자 대책으로 각 공사장에 알선해 준 통계가 제시되어 있다. 이를 보면 총인원 169,113명 가운데 여성이 4,465명에 이르는

것으로 나타난다. 1938년 4월 14일 기사에서도 도로포장 공사를 위한 "여자역군 70명"에 대한 내용을 확인할 수 있다. 도내 공사장에서 필요한 노동력 수급을 위해 1938년 이후 남성뿐 아니라 여성도 각종 공사장으로 차출되고 있음을 확인할 수 있다.

1940년 3월 강원도에서는 노동력 부족을 보충하기 위한 정책으로 농촌 잉여 노동력을 조사하도록 했다. 강원도뿐만 아니라 다른 지역에서도 마찬가지였다. 노동력 부족을 해결하기 위해 응모자가 없는 경우 관력으로 강제하기도 하였다.

1940년 흥남읍의 경우도 조선질소회사를 비롯하여 각 공사장이 증가하면서 노동자의 부족이 심해지고 있었다. 이와 관련해 1940년 가을에 들어서면서 "부인들의 진출이 아주 활발스러워져"서 "1일 평균 750명을 초과"하고 있다는 내용이 보인다. 여기에 "북선여자들도 전통의 틀을 벗고서 감연히 시국의 선두에 나서게 된 것"이라고 소식을 전하고 있어, 부족한 노동력을 대신해 여성들이 여러 분야로 동원되고 있음을 보여준다.[42] "전통의 틀"이란 가정 내에서 가사노동과 자녀양육 등을 하는 여성의 역할을 말하는 것이고 "시국의 선두" 등은 여성의 노동을 포장하는 말이었다.

1940년 11월 17일 "여자들이 건설부대로 함남도내 공사장에 5천 명 동원"[43]이라는 제목으로 "1939년과 비교해 약 2천 명의 증가를 보이고 있다"는 내용이 소개된다. 공업지대인 북부지역의 특성상 다른 지역에 비해 많은 노동력이 필요했던 상황을 감안하여도 함남도내 공사장에 5천 명 동원이라는 수치는 주목할 만하다. 또한 1940년 함남노동계의 특색

42) 『매일신보』 1940.11.7 「勞働力不足의 咸南에 婦女의 進出活潑: 興南에서만 一日平均七百餘名」.

43) 『매일신보』 1940.11.17 「여자도 건설부대로 함남도내 공사장에 5천 명 동원」.

으로 "부인노동자들의 진출"을 들고 있다는 기사를 통해서도 이 시기 전후 여성들이 건설 관련 공사장 등과 같은 사업장까지 적극 동원되고 있었다는 사실을 확인할 수 있다.

3) 탄광산의 기혼여성 동원

여성들의 탄광산 동원은 신문이나 자료 등에서 확인된 바 있지만, 동원피해의 실제 사례가 확인된 적은 없었다. 다음의 표는 위원회 조사(2013년 현재)에서 확인된 국내 탄광산 동원 관련 기업 및 동원 시 연령을 정리한 것이다.

〈표 Ⅲ-9〉 1938.5~1945.8 국내 탄광산 동원 관련 기업 및 동원연령

본적지	동원 지역1	동원 지역2	관련기업	소속 및 담당업무	동원 시 연령	동원기간	
충남	충남	청양	나카가와(中川)광업	中川광업㈜	16	1944	1945
전남	-	-	불상	탄광	36	1942	1945
충남	충남	청양	나카가와(中川)광업	中川광업㈜	38	1938	1945
충남	충남	청양	나카가와(中川)광업	中川광업㈜	24	1938	1945
충남	충남/황해	청양/재령	불상	금광/탄광	26	1942	1945
충남	충남	청양	나카가와(中川)광업	中川광업㈜	18	1938	1945
전북	함북	회령	조선유연탄	조선유연탄㈜	46	1938	1940
충남	충남	청양	나카가와(中川)광업	中川광업㈜	29	1938	1944
충남	충남	청양	나카가와(中川)광업	中川광업㈜	34	1938	1945
황해	황해	옹진	불상	광산	14	1944	1945
충남	충남	청양	나카가와(中川)광업	中川광업㈜	33	1940	1945
경남	경남	동래	스미토모(住友)광업	住友광업㈜	12	1942	1945
전남	전남	진도	나고야(名古屋)제도소	名古屋제도소㈜	13	1940	1944

〈표 Ⅲ-9〉의 동원연령을 보면 공장 동원과 비교할 때 동원 당시 연령이 다른 직종에 비해 상대적으로 높게 나타나는 경향을 알 수 있다.

위 사례에서 동원 여성들의 평균 연령은 28.25세, 동원연령은 10대에서 40대까지 다양하게 나타났다. 동원 관련 기업은 나카가와(中川)광업, 조선유연탄㈜, 스미토모(住友)광업㈜, 나고야(名古屋)제도소 등으로 확인되었다.[44]

동원사례를 통해서 확인한 바에 따르면, 탄광산으로 동원된 여성의 주된 작업은 탄광 노무자의 취사를 담당하거나, 채광작업 및 광물분류 작업 등으로 나타났다.

충남 청양 적곡면(장평면) 화산리 소재 나카가와 광업소에 동원되었던 이교자(가명)는 주로 광산 잡부의 일을 하였고 출퇴근을 하였다.[45] 그녀는 광업소가 있던 청양군 장평면에 거주하고 있었기 때문에 출퇴근이 가능했다. 이교자와 같은 마을(청양군 장평면)에 거주하였던 조봉자(가명)도 1940년에 나카가와 광업소에 동원되었다.[46] 나카가와 광업소에서 여성들은 주로 갱외부에서 일을 하였던 것으로 파악된다. 충남 청양 화산리는 일제시대부터 광산촌이 크게 형성되어 있었던 곳이었기 때문에 이씨와 조씨처럼 여성도 남성과 함께 탄광산 노동력 동원의 대상이 되었다.

---

44) 1944년 조선총독부는 조선군수회사 56개소를 지정 공포하였는데 조선유연탄, 住友광업은 1차 지정 군수회사였고, 1945년 中川광업이 제2차 지정 군수회사가 되었다(『朝鮮總督府官報』 제5381호, 1945.1.16; 『매일신보』 1944.3.14 「朝鮮도 軍需會社法 四月一日부터 施行한다」; 『매일신보』 1944.8.26 「主要土建者等에 軍需會社法準用 二, 勞務의 確保」).

45) 충남 청양군-654(1938년 충남 청양 적곡면(장평면) 화산리 소재 나카가와 광업소에 동원).

46) 충남 청양군-960(1940년 충남 청양 적곡면(장평면) 화산리 소재 나카가와 광업소에 동원).

〈표 Ⅲ-10〉 동원사례에 나타난 탄광산 작업장 생산품목

도(道)	부군(府郡)	직종	작업장명	소재지	설립일/생산품목/연혁/기타	군수회사 지정
충남	청양군	광산	청양(靑陽)광산	적곡면	· 1939년/金銀텅스텐	1차 (1944.4)
전남	진도군	광산	가사도(加沙島) 광산	조도면 가사리	· 1917년 蠟石 채굴허가 · 1920년 광업허가 · 1931년.6. 착수/고령토(高嶺土) · 기업(최종):名古屋製陶所㈜	-
전북	임실군	광산	중촌(中村)금산	강진, 청용, 덕기면	· 1940년/金銀	-
함북	회령군	광산	회령(會寧)탄광	팔을면	· 1914년 허가 · 1918년 鳳城탄광㈜ 매수 · 1920년 조선채탄㈜ 설립 · 1923년 봉성탄광㈜, 봉산탄광과 반성탄광㈜ 합병. 봉성탄갱 운영/이후 조선합동탄광㈜ 소속 · 1941년 조선有煙炭㈜와 조선합동탄광㈜을 합병/고령토(高嶺土), 유연탄(有煙炭)	1차 (1944.4)

출처: 朝鮮總督府鑛務局, 『鑛區一覽』, 1943.

충남 청양(靑陽)의 청양광산은 1939년 설립되어 금, 은, 텅스텐을 생산하는 곳이었다. 그리고 함북 회령군의 회령탄광은 1914년 허가 이후 1923년 봉산탄광과 반성탄광㈜을 합병한 후 봉성탄갱을 운영하였다. 이후 조선합동탄광㈜ 소속이었다가, 1941년 조선유연탄㈜과 합병하였다. 주 생산물은 고령토(高嶺土)와 유연탄(有煙炭)이었으며, 1944년 군수회사로 지정되었다.

앞서 이씨와 조씨의 경우는 주로 갱외부에서 노동을 하였던 것으로 파악되었지만, 당시 신문기사에 따르면, 1941년 이후 평안남도와 평안북도

지방에서는 갱내로 동원되었던 여성도 다수 있었던 것으로 파악된다. 삼성(三城)광산, 순천 금평광산, 평안남도 개천의 일철광산, 자모성광산, 성흥광산 등에서 여광부에 대한 내용이 소개되고 있는데 여광부의 작업 내용은 지역 실정에 따라 다소 차이가 있었던 것으로 보인다.[47] 북선지방의 경우는 갱내에서 작업하는 여성이 몇 천 명에 이르기도 했다.[48]

부부가 함께 동원되어 남편은 탄광산 일을 하고, 아내는 취사노무에 종사한 사례도 확인되는데, 1943년 함경북도로 동원된 박갑숙(가명)의 경우 취사노무를 했던 경우로[49] 박씨는 아오지탄광 내 식당에서 노동을 하였다.

청양군 장평면 출신의 성영희(가명)의 경우 장평면 화산리 나카가와광업소에 동원되어 선탄작업을 하였다. 당시 마을 사람 대부분이 나카가와광업소에서 일을 하였던 것으로 확인되었는데[50], 광산 주변에 거주하는 주민들은 탄광산의 주요 동원 대상이 되었다.

"광산장의 부인 이하 종업원의 가족과 부락민들이 총동원되어 선광(選鑛)을 하고 운반을 하는 등 노는 사람 하나도 없이 모두 일을 하고 있다"[51]는 기사의 내용에서도 당시의 상황이 드러난다. 광산 주변지역의 경우 남녀를 불문하고 지역 주민들도 노무에 동원되고 있었다. 탄광산에서 조선 여성들이 수행한 주요 작업은 취사노무, 선탄작업, 잡역 등으로 밝혀졌다.

---

47) 『매일신보』 1941.8.28 「産業의 女子 戰士로 너도나도 大擧志願, 품삯 厚하니 鑛山으로, 鑛山으로」.

48) 『매일신보』 1941.10.31 「産業報國에 女戰士, 坑內에서 千二百餘名이 땀의 奮戰」.

49) 전남 영암군-1506(1942년 함북 경흥군 아오지읍 소재 함바식당으로 동원).

50) 충남 청양군-1218.

51) 『매일신보』 1943.9.16 「추석놀이도 全廢, 어린애를 업고 일하는 婦人戰士」.

秋夕노리도全廢
어린애를업고일하는婦人戰士
食糧增産總進軍
波田總長視察談
航空兵入選者發表

『매일신보』 1943.9.16. 秋夕놀이도 全廢, 어린애를 업고 일하는 婦人戰士

(중략)… 이 광산은 증산계획의 4할 이상의 좋은 성적을 나타냈다는 곳이다. **이 광산에서는 광산장의 부인 이하 종업원의 가족과 부락인들이 총동원하여 선광을 하고 운반을 하는 등 노는사람 하나없이 모두 일을 하고 있었다. 그중에는 어머니가 어린아이를 업고 돌을 깨트리고 나르고 하는 것을 볼 때 실로 나의 감격은 컸다.** 마치 이는 근로의 신의 상승이고 아름다운 부인네들의 모습인 것을 느끼었다. 우리는 종래 노동자니 광부니 하는 관념을 이때 곧 버리지 않으면 안된다. **이들은 광부나 노동자가 아니다. 싸워이기려는 산업전사이고 근로자들이다. 이 중에는 각지에서 모여온 근로보국대가 섞여 일을 하고 있었는데** 그 일하는 성적은 매우 좋았다.

> 이들 노무자는 각도 각군에서 선출한 사람들로 되어 그 일하는 성적은 지방에 따라 차이가 있었다. 그러므로 나는 이 노무자들을 내보내는 지도자들의 훈련이 필요함을 더욱 느끼었다. …(중략) **이와 동시에 각군읍 부락 더구나 도에서는 노무자를 보낸다는 그런 평범한 생각을 버리고 제일선에 용사를 보내는 생각으로 격려하고 지도하고** 물심양면으로 그 노무자를 도와나가야 할 것이다. (강조는 필자)

〈표 Ⅲ-9〉의 국내 탄광산 동원에서 확인된 스미토모 광업은 현존하고 있는 일본 기업 중 하나이다. 스미토모는 미쓰이, 미쓰비시와 함께 일본 3개 재벌 기업 중 하나였다. 스미토모 자본계열의 국내 작업장 현황은 40개소에 달하고 그 가운데 탄광산도 포함되어 있다.[52]

〈표 Ⅲ-11〉 스미토모(住友)㈜ 연혁

연도	연혁
1590	蘇我理右衛門, 京都에서 구리 제련 구리 세공을 개업
1691	벳시 동광(別子銅山) 산출 시작
1905	四阪島 구리 제련소를 신설
1927.7	스미토모 합자, 벳시 광업소의 경영을 분리하여 스미토모 벳시광산㈜를 설립
1937.6	스미토모 벳시광산㈜[住友別子鉱山(株)]와 스미토모炭礦㈜[住友炭礦(株)住友鉱業(株)]를 합병하여 스미토모광업㈜를 설립
1939.1	四阪島 제련소 중화 공장이 완성
1939.11	전기니켈 생산 개시

출처: http://www.smm.co.jp 참고.

스미토모(住友)광업에 동원된 최백자(가명)의 경우[53], 당시 이모부가

52) 대일항쟁기강제동원피해조사및국외강제동원희생자등지원위원회, 『일제 강제동원 동원규모 등에 관한 용역』, 2013, 59쪽.

53) 김해시-708.

일광면 부면장이었는데 이모부가 일광에 있는 광산에 가서 일을 하면 일본이나 만주 같은 국외로는 가지 않을 수 있다는 말에 일광광산[54]으로 가게 되었다. 일본이나 만주 보다는 국내가 나을 것이라 생각했던 것이다.

광산까지의 거리는 10리(약 4km) 정도 되었는데 아침 7시에 출발하여 대략 40여분 정도 걸어서 갔고 동네에서 남자 5명과 여자 2명이 함께 일을 하기 위해 광산으로 갔다. 본적지에서 크게 벗어나지 않는 곳이어서 매일 도보로 작업장까지 이동하였다. 노동현장에 출근할 때와 돌아올 때 통근수단은 제공되지 않았다. 하루의 시작은 아침 7시에 집에서 출발하여 광산에 도착하면 훈련을 받는 것으로 하루 일과를 시작하였다. 훈련의 내용은 가볍게 뛰기, 손목운동, 팔벌려 뛰기 등이었고 간단한 훈련 이후 작업 시 주의사항 등을 듣고 광산으로 가서 작업에 임했다.

일광광산에서 여자들이 주로 하던 일은 돌을 골라내는 일이었다. 남자들이 돌을 깨어 놓으면 반짝 거리는 것만 남겨두고 반짝거리지 않는 것을 주워내는 작업이었다. 간혹 한 번씩 사다리를 타고 지하로 가서 뻘을 퍼내는 삽질을 하기도 했다. 식사는 주로 집에서 싸온 도시락을 먹었고 저녁 6시쯤 되어 집으로 가서 저녁을 먹었다. 식사배급은 따로 해주지 않았다. 작업중 말을 잘 듣지 않는다는 이유로 발로 차이는 등 작업현장에서는 남녀 상관없이 일상적인 폭력에 노출되었다. 노동에 대한 대가도 제대로 받지 못하였다. 최씨의 경우 노동조건에 대한 계약이나 절차는 별도로 없었고 노동에 대한 임금도 지급 되지 않았다. 뿐만 아니라 현장에서는 작업을 위한 최소한의 의복조차 지급받지 못했다.

최씨의 사례를 통해 다음 두 가지 사실을 확인할 수 있다. 첫째, 여성

54) 부산광역시 기장군 일광면(日光面) 원리(院里)에 있는 광산. 금 · 구리 · 은을 산출하는 광산으로 일찍부터 알려졌으나 지금은 구리를 주로 하고 은을 수반한다.

들은 국외로 동원되지 않기 위해 국내로 동원되는 쪽을 선택하기도 했다는 점이다. 국외로 동원되지 않을 수 있다는 일말의 기대를 했던 것이다. 그러나 국내에서 일을 하고 있다는 것이 국외동원을 피할 수 있는 방법이 되지 못했다. 둘째, 탄광산에 동원된 노무자들에게 노무에 대한 보상은 고사하고 식사, 의복제공 등 작업을 위한 기본 후생 복지가 제대로 제공되지 않았다. 식사를 제공하는 탄광산이라 할지라도 부실한 식사가 제공되었고 의복부족 문제는 심각했다.

> 기자는 이들 부인들에 대하야 광산에서 무엇이 가장 어려우냐고 물은즉 이구동성으로 기름의 부족을 말하였다. 그 다음엔 의복과 식량의 부족을 말하였다. 의복은 보기에도 딱할 정도로 누더기만 입고 있다. …(중략) 일반적으로 광산의 노동자들 중 부녀자에게는 의복 부족이 가장 큰 곤란이었다. 암만 깃고 꼬매어도 더 꼬맬 도리가 없는데 더욱이 꾸어맬 헝겁쪽조차 구할수 없는 딱한 형편에 있었다. 힘드는 일을 하려니 옷이 쉬이 해지는 것도 무리는 아닌 만큼 헐벗은 옷을 입고도 묵묵히 일하는 이들의 성스런 자태를 볼제 나는 이들에 단 한벌의 옷이라도 보내주었으면 하는 실정을 통감하였다.[55]

위의 내용은 『매일신보』 기자가 쓴 「함북지방의 여자근로현지시찰기」의 일부분이다. 기자의 글에서도 당시 작업환경의 비참한 상황이 드러난다. '헐벗은 옷을 입고도 묵묵히 일하는' 여성들을 '성스런 자태'로 묘사하는 기자의 표현이 오히려 궁색하다. 일을 시키기만 할 뿐 최소한의 조치도 해주지 않았다.

사례와 자료를 통해 광산으로 동원된 여성에 대한 몇 가지 특징을 정리해보자면 다음과 같다. 첫째, 동원여성의 연령은 10대부터 40대까지

---

55) 『매일신보』 1944.12.16 「여자근로현지시찰기(함북편) 휴일없는 地底전장」(곽건홍, 앞의 책, 290쪽, 재인용).

다양하게 나타나고 있다. 모든 연령대의 여성이 동원되고 있으며 공장으로 동원되는 여성에 비해 상대적으로 기혼여성(20~30대)의 비율이 높게 나타나는 것이 특징이다. 기혼여성의 경우 부부가 함께 광산에 동원되곤 하였다.

둘째, 광산노동의 경우 남성의 광산작업을 보조하기 위한 일환으로 여성들이 취사노무, 잡역 등의 역할을 수행하는 경우가 많았다. 그런데 1941년 이후 여성들의 갱내작업이 허가되면서 이전과 달리 여성도 남성과 마찬가지로 갱내에서 노동을 할 수 있게 되었다. 이에 여성들은 필요에 따라 갱내외에서 각종 노역을 다양하게 수행하는 주체가 되었다. 여성들이 수행하는 노동은 단순 보조작업을 넘어서는 노동으로 전환된 것이다.

셋째, 탄광산으로 동원된 여성들은 보통 본적지 주변 지역의 탄광산으로 동원되는 경향이 나타난다. 1938~1945년 기간내 국내 탄광산 여성동원 사례를 확인해 본 결과 1건을 제외하고는 모두 탄광산이 위치한 근교의 도내에서 여성들이 동원되었다. 탄광산 근접지역의 기혼여성들이 다수 동원되었으며 보통 기혼여성의 경우 부부가 함께 광산에 동원되어 동반노역을 하는 양상을 보인다. 탄광산의 경우 보통 근거리 동원이 이루어지고 있었는데 이는 가정생활을 유지하며 노동을 할 수 있다는 점에서 기혼여성들이 탄광산으로 동원되는 배경이 되었다.

2. 국외동원

일본으로 동원된 여성의 전체 현황을 직종별로 살펴보면 공장이 가장 높은 비율을 차지하고 있으며 그밖에 탄광산 지역에서의 선탄작업, 군사시설 내 공장작업 및 취사노무 등에 동원되고 있음을 알 수 있다.[56)]

기업별 현황을 보면 방직, 광업, 철도, 조선 등의 다양한 분야의 일본 기업들이 관련되어 있음을 확인할 수 있다. 일본으로 동원된 조선 여성의 대다수는 공장으로 동원되었으며, 다음으로 동원된 곳은 탄광산[57]이었다. 일본 공장의 경우 '조선여자근로정신대'로 동원된 사례가 확인되었다.

'정신대(挺身隊)'란 '일본국가(천황)를 위해 솔선해서 몸 바치는 부대'라는 의미로 일제가 만든 용어이다. '産業挺身隊', '勤勞挺身隊', '學生醫療挺身隊' 등 필요에 따라 다양한 수식어를 붙여 사용하였다. 여성에만 국한된 것이 아니라 모든 계층에 적용되었던 포괄적인 용어였다. 이러한 개념에서 '여자근로정신대'는 여성노무동원을 의미한다.

1) 일본 군수공장으로 동원된 '조선여자근로정신대'

조선여자근로정신대가 일본에 본격적으로 동원되기 시작한 것은 1944년 초반부터이다. 2005년 2월부터 2006년 6월까지 접수받은 위원회 신고건 중 조선여자근로정신대로 동원된 사례를 보면 후지코시 116건, 미

---

56) 대일항쟁기강제동원피해조사및국외강제동원희생자등지원위원회, 보도자료 2013.10.2.

57) 탄광산에서는 부부가 함께 노역을 하는 경우가 많았으며 여성들은 주로 선탄작업, 운반작업, 잡역 등의 갱외작업을 담당하였다. 여성들 중에는 남편을 따라 일본으로 가족들이 함께 이동하는 경우도 있었다. 이러한 배경에는 조선 남성을 일본 탄광산에서 안정적으로 활용하기 위한 일본 기업의 전략에 의한 것이었다. 물론 조선총독부와 일본 본국의 협조 속에서 이루어진 정책이었다. 광산 작업 특성상 위험한 작업환경으로 인해 사고도 잦을 뿐 아니라 노동 강도 역시 매우 높은 직종이었다. 이러한 업무적 특성과 위험성으로 인해 광산 노무자들의 도망이 잦았고 이직률도 높았다. 이를 타개하기 위해 일제는 조선에 있는 조선 남성 노무자의 가족을 일본으로 들어오게 하는 전략을 세운다. 이러한 시책의 일환으로 일본으로 조선인 노무자의 가족들이 이주하게 되었고, 일본에서 노무자의 부인은 탄광산의 또 다른 노무자로서 노역을 하기도 하였다. 부부노역뿐 아니라 가족노역의 사례는 이러한 배경에서 이해할 수 있다. 일본 내 탄광산의 기업현황을 보면 니혼광업과 후루타니광업에 조선인 여성이 다수 동원되고 있음이 확인되었다.

쓰비시 41건, 도쿄아사이토 25건과 기타 1건으로 183건(2008.4월)이 확인되었다.[58] 피해자들의 구술자료를 바탕으로 일본의 후지코시, 미쓰비시, 도쿄아사이토를 중심으로 일본 동원의 특징을 살펴보자.[59]

후지코시 도야마공장

후지코시 강재주식회사 도야마 공장은 기계부품 제작공장이며, 군수대신과 해군대신 소관의 군수공장이었다. 후지코시 사사(社史)에 의하면 1945년 5월의 종업원 총수 36,253명 중 1,089명이 조선여자근로정신대원이었다.[60] 후지코시의 경우 전국적 규모로 동원되었는데 서울, 인천, 충북 영동군, 청원군, 청주, 충주, 충남 대전, 경북 상주, 김천, 포항읍, 대구, 경주, 경남 합천, 진주, 마산, 전북 군산, 선주, 전남 여수, 목포, 광주, 나주, 순천, 보성 지역에서 동원되었다.

다음의 표는 후지코시 도야마 동원자 중 15명의 사례를 동원 연도, 동원과정, 공장에서의 작업 내용 등을 중심으로 정리한 것이다. 동원유형은 취업사기(알선 포함), 협박 및 납치, 영장으로 구분하였다.

'취업사기'는 의사에 반하여 소개를 하거나 응모를 강요하는 행위, 사실을 은폐·과장하거나 허위사실로 유인·알선하는 행위, 기타 부정한 수단을 사용하여 응모을 강요하는 행위 등을 포함한다. 두 번째 유형인

58) 조선인여자근로정신대에 조사가 2006년 3월부터 2008년 7월까지 진행되었고 2008년 11월에 보고서가 발간되었다(『조선여자근로정신대, 그 경험과 기억』, 일제강점하강제동원진상규명위원회, 2008, 24쪽).

59) 여기서는 선행연구를 토대로 기발간된 강제동원진상조사 구술자료집(2008) 등을 중심으로 정리·분석하였다. 본절에서 '조선인여자근로정신대'의 일본 동원을 다룬 것은 국외로 동원된 여성의 지역별 양상을 이해하기 위함이다. 여기서는 동원과정, 동원연령 등을 표로 정리하였으며 동원유형을 3가지(취업사기, 협박 및 납치, 영장)로 구분해 동원실태를 분석하였다.

60) 『不二越25年史』, 不二越鋼材株式會社, 1953.

'협박 및 납치'는 상대에게 공포심을 일으키기 위하여 생명 · 신체 · 자유 · 명예 · 재산 따위에 해(害)를 가할 것을 통고하는 일 및 강제 수단을 써서 억지로 데리고 가는 행위를 말한다. '영장'의 경우 피해자 증언에 기반한 구분으로 피해자들이 언급한 표현이지만 이러한 방식이 당대 여성을 동원하는 방식의 하나였다는 점에서 동원유형으로 범주화하였다. 증언에서 언급된 '영장'은 「근로보국협력령」 또는 「여자정신근로령」 등과 관련한 근로령서로 추정된다.

〈표 Ⅲ-12〉 후지코시 도야마공장으로 동원된 사례

이름 (생년월일)	동원 연도 (동원연령)	동원 유형	동원 방법	비고
정영자(가명) (1930)	1944.4 (15세)	취업 사기	경북 달성군 논공국민학교 졸업 후 학교에서 뽑혀감. 군청에 모여서 이동 * 관의 관여(학교) 작업내용: 베어링 볼의 크기 검사	졸업 후 동원
성영애 (1929)	1944.4 (16세)	영장	경북 상산국민학교 졸업 후 영장이 나왔다고 하여 따라감 * 관의 관여 작업내용: 베어링 볼을 만들기 위한 재료를 나르는 일을 함	영장
김명자(가명) (1929)	1944 (16세)	취업 사기	경북 김천 동부국민학교(남산정공립보통학교) 졸업 후 바로 동원되었음. 졸업하자마자 학교에서 선생님이 가라고 하여 가게 됨 * 관의 관여(학교) 작업내용: 기초부속품 관련 작업(미링기계 등)	학교에서 18명 동행
김지현(가명) (1927)	1944.5 (18세)	취업 사기	경북 김천 아천국민학교 졸업을 앞두고 동원. 학교에서 부회장도 함. 공부 잘하는 사람 뽑아가 보내라 했다고 함 * 관의 관여(학교)	동행자 3~4명. 학교성적 우수자
강영복 (1929)	1944 (16세)	협박 및 납치	경남 진주 봉래국민학교 졸업 후 부청에서 나온 사람이 근로정신대를 안가면 배급통장을 주지 않겠다고 협박. 졸업 며칠 후 동원 * 관의 관여(학교, 부청)	학교 졸업 후 동원

이름 (생년월일)	동원 연도 (동원연령)	동원 유형	동원 방법		비고
김희경 (1930)	1944.7 (15세)	취업 사기	서울 덕수국민학교 고등과 2학년 때 동원 * 관의 관여(학교)		-
			작업내용	미링기계 담당	
심연주(가명) (1932)	1944 (13세)	취업 사기	일본 아이치현 쓰시마시에 살다가 6학년 때 가족들과 한국으로 이주. 서울 장충국민학교 고등과 1학년 편입 2~3개월 다니다가 근로정신대로 동원 * 관의 관여(학교)		-
			작업내용	선반기계일	
박임순 (1932)	1944 (13세)	취업 사기	인천 송현국민학교 6학년 때 교장이 근로정신대로 2년 갔다 오면 고등학교 졸업장 준다고 하여 가게 됨. 인천에서 1차로 50명이 동원 * 관의 관여(학교)		-
			작업내용	선반기계일	
권석순 (1930)	1945 (16세)	협박 및 납치	충북 청원군 북이국민학교 졸업 후 동원. 근로정신대로 안가면 아버지를 처벌하겠다고 북이지서에서 협박하여 가게 됨 * 관의 관여(지서)		북이면에서 노무정신대로 3명이 가야 한다며 강요
			작업내용	쇠를 들어다가 기계에 넣는 일	

이름 (생년월일)	동원 연도 (동원연령)	동원 유형	동원 방법		비고
이봉심 (1930)	1944 (15세)	취업 사기	전남 여수동국민학교 졸업을 앞두고 동원. 공부 잘하고 영리한 아이들을 동원. 도청에서 나와서 회유 * 관의 관여(도청)		관의 관여. 우수학생 동원
			작업내용	기초 부속품 만드는 일	
주금용 (1927)	1945 (19세)	취업 사기	전남 나주 대정국민학교 재학 중 동원. 2년제 갈립학교 다니고 대정국민학교로 전학감. 5학년 겨울에 동원 * 관의 관여(학교)		친구는 공장 탈출
			작업내용	선반기계일	
이미순(가명) (1931)	1945 (15세)	취업 사기	광주 효동국민학교 졸업하고 와카바야지 제사공장을 다니던 중 지서에서 호출하여 근로정신대로 동원. 선생님이 가라고 하였음 * 관의 관여(학교, 지서)		직장생활 중 근로정신대로 동원
김정주 (1931)	1945 (15세)	취업 사기	전남 순천남국민학교 6학년 재학 중 근로정신대로 동원. 학교선생님에 의해 자매가 일본으로 동원 * 관의 관여(학교)		언니는 미쓰비시 나고야항공기 제작소로 동원
			작업내용	선반기계로 가와누키 작업	

이름 (생년월일)	동원 연도 (동원연령)	동원 유형	동원 방법		비고
이금덕 (1833)	1945 (13세)	취업 사기	전남 영산포남국민학교 졸업 시 담임선생님이 동원 * 관의 관여(학교)		-
			작업내용	선반기계일	
*김○○ (1932)	1944.2 (13세)	취업 사기	상주 북정국민학교 6학년 때 일본인 담임선생님이 일본에 가면 공부도 시켜주고 돈도 번다고 하여 가게 됨 * 관의 관여(학교)		-
			작업내용	베어링	
*나○○ (1931)	1944.2 (14세)	취업 사기	나주 대정초등학교 6학년 때 담임선생님이 일본에 가면 공부도 할 수 있고 돈도 벌 수 있다고 하여 가게 됨 * 관의 관여(학교)		한 반에서 4명 동행
			작업내용	비행기부품 깎는 일	

출처: 『조선여자근로정신대 그 경험과 기억』, 일제강점하강제동원피해진상규명위원회, 2008, 274~603쪽; 김인덕, 『강제연행사연구』, 경인문화사, 2002. 95~98쪽 · 143~144쪽, 근로정신대와 함께하는 시민모임엮음, 『법정에 새긴 진실』, 선인, 2016 참고하여 표로 정리.

** 동원유형은 ①취업사기(학교/기업모집인/관(도청, 부청 등) 등의 알선 포함) ②협박 및 납치 ③영장으로 구분

일본으로 동원된 '조선인여자근로정신대'의 본격적 동원시기는 1944년에서 1945년 사이로 파악된다. 1944년 8월 「여자정신근로령」이 공포 실시된 이후 집중적으로 동원이 이루어졌다. 그러나 「여자정신근로령」 실시 이전에 동원된 조선인 여성도 확인된다.

〈표 Ⅲ-12〉의 심연주, 박임순, 이금덕의 동원연령은 13세였다. 당시 근로보국대의 경우도 여성동원 최소연령은 14세 이상이었다. 이는 당시 국제노동기구(ILO) 최저연령 노동제한 규정(남녀 공통, 1919년 공업부문 협약 14세미만, 1937년 협약 15세 미만)을 위반한 것이다. 1930년 6월 28일 국제노동기구(ILO)에서 '강제노동에 관한 조약'이 채택되어 일본은 1931년 10월 15일 동 조약을 비준하고 같은 해 11월 21일에 비준 등록하였다.[61] 즉 13세 아동을 대상으로 한 동원과 아동의 노동은 일본이 비준 등록한 '강제노동에 관한 조약'을 위반하는 행위였다.

위의 표에서 볼 수 있듯이 후지코시 강재공업주식회사에서 여성들은 비행기 부품 깎는 일, 선반기계일, 볼 베어링(회전이나 직선 운동을 하는 굴대를 받치는 기구를 말하는데, 볼베어링이란 굴대와 축받이 사이에 몇 개의 강철 알을 넣어 점 접촉을 이용하여 마찰을 적게 하는 것을 지칭)을 만들기 위한 일, 운반, 검수 등의 작업을 하였다. 기존 조선 내외에서 여성이 동원되어 담당했던 업무는 주로 남성의 보조나 작업장 정리 등 숙련이나 기술을 요하지 않는 것이 대부분이었다. 그러나 후지코시 강재㈜ 도야마 공장에서 수행된 선반 업무 및 비행기 부품 깎는 일 등은 남성의 업무를 여성이 대체한 성격의 노동이었다.

일본으로 동원된 '조선인여자근로정신대'는 학교・조선총독부 말단통치기구(군청, 면사무소, 구장, 경찰 등)를 통해 동원하였다. 동원과정의

61) 근로정신대와 함께하는 시민모임 엮음, 앞의 책, 2016, 170쪽.

개입주체들은 크게 학교(교장, 교사 등)와 조선총독부 말단통치기구(구장, 면직원, 군청, 경찰서 등)로 나눌 수 있고, 취업사기 및 협박 등이 동시에 복합적으로 이용되기도 하였다. 특히 학교의 재학생이나 졸업생들은 동원의 주요 대상이 되었다. '지원'의 형태였지만 의사에 반하는 응모를 강요하거나, 사실을 은폐 · 과장하거나, 허위사실로 유인하는 방식 등으로 소녀들을 '조선여자근로정신대'로 동원하였다.

이렇게 동원된 여성은 일본 공장에서 강력한 통제와 규율 아래서 노동을 하였고 이들 중 일부는 임금조차 제대로 정산 받지 못했다. 이와 관련해 일본 후지코시에 동원되었던 여성이 후지코시를 상대로 소송을 하기도 하였다.

2010년 3월 일제강점기 강제동원된 노무자들이 일본 기업에게 받지 못한 임금 등의 기록이 담긴 공탁금 문서가 주일 한국대사관을 통해 한국에 전달되었는데,[62] 이는 미불임금과 관련한 공탁자료의 일부였다.[63]

62) 이후 공탁금 자료는 대일항쟁기 강제동원 피해조사 및 국외강제동원희생자 지원위원회에 전달되어 이를 기반으로 지원 업무를 수행하였다. 일제말기 조선인 노무자 공탁금과 관련한 자료는 현재 3건으로 알려져 있다. 3건의 자료는 모두 일본 정부가 작성한 것이지만 수록내용과 성격은 차이를 보이고 있다. 먼저 수록형태를 보면 2건은 개인명부가 수록되지 않은 자료(조사표, 총괄표)이고, 1건(한국정부가 일본정부로부터 인수한 자료)은 개인 명부가 첨부된 자료이다. 3건 가운데 2건은 자료전체가 일본과 한국에서도 공개되어 연구가 가능하고 1건(한국정부가 일본정부로부터 인수한 자료)은 자료 개요만이 공개되었다. 여기서 정리한 내용은 위원회가 공개한 자료(언론보도자료, 결과보고서 등)에 의거한 것이다(정혜경, 「일제말기 조선인 노무자 공탁금 자료의 미시적 분석」, 『동북아역사논총』 45호, 2014, 148쪽).

63) 일반적으로 공탁은 채무자가 변제하려 해도 채권자가 수령을 거부해 변제가 불가능한 경우 또는 채권자를 찾을 수 없을 때 이뤄지는 민법상의 행위이다. 공탁을 통해 채무자는 해당 채무와 관련된 법적 의무에서 해방된다. 상당수 일본기업들은 이 제도에 편승해 진작 지급했어야 했던 미불금 채무에 대한 부담에서 일단 벗어난 것이다(『한국일보』 2015.3.2).

〈표 Ⅲ-13〉 공탁금 자료 문서구성 및 공탁항목

후지코시(不二越)강재공업주식회사			
공탁기업 (주소)	후지코시(不二越)강재공업㈜ (富山市 石金 20番地)		
작업장 (주소)	-		
공탁소 (공탁번호)	도야마(富山)공탁국 (昭和22年金第236號)		
공탁인원	485명	공탁금액	90,325.76엔
최종공탁일시	1947. 8. 30		
문서구성	총 46쪽 (공탁표 및 수취인 목록 12쪽, 공탁서 3쪽, 수취인명세서 31쪽)		
명부항목	번호, 수취인(주소, 성명), 공탁금액내역(퇴직위로금부족액,퇴직적립금,후생연금,국민저축,예금,합계)		
쓰쿠바 중복여부	쓰쿠바분관 소장 문서 153 ~ 157(공탁분)과 일치 (공탁기업명, 공탁인원, 공탁금액, 공탁소, 공탁일시, 전부 일치)		
주된 공탁항목	퇴직위로금부족금액, 퇴직적립금, 후생연금, 국민저축, 예금		

출처: 대일항쟁기강제동원피해조사및국외강제동원희생자등지원위원회 제공. 『후지코시 강제동원 소송기록』 1~3, 국사편찬위원회· 한일역사공동연구위원회 한국측 위원회 편, 2005.

패전 후 일본정부는 그동안 지급하지 않았던 조선인 군인·군속 및 노무자의 미지급 임금, 원호금, 예금, 저금, 보관금 등 각종 미불금 가운데 일정 금액을 공탁하도록 했다. 위의 표는 그 가운데 일본 도야마현에 있는 후지코시(不二越) 강재공업주식회사가 1947년 8월 30일에 도야마 공탁국에 맡긴 공탁금 명부 부본이다. 여기에는 수취인 이름, 공탁금액, 공탁 내역 등이 적혀 있다. 공탁자료에 의하면 1945년 5월 말 현재 후지코시의 동원 인원은 1,089명이었고, 공탁인원은 485명, 공탁금액은

90,325.76엔이었다.

후지코시 강재공업주식회사와 관련한 공탁자료는 표, 공탁서, 명세서 등 세 부분으로 구성되어 있다. 공탁서에는 "위 금액은 소화 2년 8월 28일 현재 채권자인 공탁자로부터 별지 내역 기재 채권자에 지불해야 할 퇴직위로금(443명분), 후생연금, 탈퇴수당(187명분), 퇴직적립금(122명분), 국민저축(461명분), 예금(432명분)인 바, 채권자의 거소불명에 의하여 지불불능이기 때문에 변제를 위해 공탁"이라고 기재되어 있다. 법정대리인의 주소가 富山市 不二越町 1丁目이고 대리인이 取締役社長인 것으로 보아 작업장은 후지코시 강재공업㈜ 본사(현재는 도야마시 후지코시혼마치(不二越町)임)인 것으로 판단된다.

수취인 명세서에 수취인 주소 및 성명(창씨명)이 기재되어 있어 본인을 확인할 수 있게 되어 있으며 연령 혹은 생년월일은 기재되어 있지 않다. 후지코시 재판소송에도 공탁금명세서와 미불금내역과 관련한 자료가 제출되었다. 미불금내역에는 고용시기(不明), 해고시기(1945.8), 해고사유(종전에 의해) 등이 나타나 있다. 공탁 명부에는 채권자의 씨명과 본거지가 명기되어 있으므로 공탁통지서를 보낼 수도 있었다. 그럼에도 불구하고 일본은 공탁통지서를 보내는 절차를 밟지 않았다. 정작 명부에 있는 대상자들은 이런 것이 있는 것조차 몰랐던 것이다.

퇴직위로금은 모두 2.48엔, 퇴직적립금은 대부분 4.28엔, 후생연금은 대부분 18엔이 기재되어 있고, 국민저금과 예금은 개인마다 차이가 있다. 주소는 번지수까지 기재되어 있고, 성명으로 보아 명세서 등재자의 대다수는 여성인 것으로 보여진다. 남자이름으로 보이는 것도 있으나 성별과 연령이 기재되어 있지 않아 확인할 수 없는 상태이다. 이를 통해 강제동원 되었던 여성들에게 지급되지 않았던 임금 정보의 일부가 확인되었다.

〈표 Ⅲ-14〉 일본 기업의 공탁 자료 및 동원인원 추정

회사명	도쿄아사이토(東京麻絲)방적	미쓰비시(三菱)중공업	후지코시(不二越)강재
작업장	누마즈(沼津)공장	나고야(名古屋)항공기제작소 도토쿠(道德)공장 오에(大江)공장	도야마(富山)공장
소재지	시즈오카현(靜岡縣) 누마즈시(沼津市) 오카(大岡)	아이치현(愛知縣) 나고야시(名古屋市) 미나토구(港區) 오에정(大江町)	도야마현(富山縣) 도야마시(富山市)
동원 인원	약 300여 명으로 추정	272명(1945.8 현재) (1944년 6월 동원 시점 당시 300여 명으로 추정)	1,089명 (1945년 5월 말 현재)
공탁 자료	71명(3,183엔 28전)	기록 없음	485명(90,235엔 76전) * 남싱 포함
현재 확인된 생존자	30명	31명	101명

출처: 대일항쟁기강제동원피해조사및국외강제동원희생자등지원위원회 제공.

① 도쿄아사이토 방적과 관련해서는, 『조선인 노동자에 관한 조사결과』('1944년 300명 할당 302명 고용'이라는 기록존재); 『노무자공탁금자료』; 「東京麻絲紡績沼津工場の女子勤勞挺身隊を手がかりとして」, 『靜岡近代史硏究』 22, 1996; 『매일신보』 1944.3.16. 기사.

② 미쓰비시중공업과 관련해서는, 『美軍戰略爆擊調査團報告書』 제16권, 「三菱重工業會社」 고용분류표(宋本文雄, 『司令部偵察機と富山』, 桂書房, 2006, 47쪽에서 재인용); 『中部日本新聞』 1944.8.14기사(「勝つ日までお化粧般納, 半島女子挺身隊」)

③ 후지코시강재와 관련해서는, 『不二越25年史』, 不二越鋼材株式會社, 1953; 『후지코시 강제동원 소송기록』 1~3, 국사편찬위원회, 한일역사공동연구위원회 한국측위원회편, 2005.

이것은 도쿄아사이토, 미쓰비시, 후지코시강재의 공탁 자료와 관련한 것을 표로 정리한 것이다. 후지코시강재와 도쿄아사이토의 경우 공탁자료가 남아 있음이 확인되었다. 공탁자료 명부의 대상자 가운데 여성도

상당수 포함되어 있다는 사실이 밝혀졌으며 적어도 몇백 명에 이를 것으로 추측된다. 그런데 현재까지 조사된 국외동원 여성노무동원 피해자 전체가 691건(2013.10 현재)에 불과하다는 점에 비추어본다면 현재까지 드러난 강제동원 여성 피해자는 아주 극히 일부만이 드러난 것임을 알 수 있다.[64] 즉 실제 동원된 여성의 수는 현재 확인된 건수보다 몇 배에 이를 것으로 추정된다.

미쓰비시 나고야항공기제작소 공장

1944년 1월 18일 「군수회사법」에 의해 미쓰비시중공업 등 150社가 군수회사로 지정되었다. 미쓰비시 나고야항공기제작소 공장은 미나토구(港區), 오에초(大江町)뿐이었지만 육군의 항공기 증산 요구에 응하기 위해 1943년 닛신(日淸)방적 나고야 공장을 사들여 비행기 공장으로 개조한 것이 미쓰비시중공업 나고야항공기제작소 도토쿠 공장이다.[65] 이 공장에 동원된 여성들은 주로 비행기의 부품제작, 본뜨기, 페인트 칠 작업 등에 종사하였는데, 이 공장은 1944년 12월 7일 도난카이(東南海) 지진에 의해 파괴되었고, 이로 인해 조선여자근로정신대 대원 6명이 사망하기도 하였다.[66]

---

64) 여성노무동원 피해자 1,018건 중 국내는 31%. 일본의 경우 50.7%정도를 차지한다.

65) 太平洋戰爭犧牲者光州遺族後援會, 『日帝下勤勞挺身隊被害補償 請求訴訟』, 예원출판사, 2000, 61쪽.

66) 「美軍戰略爆擊調査團報告書」(太平洋戰爭犧牲者光州遺族後援會, 앞의 책, 2000, 62쪽 재인용).

〈표 Ⅲ-15〉 미쓰비시(三菱) 나고야항공기제작소로 동원된 사례

<table>
<tr><th>이름
(생년월일)</th><th>동원 연도
(동원연령)</th><th>동원
유형</th><th colspan="2">동원 방법</th><th>비고</th></tr>
<tr><td rowspan="2">박해옥
(1930)</td><td rowspan="2">1944. 5월경
(15세)</td><td rowspan="2">취업
사기</td><td colspan="2">언니가 남국민학교 선생이었고, 본인은 중학교를 안가고 쉬고 있던 상황. 학교 교장의 연락을 받고 학교에 갔더니 일본 가면 공장에서 일할 수도 있고 공부도 할 수도 있다는 회유를 하며 언니가 선생님인데 가야 하지 않겠냐며 종용
* 관의 관여(학교)</td><td rowspan="2">-</td></tr>
<tr><td>작업내용</td><td>비행기 부품 도본을 알루미늄판에 그리는 일</td></tr>
<tr><td rowspan="2">김성주
(1929)</td><td rowspan="2">1944. 5월경
(16세)</td><td rowspan="2">취업
사기</td><td colspan="2">졸업 후 학교선생님이 오라고 하여 갔더니 일본에 가면 공부도 할 수 있고 돈도 벌 수 있다고 하였음
* 관의 관여(학교)</td><td rowspan="2">왼손에 부상 입음</td></tr>
<tr><td>작업내용</td><td>비행기날개에 페인트칠하는 일, 선반기계 일</td></tr>
<tr><td>박진희
(1932)</td><td>1944
(13세)</td><td>취업
사기</td><td colspan="2">일본에서 국민학교를 다니다가 조선으로 돌아와 미평국민학교를 졸업. 졸업 얼마 후 14세에 동원. 군인 중위(곤도시)가 와서 공장에 가면 공부도 할 수 있다고 하여 가게 됨
* 관의 관여(학교)</td><td>-</td></tr>
<tr><td rowspan="2">이상미
(1930)</td><td rowspan="2">1944. 5월경
(15세)</td><td rowspan="2">협박
및
납치</td><td colspan="2">학교 졸업 후 5월경 군청과 유성면에서 사람이 나와 근로정신대를 안가면 아버지를 보국대로 보내겠다고 협박
* 관의 관여(군청, 면)</td><td rowspan="2">관의 개입</td></tr>
<tr><td>작업내용</td><td>공장에서 비행기 날개에 천을 씌우는 작업</td></tr>
</table>

<table>
<tr><th>이름
(생년월일)</th><th>동원 연도
(동원연령)</th><th>동원
유형</th><th colspan="2">동원 방법</th><th>비고</th></tr>
<tr><td>박순덕
(1929)</td><td>1944
(16세)</td><td>영장</td><td colspan="2">대전 보문학원을 졸업하고 삼방사라는 공장에 다니던 중 대전직업소개소로 호출. 거기서 여자 근로정신대로 동원
* 관의 관여(직업소개소)</td><td>· 직업소개소 관여
· 연성소 교육 받음</td></tr>
<tr><td rowspan="2">김혜옥
(1931)</td><td rowspan="2">1944.5
(14세)</td><td rowspan="2">취업
사기</td><td colspan="2">나주 대정국민학교에서 '재습(再習)'이라는 과정 이수 중 1944년 4월 학교 교실에서 마사키 도시오(正木俊夫) 교장과 곤도헌병이 일본에 가면 돈도 벌고 여학교에 다닐 수 있다고 하였음
* 관의 관여(학교, 헌병)</td><td rowspan="2">교장과 헌병 관여</td></tr>
<tr><td>작업내용</td><td>비행기 부품에 국방색* 페인트를 칠하는 작업</td></tr>
<tr><td rowspan="2">진진성
(1929년생)</td><td rowspan="2">1944. 6월경
(16세)</td><td rowspan="2">취업
사기</td><td colspan="2">나주 대정국민학교를 3월에 졸업하고 같은 해 5월경 동갑내기 조카의 담임이던 일본인 오카선생에게 불려 학교에 감. 거기서 오카선생, 마사키교장, 곤도 헌병이 일본에 가면 여학교에 진학할 수도 있고, 돈도 벌수 있다고 하였음
* 관의 관여(학교, 헌병)</td><td rowspan="2">교사, 교장, 헌병 관여</td></tr>
<tr><td>작업내용</td><td>사포로 비행기 부품의 녹을 닦아대는 일과 페인트칠</td></tr>
<tr><td rowspan="2">양금덕
(1931년생)</td><td rowspan="2">1944. 6월경
(14세)</td><td rowspan="2">취업
사기</td><td colspan="2">나주 대정국민학교 6학년이 되고 얼마 되지 않아 교실에 마사키 도시오 교장과 곤도 헌병이 들어와 체격이 좋고 머리가 좋은 아이가 정신대로 일본에 가서 일하면 돈도 많이 벌 수 있고 여학교에도 보내주고, 돌아올 때는 집 한 채를 살 수 있는 돈을 가지고 돌아올 수 있게 된다고 하였음
* 관의 관여(학교)</td><td rowspan="2">교장과 헌병 관여</td></tr>
<tr><td>작업내용</td><td>비행기 부품의 녹을 닦아내고 그 위에 페인트칠, 줄질을 하고 부품을 절단하는 등의 일을 함</td></tr>
</table>

이름 (생년월일)	동원 연도 (동원연령)	동원 유형	동원 방법		비고
이동련 (1928년생)	1944. 5월경 (17세)	취업 사기	나주 대정국민학교 졸업 후 집에서 가사를 돌보고 있다가 학교에 나오라는 전갈을 받고 갔더니 선생님과 마사키 도시오교장, 곤도헌병이 일본에 가면 여학교에 갈 수 있고, 일하면서 돈도 벌 수 있다고 하였음 * 관의 관여(학교, 헌병)		교장과 헌병 관여
			작업내용	비행기의 부품에 페인트칠	
김복례 (1929년생)	1944.6 (16세)	취업 사기	광주의 북정국민학교를 졸업한 뒤 가사일을 도우며 지내고 있던 1944년 5월 무렵 도나리구미의 조장이던 임씨집에 불려가서 군수공장에서 일할 것을 권유받음. 군수공장에서 일하며 공부하면 졸업장을 받을 수 있다고 하였음 * 관의 관여(학교, 隣組: 도나리구미)		도나리구미 조장
			작업내용	긴파이프를 천으로 꿰매는 일	

출처: 『조선여자근로정신대 그 경험과 기억』, 일제강점하강제동원피해진상규명위원회, 2008. 138~272쪽. 근로정신대와 함께하는 시민모임 엮음, 『법정에 새긴 진실』, 선인, 2016 참고하여 표로 정리.

여성을 동원하는 데는 특히 가족을 걸고 협박하거나 회유하는 경우가 많았다. 가부장적인 사회질서 속에서 조선 여성들은 아버지나 다른 가족들을 위해 대신 동원되기도 하였다. 관에 의해 주도되는 전형적인 동원방식 중 하나가 바로 가족을 이용한 협박이었다.

〈표 Ⅲ-15〉에서도 이러한 방식으로 동원된 경우가 나타나고 있는데 박해옥(가명)의 경우가 그러하다. 박씨는 학교 선생님인 언니에게 피해가 갈 것을 걱정하여 근로정신대로 가게 되었고, 이상미(가명)의 경우도 마찬가지였다. 이씨의 경우 근로정신대를 가지 않으면 아버지를 보국대로 보내겠다는 관의 협박을 받았고 이에 어쩔 수 없이 본인이 일본으로 가게 되었다. 일제는 여성이 저항하거나 거부할 수 없도록 만들기 위해 또 다른 가족을 볼모로 협박을 하는 비열한 방식도 서슴지 않았다. 아버지를 대신하거나 또는 다른 가족을 위해 자신이 희생하는 여성도 있었다.

> 교장이 담임선생이 오라 그런다고, 어느 학생이 연락해서 갔어요. 갔더니 교장하고 군인하고 장교 둘이 앉아서, 일본 가면은 공장에서 일 잘하면은 월급도 주고 공부도 시켜준다고 하니까, 우리는 밤에 야간으로 공부시켜줄 줄 알았어요. 그리고 여학교 졸업장도 주고 그런다고 해서 좋다고 갔지요. 일본도 구경하고 그럴라고, 그랬는데, 교장이 밀어붙이는 것이 뭐이냐 하면 느그 언니가 선생인데 이 학교 선생인데 니가 앞서서 가야지 안가면 안된다. 그래서 언니한테 말도 못하고, 그 소리를 못하고 또 언니가 어떤 불이익을 당하면 안되죠. 그래서 그냥 갈란다고 그랬어요. 그래갖고 따라 간거에요. …(중략)[67]

> 일본을 가면 여학교도 갈 수 있고 돈도 많이 벌고 그런디. 너 일본 갈래, 해서 이게 뭔소린가 뚜리하고, 옆에 있는 애들도 다 눈치를 서로서로 보고 있는 그런차에 일본을 가면은 돈도 많이 벌고 여학교도 가고 그런께

67) 일제강점하강제동원피해진상규명위원회, 앞의 책, 2008, 142쪽.

> 가거라. 그때 당시에는 지금도 국민학생들이 선생님을 아주 엄하게 생각했을랑가 모르지만은 우리 일제시대에는 선생님이라 그러면 아주 누구보다도 제일 무서워했거든요. …(중략) 뭔 남자가 일본 헌병대가 와서. 겐뻬이가 하나 와서 섰더라고. 섯음시로 돈을 10전인가 얼만가 돈을 주더라고요. 줌시로 도장을 가서 갖고 오라고. 부모 도장을 갖고 와서 여기 찍어야 된다고. 그래서 내가 돈 10전인가 얼만가 받고, 몸뻬이를 한 장씩 주더라고. …(중략)[68]

가족을 대상으로 협박하거나 회유하는 방법뿐 아니라, 학교에서는 사제간의 관계를 이용해 학생들을 설득하거나 헌병, 순사 등이 학교와 함께 나서서 여성을 동원하는 데 앞장섰다. 공부에 대한 열망이 있으나 가정형편상 할 수 없었던 어린 소녀들에게 여학교도 갈 수 있고 돈도 많이 벌수 있다는 선생님의 설득은 뿌리치기 힘든 조건이었다. 이러한 회유, 협박 등이 일본교장과 일본선생님에 의해 주도적으로 이루어지고 있었다.

재학 중에 동원된 소녀 중 해당 학교의 학적부에 기록(근로정신대)이 남아 있는 경우도 있는데 미쓰비시를 상대로 소송을 한 양금덕의 경우 나주 대정국민학교의 학적부에 근로정신대 동원과 관련한 기록이 남아 있었다.[69]

재학생 또는 졸업을 앞둔 학생들을 동원하기 위해 학교는 동원의 매개 역할을 하고 있었다. 졸업 후에도 학교는 여전히 학생들에게 영향력을 발휘했고, 직업소개소의 경우도 여성의 동원 과정에 일정 부분 관여하고 있었다.

이렇게 동원되었던 조선여성들의 공장생활은 어떠했을까. 일본으로 동원된 여성 중에는 공습이나, 지진 등의 피해를 입은 이들도 있었다.

68) 일제강점하강제동원피해진상규명위원회, 앞의 책, 2008, 162쪽.

69) 太平洋戰爭犧牲者光州遺族後援會, 앞의 책, 2000, 105쪽.

미쓰비시중공업 나고야항공기제작소에 동원된 여성들은 도난카이 대지진(1944.12.7)과 미군의 공습(1944.12.18)으로 공장이 파괴되는 것을 직접 경험하였다.[70] 이때 조선인 가운데 사망자도 있었고, 다행히 죽을 고비를 넘겼지만 다쳤던 사람들도 있었다. 일본 공장에서의 이러한 경험은 조선 여성들에게 평생의 트라우마를 남기기도 하였다.

> 지진이 나갖고 300명…(중략) 삼백 몇 명 죽었어요. 일본사람이. 그리고 우리 학생이 6명. 목포에서 둘, 나주에서 둘, 광주에서 둘. 그렇게 해서 6명이 죽었어요.[71]

생사의 갈림길에 놓인 소녀들이 느꼈을 공포와 충격은 수십 년이 지난 후에도 그들에게 여전히 어제의 일처럼 생생한 기억으로 남아 있다.

> 폭격이 한달이면은 뭐 열 여나문번 있는게비요. …(중략) 파편이 하나 맞아. 그런디 그냥. 불이 방공굴로 팍~하니 그냥 화기가, 화약 냄새가 나니, 불이 확 치는디. 막 이리 나오라고 막 소리를 질러서, 그렇게서 그때 참말로 죽을 뻔 했어유.(중략)[72]

> …(중략) 밤이면 잠을 못자는 거야. 공습경보 때문에, 그 공습경보 때문에 공장에서 일하고, 저녁에 와서 밥먹고 빨래 좀 해놓고 어떻게 잘려고, 잘적에는 머리맡에 어떻게 신발이, 저 머리에 쓰는 즈낑(두건, 방한용모자)이라 그래… 그걸 머리맡에 놓고 구명부구로(袋, 주머니)놓고, 그 밤에 잠자다가 일어나면 불하나 안켜요. 깜깜한데 더듬더듬 해가지고, 복도를 지나서 산으로 가는 거야. 그러다가 기숙사에서 산까지 갔다가 오고 그러다보면 잠은 못자는 거야.(중략)[73]

---

70) 일제강점하강제동원피해진상규명위원회, 앞의 책, 2008, 138쪽.
71) 일제강점하강제동원피해진상규명위원회, 앞의 책, 2008, 152쪽.
72) 일제강점하강제동원피해진상규명위원회, 앞의 책, 2008, 239쪽.
73) 일제강점하강제동원피해진상규명위원회, 앞의 책, 2008, 390쪽.

공습경보로 밤마다 잠을 설치고 공습을 대비해 대피할 수 있도록 준비한 채 잠자리에 들어야 했다. 공습경보가 울리면 불도 켜지 못한 채 두려움에 떨며 밖으로 뛰어나가 대피하여야 했고, 대피했다가 공장에 돌아오면 공포가 채 가시기도 전에 오전 작업을 해야 했다.

미쓰비시 중공업은 주요 항공기 생산회사 중의 하나였다. 나고야항공기제작에서 수행된 작업내용은 비행기 부품 도본을 알루미늄판에 그리는 일, 비행기 날개에 페인트 칠, 선반기계일, 프로펠러 닦는 일, 부품 가는 일, 비행기 날개에 천을 씌우는 작업 등이었다. 전쟁이 급박한 상황에 처하면서 남성이 담당했던 업무들은 여성들에게 부과되었다. 이들이 했던 작업은 유소녀들이 수행하기에는 고강도의 노동이었다. 공장의 기계보다 작거나 왜소했던 여성들은 익숙하지 않은 손놀림으로 인해 손가락을 잘리거나, 눈을 다치는 등 사고로 인한 크고 작은 부상이 빈번하였다. 성인남성들에게조차 수월하지 않은 작업을 체격도 작은 유소녀들이 담당하다보니 늘 사고의 위험에 노출되어 있었다.

도쿄아사이토 누마즈공장

도쿄 마사(麻絲)방적주식회사는 1916년에 창업하여 1917년 누마즈 공장을 개설하였다. 1919년에 데이진주식회사에 흡수 합병되어 소멸했지만, 전쟁 중에는 미쓰비시 자본이 도입되었다. 1944년에는 여자근로정신대를 포함하여 약 400명의 조선인 여자노동자가 있었다. 이 공장에서는 군사적인 분야로 텐트, 대포 등의 커버, 자루, 백, 항공기의 날개천 등에 사용하는 삼베를 생산하였는데 여자근로정신대원들은 기계로 삼베의 섬유를 감아내는 작업에 종사하였다. 공장은 1945년 7월 17일 누마즈 공습으로 거의 전소했다.[74] 이후 '조선여자근로정신대'도 시즈오카현(靜岡縣) 순토군(駿東郡) 오야마(小山)에 위치한 후지(富士)방적 오야마

(小山)공장으로 옮겨 갔다.

〈표 Ⅲ-16〉 조선여자근로정신대 동원장소

<table>
<tr><th colspan="2">동원 장소</th><th>주요 작업</th></tr>
<tr><td colspan="2">후지코시 강재공업주식회사 도야마공장</td><td>· 기계부품 제작 공장</td></tr>
<tr><td rowspan="2">미쓰비시중공업</td><td>나고야항공기제작소 도토쿠공장</td><td>· 항공기 제작 조립 공장(비행기 부품제작, 본뜨기, 페인트칠 등)</td></tr>
<tr><td>나고야항공기제작소 오에공장</td><td>· 해군 제로식 전투기 등의 생산공장</td></tr>
<tr><td colspan="2">도쿄아사이토방적주식회사 누마즈공장</td><td>· 군수관련품 제작 공장(텐트, 대포 등의 커버, 자루, 항공기의 날개천 등에 사용하는 삼베 생산 등)</td></tr>
<tr><td colspan="2">기타
(나가사키조선소, 6사가미해군공장,
야하다제철소, 광주 종방 전남공장 등)</td><td>· 조선소, 제철소, 방적공장</td></tr>
</table>

74) 「沼津市誌」, 1961.3(太平洋戰爭犧牲者光州遺族後援會, 앞의 책, 2000, 60~61쪽).

〈표 Ⅲ-17〉 도쿄아사이토(東京麻絲) 누마즈(沼津)공장으로 동원된 사례

이름 (생년월일)	동원 연도 (동원연령)	동원 유형	동원 방법		비고
김남이 (1929)	1944년경 (16세)	영장	14세에 간이학교 다니다가 영장이 나와서 감 * 관의 관여		-
			작업내용	실 잇는 작업	
김덕전 (1930)	1944년경 (15세)	취업 사기	부산 봉래국민학교를 졸업하고 부산부청 서무과에서 급사로 일하던 중 월급도 많이 주고 대우도 좋다고 해서 일본 시즈오카현 도쿄아사이토 누마즈 공장으로 가게 됨 * 관의 관여(부청)		* 精紡(세이보): 방적에서 솜을 가공하여 粗絲를 만드는 공정이 粗紡이고 粗絲를 가늘게 늘리고 꼬임을 줘서 일정한 두께의 실을 뽑는 공정
			작업내용	처음에는 솜을 개는 일(精紡)을 하다가 실 잇는 작업으로 바뀜	
박군자 (1928)	1944. 5월경 (17세)	취업 사기	학교에 일본회사 모집인이 와서 야간중학교도 보내주고, 공부도 시켜준다고 하여 가게 됨 * 관의 관여(학교)		학교, 모집인
			작업내용	공장 부속 진료소에서 통역 및 간호보조	
오일순 (1928)	1944. 5월경 (17세)	취업 사기	학교에 일본회사 모집인이 와서 교장선생님 또한 공부하고 돈도 벌 수 있다고 하였음 *관의 관여(학교)		학교, 모집인
			작업내용	실을 뽑기 위한 솜을 마무리하는 작업	

출처: 『조선여자근로정신대 그 경험과 기억』, 일제강점하강제동원피해진상규명위원회, 2008, 30~137쪽. 이를 참고하여 표로 재정리.

도쿄아사이토 동원의 경우, 학교로 회사모집인을 보내 여학생에 대한 모집을 하였다. 모집인이 학교에 와서 학생들을 설득하는 경우에 학교 또한 이를 지원하였다. 학교라는 울타리 안에서 안정적으로 모집을 하였던 것이다. "공부도 할 수 있고 돈도 벌 수 있다"는 말은 교육의 기회를 갖지 못한 여성들의 배움에 대한 열망을 자극하였다.

> 근데 그 영장을 받아가. 내 한동갑인 그런 사람 **열네살 먹어서 있으면**, 내같은 사람은 영장이 나와논께는 할 수 없이 가지만은. **좀 있으면 영장이 자꾸 나올끼라고 하니께네 열네살 먹어 시집을 다 보내는기라. 그 때 안보낼라고 영장 안할려고.** …(중략)[75] (강조는 필자)

이와 유사한 내용은 미쓰비시 나고야항공기제작소로 동원되었던 박순덕과 김남이의 사례에도 나타나고 있다. 당시 조선인들은 모든 여성들이 전부 "영장"을 받을 것이고, 이를 받으면 반드시 동원될 것이라는 생각을 하였다. 그렇기때문에 멀리 동원되는 것을 조금이라도 피하기 위해서는 다른 공장에서라도 일을 해야 한다고 생각했던 것이다. 그러나 결국 일정 연령 이상의 여성들은 영장이 있든 없든 본인의 의사와 상관없이 강제노동에 동원되었다.

> 그때는 우리 사촌오빠가 저 면에 서기를 했거든. 면서기를 했는데, 오빠 나는 영장(안)나오그로 못합니까 하니까 안된다카데. **그래 있으면 전부 다 갈끼고** 요번에 좀 좋은데 가서 나은가 싶은데, **이왕 영장 나온 김에 가라고 그럭하데.**[76] (강조는 필자)

여성에 대한 동원이 점차 강제적인 방식으로 변화하게 되면서 조선

---

75) 일제강점하강제동원피해진상규명위원회, 앞의 책, 38쪽.

76) 일제강점하강제동원피해진상규명위원회, 앞의 책, 39쪽.

에서는 미혼여성의 결혼을 서두르는 일이 많아졌다. 여자 징용에 대한 소문도 널리 퍼져 있었다.

> 적령인데도 결혼않고 있는 사람이 있는 거 같으면은 정신대라고 있거든? 정신대로 뽑혀간다. 그런 거시기가 있어요. 정신대로 안갈려면 그때 시집가야한다. 그런 기풍이 있었어요.77)

여자정신대에 대해서 당시 조선인들은 여자징용으로 받아들이고 있었던 것이다. 이와 관련해 일제는 "최근 부인을 노무자로서 징용한다는 소문에서 결혼을 급히 서두르는 경향이 있다라고 들었지만 부인의 징용은 결코 행해지지 않는다"78)라고 하며 조선 내 소문을 부정하고자 했다. 그러나 이미 많은 조선인들은 여성에 대한 동원을 인지하고 있었고 동원되지 않기 위한 방법은 없는지 고민하고 있었다. 앞서 인급힌 여지연성소에서도 조선인들은 동일한 생각을 갖고 있었다. 1944년 이후 여자징용에 대한 이야기가 언급되고 조선여성들이 징용될 것이라고 생각했던 이유는 식민당국이 추진하는 전쟁을 위한 각종공출과 인적동원이 극에 달해있었기 때문이다. 물자든, 자원이든, 사람이든 가릴 것 없이 모조리 동원이 추진되고 있었다.

> 통역도 하고, 뭐 병원에 조수도 하고 주사도 인제 배워하고, 공부를 또 시켜주더라고 나는 또. 왜 그런가 하면 그것도 의료기 다루고 환자를 가만히 뭐 말만 통역할 게 아니라 우리를 갖다 시켜야 될 거 아니야. 부려먹어야 되니께네. 야간학교 인자. 간호 산파학교를 보내더라고. 간호원 학교 같은 속성과로 댕기니까. 본체는 3년을 댕겨야 되는데, 우린 6개월 만에 뗐다고. 6개월 만에 해가 검정고시 쳤지. 검정고시 치니까네 합격해서, 면

77) 국사편찬위원회, 『독립운동과 징병, 식민경험의 두갈래 길』, 2013, 196~198쪽(김종빈 구술).

78) 『경성일보』 1944.4.17.

허증을 따고, 따고 나니까네 또 산파학교를… 그거는 뭐 산파학교 댕길 필요가 없는데, 그래도 산파면허증 따야 된다고. 그건 또 따라캐서, 공부는 공짜배긴까, 뭣이든지 공부해 갖고, 산파면허증을 땄지.[79]

위 사례의 박군자는 공장에서 간호사 일을 했는데 공장으로 동원되어 공장내 병원에서 간호의 일을 하였던 사례이다. 조선에서 간호교육을 받은 적이 없었기 때문에 일을 하기 위해서는 간호와 관련한 교육을 받아야 했다. 박씨의 경우처럼 '조선근로정신대'로 동원되어 간호사나 통역 등의 업무를 하는 경우도 있었다.

여기서는 일본에 동원된 사례를 후지코시 도야마 공장, 미쓰비시 나고야항공기제작소, 도쿄아사이토 누마즈공장을 중심으로 살펴보았다. 이를 토대로 '조선여자근로정신대'의 일본 동원의 특징을 다음과 같이 정리할 수 있다.

첫째, 국내외 공통적으로 나타난 동원방식은 취업사기, 협박 및 납치, 영장으로 구분할 수 있다. 일본으로의 동원은 특히 학교를 중심으로 이루어졌다는 점이 특징적이다. 1944년 이후 '조선여자근로정신대'를 통한 여성노동력 동원은 이러한 경향성을 뚜렷하게 보인다. 일제는 학교 재학생이나 졸업생을 대상으로 하여 여학생들의 학업에 대한 열망, 사제간의 신뢰관계 등을 동원에 이용하였다. 1944년 8월 「여자정신근로령」이 공포되기 이전부터 '조선여자근로정신대'의 동원이 이루어지고 있었고 학교, 말단행정기관, 직업소개소, 기업의 모집인 등을 통한 방식 등이 서로 연계되어 동원을 주도하였다.

둘째, '조선여자근로정신대'가 동원되었던 일본 기업의 공탁 자료에서 여성으로 보이는 대상자들이 확인되었다. 이는 임금 지급을 제대로 받지 못했던 피해자들의 사례가 사실이었다는 것을 뒷받침한다. 그러나

79) 일제강점하강제동원피해진상규명위원회, 앞의 책, 83쪽.

해당되는 여성에 대한 정보가 공탁 자료에 얼마나 구체적으로 반영된 것인지는 확인할 수 없었다. 다만 현재까지 밝혀진 여성노무동원 피해자의 건수가 전체 피해자 수의 극히 일부라는 점은 밝혀졌다.

셋째, 일본으로 동원된 여성들은 동원지에서 지진과 공습에 무방비로 노출되어 부상을 당하거나 사망하기도 하였다. 이러한 경험은 트라우마로 남아 이후 그녀들의 삶에 영향을 미쳤다.[80]

넷째, 일본에 동원된 조선 여성들 가운데 학교 교육을 받았던 이들은 군수공장에서 단순업무나 남성 보조업무가 아닌 숙련과 기술력을 요하는 선반기계업무, 항공기부품 제작업무 등을 수행하였다. 이는 여성이 남성노동력의 보조기능을 넘어서 남성노동력을 대체하는 역할이 부여되었음을 의미하는 것이다.

2) 중국(만주) 방직공장으로 동원된 여성

국외 방직공장 동원은 중국만주국 봉천성(奉天省) 심양현(沈陽縣) 소가둔(蘇家屯) 소재 남만방직㈜에 집중되어 있다.[81] 이 공장은 일본군(관동군)의 군복 천을 생산하는 군공장(軍工場)이었다.[82]

이곳에서 여성들은 단체로 기숙사생활을 하였으며 근무시간은 아침

80) 부산 영도구-274 공습 휴유증 호소.

81) 중국 공장으로 동원 건수(30건) 가운데 남만방적㈜ 20건, 일신방직 1건(전남 장성군-1133) 나머지는 기타 및 소재불상이다.

82) 남만방직은 경성방직의 해외지점 회사였다. 김연수는 1939년에 펑텐 근교 소가둔에 남만방적으로 세우기로 하고, 1939년 12월 16일 경성에서 창립총회(자본금 1,000만원)를 개최했다. 1940년에는 27만여 평에 공장을 착공했고, 1943년부터 조업했다. 설립당시 800명에 불과하던 노동자가 1943년 조업 시에는 2,000명을 상회했다. 남만방적 운영 초기 경성방직을 통한 국내모집도 여의지 않았고 북간도지역까지 인력을 채용하기 위해 나섰지만 공장에서 일할 여성을 구하는 것은 쉽지 않았다(京城紡織株式會社, 『京紡70年史』, 1989.12, 107~110쪽; 삼양그룹, 『삼양90년사』, 2016, 93쪽; 『매일신보』 1939.12.3; 『매일신보』 1939.12.19).

6시부터였고 저녁에는 교대를 하였다. 방직공장의 일반적인 작업방식과 동일하게 보통 2교대로 작업하였다.[83] 하루 10시간 이상의 고된 노동과 부실한 식사는 여성들의 건강을 심각하게 위협했다. 몸에 부종이 생기거나 병에 걸리는 사람이 늘어났다. 이국에 와서 노동에 시달리는 여성들은 가족과 고향을 그리워하였다. 어떤 여성들은 이러한 노동과 통제된 생활을 견딜 수 없어 야간에 도망치기도 하였다.[84] 식사는 콩밥, 조밥, 율미밥 등이었고 반찬은 식사 때 마다 조금씩 달랐다. 식사는 충분하지 않았다. 외출은 가끔 할 수 있었지만 제한적이었다.

당시 남만방직과 관련해 중국 조선족 민간 음악 가운데 〈남만방직공의 노래〉(한귀순 노래, 김순화 채보)가 있다.[85] 민간에서 전해오던 노래 등을 정리한 것으로 볼 수 있는데, 당시 공장 노동자들의 상황이 노래의 가사로 표현되었다.

> 남만방직 잘있거라 나는 떠난다
> 동무들아 잡지말아 갈길 바쁘다
> 울지말아 서뤄 마라 갔다 올테니
> 기차소리 한번 나면 그만이로다
> 삼사월의 긴긴해에 햇빛 못보고
> 동지섣달 긴긴밤에 밤잠 못자고
> 요 내 가슴 타고타서 재가 되었고
> 요 내 눈물 흘러 흘러 대동강되네

"삼사월의 긴긴해 햇빛 못보고", "동지섣달 긴긴밤에 밤잠 못자고"라는 구절에서 공장에서의 고된 노동의 상황과 공장을 떠나고 싶은 여성

83) 전남 함평군-958.
84) 『중국조선민족발자취총서4: 결전』, 연변대학, 1997, 47~48쪽.
85) 김봉관 주편, 『중국조선족 민간음악집』, 연변인민출판사, 2008.12, 1362쪽(『민족21』, 2009.10월호, 119쪽).

들의 고단함이 그대로 투영되었다. 국내의 가네가후치(鐘淵) 방적공장에서 여성들이 부르던 노래가사와 상당히 유사하다. 방직공장에서 강제노동의 고통은 국내외가 다르지 않았던 것이다. 노동, 임금, 노동환경 등의 조건은 조선 내외가 거의 유사했다.

중국 방직공장으로 동원되는 여성들의 경우도 앞서 제시한 세 가지 동원(취업사기, 협박 및 납치, 영장) 유형 중 하나 혹은 두 가지 이상의 복합적인 형태로 동원되었다.

남만방적㈜으로 동원된 여성 사례를 살펴보면, 지방에 따라 다소 차이는 있지만 회사모집인을 통한 알선[86], 구장 등 말단행정기관에 의한 강제차출[87], 협박 및 납치[88] 등의 방식이 병행되었으며, 한 마을에서 다수의 여성들이 집단적으로 동원되기도 하였다.[89]

중국 만주 심양현 소가둔(蘇家屯) 소재 남만방직㈜으로 동원된 여성 가운데 김막래[90](전북 고창 출신, 가명)는 1943년 중국으로 동원될 당시 기혼상태였다. 결혼한 지 2년 정도 지나 모집인을 통해 남편과 함께 중국 만주로 이동하였다. 고창학교 운동장에 모여서 정읍으로 가서 기차를 타고 이동하였다. 공장에는 조선 사람과 중국 사람들이 일을 하고 있었다.[91] 보통 방직공장은 미혼여성들이 다수였지만, 김씨의 경우처럼 기혼여성도 배제되지는 않았다.

모집인을 통한 동원의 경우, 모집인이 마을에서 직접 여성을 모집하

86) 남구-439; 위원회-10166; 전남 장성군-93.

87) 함평군-954, 강서구-138, 마산시-900(강제차출은 협박 및 납치 유형에 포함될 수 있다).

88) 위원회-10419.

89) 파주시-346; 위원회-10426; 함평군-954; 강서구-138.

90) 위원회-7351.

91) 전남 장성군-93; 정확한 임금을 기억하지 못하는 이들도 있고(전남 함평군-958), 한달에 5전을 받았다고 기억하는 피해자도 있음(위원회-10426).

거나 구장 등 말단행정기관의 협조를 얻어 여성들을 모았다.[92] 행정기관은 모집인과 밀접히 연계하여 여성을 동원하는 데 협조함으로써 군수기업의 노동력 충원에 차질이 없도록 지원하였다.

전남 장성출신의 박씨는[93], 15세에 "정신대를 가기 싫은 사람은 만주회사에 보낸다"고 해서 지원하여 중국 방직공장으로 가게 되었다. 박씨에게는 또 다른 선택지가 없었다. 대다수의 여성들이 동원될 것이라는 상황의 인식 속에서 원하든 원하지 않든 어쩔 수 없는 선택들을 해야만 했다. 다른 도리가 없었다.

같은 마을의 여성들이 함께 공장으로 동원되는 방식은 국내 공장의 동원과 유사하다.[94] 동원을 피하기 위해 숨는 등의 저항을 하는 여성도 있었지만 이러한 방식으로 동원을 피하기는 어려웠다.[95] 대부분의 여성은 사실상 속수무책이었다. 저항하기 어려운 상황이라는 것을 인지한 후 체념하고 나름의 차선책으로 공장 등에 지원하기도 하였지만 이러한 방법이 그녀들을 보호해주지 못했다.

3) 남양군도 농장에서의 강제노동

일제 강점기 당시 남양 군도에 강제동원된 한인 노무자는 5천 명 이상이며, 주로 비행장 건설과 사탕수수 재배에 투입된 것으로 알려졌다. 특히 1941년 일본의 진주만 기습으로 아시아태평양 전쟁이 발발한 이후에는 총알받이, 자살테러, 굶주림 등으로 징용자의 60%가 사망하였다는 사실이 밝혀졌다.[96]

---

92) 전남 장성군-93.

93) 전남 장성군-1133 만주국 봉천 일신방직공장으로 동원.

94) 전남 장성군-67.

95) 위원회-10426.

『매일신보』 1942.1.20. 신문에 게재된 남양군도의 풍경사진

당시 조선총독부는 '환경이 좋은 곳에서 일할 수 있고, 10년 이상된 장기 이주자에게 농지를 준다'고 약속하였지만, 막상 현지에 도착한 조선인들은 턱없이 부족한 임금을 받아야 했으며 조직적으로 통제의 대상이 되었다. 종전 후에도 상당수가 귀환하지 못했으며, 현지에서 생활고에 시달렸다.[97)]

96) 일제강점하강제동원피해진상규명위원회 조사결과 보도자료(2010.2.25).

97) 남양군도 관련 강제동원에 관한 연구는 김명환(2010)과 정혜경(2012)의 연구에서 자세히 다루고 있다. 그밖에 남양군도 조선인 노무동원에 대한 연구는 이마이즈미 유미코(今泉裕美子), 조성윤의 연구도 있다. 정혜경과 김명환은 남양흥발과 남양척식 등의 국책회사의 모집에 의해서 1939년 이후 사이판, 티니안으로 이주한 조선인 노동자들이 강제동원된 것으로 파악하고 있다. 이와달리 조성윤은 1942년 이후 아시아태평양전쟁이 발발한 이후 일본군의 전투를 위해 조선인을 동원하던 시기부터 강제동원이 본격화된다고 보고 있다(정혜경 · 김명환 · 이마이즈미 유미코 · 방일권 · 심재욱 · 조건, 『강제동원을 말한다: 명부편2: '제국'의 끝자락까지』, 선인, 2012; 정혜경, 『팩트로 보는 일제말기 강제동원1: '남양군도'의 조선인 노무자』, 선인, 2019; 정혜경, 「일제말기 남양군도 노무동원과 조선여성」, 『역사와 교육』 제23집, 2016; 김명환, 「일제말기 조선인의 남양군도 이주와 그 성격(1939~1941)」,

1930년대 후반 『매일신보』나 『동아일보』 등의 신문 등에 실린 남양군도 관련 기사는 이러한 현실적인 문제는 전혀 소개하지 않고 있다. "토인의 습격도 업시 안심하고 일할 수 있는 곳"[98]으로 또는 "남양군도는 이상향 의식주가 풍족한 곳"[99]으로 선전할 뿐이었다.

'알선노동자'와 '개척노무자'의 송출[100]이 이루어지던 1939년 이후 나타난 언론의 논조는 한결같았다. 일본은 조선인들에게 남양군도가 새로운 낙토라는 환상과 이미지를 심어주고자 하였다. 1930년대 말에서 1940년대까지 계속된 이러한 선전은 조선인을 남양군도로 동원하는 하나의 유인책으로 활용되었다.

1940년대 이후 점령지에 대한 방문이나 시찰 등을 겸한 기행문이 잡지에 게재되었다. 한 기행문에서는 "남방에 한번 여행한 사람치고 저곳은 과연 세계의 寶庫요 동아의 樂土라 아니할 자 없다"[101]라고 하며 남양군도를 이상적인 곳으로 표현했다. 1930년대 말부터 이어진 남양군도에 대한 이미지 선전이었다. 송출된 조선인들이 겪은 고난과 통제된 생활 등에 대해서는 전혀 언급되지 않았다.

위원회가 피해자로 판정한 남양군도 조선여성노무동원 피해자는 95건이다. 현재 확인된 자료에 따르면 남양군도로 이주된 여성 대부분은 농장으로 동원되었다. 남양군도 동원과 관계한 군수기업 가운데 다수가

『한국민족운동사연구』 64, 2010; 조성윤, 『남양군도의 조선인』, 당산서원, 2019). 여기서는 정혜경의 명부분석과 김명환의 남양군도 이주와 성격을 분석한 연구를 기반으로 남양군도 강제동원 배경 등을 정리하였으며 이를 토대로 동원사례를 분석하였다.

98) 『매일신보』 1939.5.3 「土人의 襲擊도 업시 安心하고 일한다 南洋行勞動者第一信」.

99) 『매일신보』 1942.1.20 「꿈의 나라 南方의 風土: 남양군도는 이상향, 의식주가 풍족한 곳」.

100) 『매일신보』 1939.7.30 「우리의 보배 농군이 남양개척의 전사로 우선 50호가 파라오 군도에」.

101) 김창집, 「南方旅行記-憧憬의 常夏樂土」, 『大東亞』 제14권 제3호, 1942.3.

난요(南洋)흥발[102]과 관련이 있다. 이밖에 여성노무동원과 관련한 기업은 난요(南洋)무역, 난요(南洋)척식, 호난(豊南)산업[103] 등이 있다. 이들 기업들의 강제노동이 이루어진 세부지역은 팔라우, 티니안, 사이판 등으로 확인되었다.[104]

조선총독부는 1939년 남양군도로 조선인 농업이민을 보냈다. 농업이민이란, 일제말기에 총독부가 추진한 국책사업으로 점령지를 대상으로 전개한 척식사업의 일환이었다. 태평양전쟁의 확전에 따라 일본의 점령지역이 확대되고 군수물자 생산이 시급해지면서 만주, 사할린, 남양군도 등에서 노동력이 필요해지게 되었고 이에 조선총독부는 조선인을 대상으로 이들 지역으로의 송출을 시작하였다.[105]

아시아태평양전쟁으로 인한 병력수요를 채우기 위해 남양군도의 일본인 노동력이 전선과 일본 본토의 군수산업으로 노동자 전출이 증가하였다.[106] 이에 따라 난요흥발㈜ 등은 새로운 노무자 수급처를 물색할

102) 난요(南洋)흥발㈜은 남양군도에서 가장 큰 제당회사였다. 남양척식㈜과 함께 조선인 노동자, 농민을 가장 많이 도입한 회사였다. 난요(南洋)흥발은 勅令 제228호(1936.7.27)에 근거하여 1936년 남양청의 후원 아래 미쓰이(三井)물산과 미쓰비시(三菱)상사, 동양척식주식회사 등의 자본을 합하여 난요(南洋)척식㈜를 창설했다(도미야마 이치로, 임성모 번역, 『전장의 기억』, 이산, 2002, 58쪽 · 277쪽).

103) 1936년에 창립된 난요(南洋)척식의 자회사이다.

104) 이는 남양군도 노무동원 총피해자 4,567건 대비 2.8%에 해당한다. 정혜경은 남양군도로 동원된 피해자 여성에 대한 위원회 조사결과를 분석한 바 있다. 그에 따르면 동원된 여성들의 본적지는 전북지역이 가장 많았고, 동원 세부직종은 농장과 토건작업장 등의 다양한 작업장, 취사와 토건으로 다양했음을 밝혔다(정혜경, 「일제말기 남양군도 노무동원과 조선여성」, 『역사와 교육』 제23집, 196쪽, 205~209쪽, 2016).

105) 조선인의 외지송출을 원활하게 하기 위해 전시노무이입자 송출과 아울러 농업노동자들을 활용하기 위한 제도를 마련하고 시행하였다. 1939년 2월 22일에 이민위원회 규정(『朝鮮總督府訓令』 제9조)을 마련하였다(정혜경, 앞의 책, 41쪽).

106) 남양군도와 관련하여 『南洋行勞動者名簿綴』, 『南洋農業移民關係綴』, 『南洋行農業移民關係綴』의 기록이 남아 있다. 생산 연도는 1939~1940년간이고, 총1,039면의 문서철에는 1,463명의 명단과 문서들이 수록되어 있다(정혜경, 「'남양군도 송출 조선인 관련' 문서철(1939~1940)과 조선인 송출실태」, 『강제동원을 말한다: 명부편(2)』, 선인, 2012, 19~20쪽 · 52쪽).

수밖에 없었다. 1939년과 1940년에 남양군도로 조선인을 송출하게 된 이유에는 이러한 배경이 있었다. 즉 1939년 이후 조선인의 남양군도 이주는 식민당국의 적극적인 개입에 의해 이루어진 것이라 할 수 있다. 노무자의 모집 및 송출에 각 도의 사회과는 물론 조선총독부도 깊이 개입하고 있었다.[107] 이는 조선총독부의 전시노무동원정책의 일환속에서 수행된 작업이었다.

1939년 '남양행노동자' 또는 '남양농업이민'으로 송출된 조선인들은 전시체제기 일본이라는 당시 국가권력이 마련한 법적 근거 및 공식적인 행정행위에 의해 동원된 것이다.[108]

〈표 Ⅲ-18〉 남양군도 在住者 인구

연도	일본인	조선인	소계	현지주민
1935	34,961	360	35,321	50,174
1936	54,277	545	34,822	50,011
1937	58,363	596	58,959	50,849
1938	71,141	704	71,747	51,723
1939	75,286	1,968	77,257	51,106
1940	81,011	3,463	84,478	51,089
1941	84,245	5,824	90,069	48,257
1942	불명	불명	95,392	51,089
1943	불명	불명	96,670	52,197

출처: 南洋庁, 『南洋群島要覽』 각년도(今泉裕美子, 「한반도로부터의 '남양이민'」, 『강제동원을 말한다: 명부편(2)』, 선인, 2012, 102쪽 재인용).

107) 김명환, 「일제말기 조선인의 남양군도 이주와 그 성격(1939~1941)」, 『한국민족운동사연구』 64, 2010, 267~268쪽.

108) 정혜경, 앞의 책, 52쪽.

〈표 Ⅲ-18〉을 보면 1939년 이후 남양군도의 조선인의 수가 증가하게 되며 1941년에는 1938년과 비교해 약 8배 이상 증가한 5,824명에 이르게 된다.

〈표 Ⅲ-19〉 조선인 여성 현황

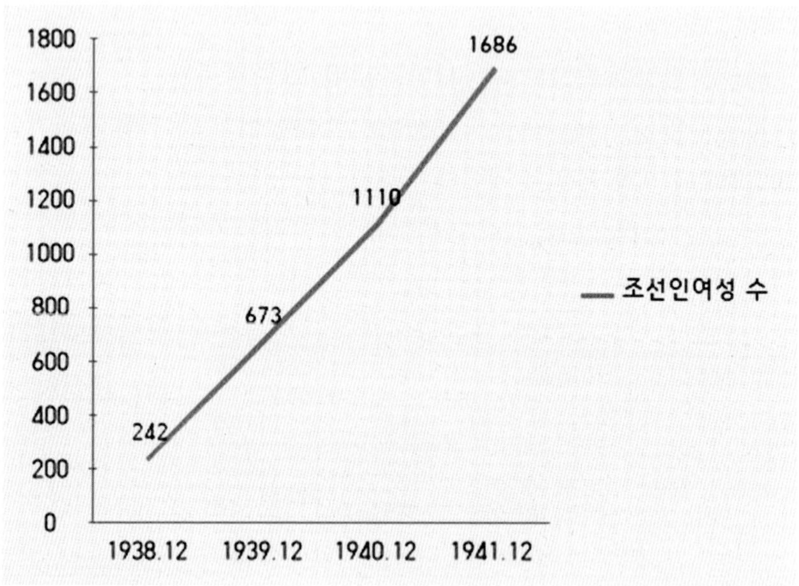

출처: 南洋廳,『昭和14年度版南洋群島要覽』1939, 1940, 1941년도; 南洋廳,『昭和13年度南洋群島人口動態年表』, 1939, 63쪽; 南洋廳內務部企劃課,『第9回南洋廳統計年監』, 1941, 2쪽 (김명환,「일제말기 조선인의 남양군도 이주와 그 성격(1939~1941)」,『한국민족운동사연구』64, 2010, 232~249쪽 표를 토대로 작성)

〈표 Ⅲ-19〉는 남양군도의 조선인 여성 현황을 나타낸 것이다. 이를 보면 1938년부터 1941년까지 여성현황을 알 수 있다. 1939년은 조선총독부가 '남양행노동자' 또는 '남양농업이민'으로 조선인을 송출하기 시작한 해이다. 조선인의 이주가 본격화된 이후 조선인 여성의 수는 남양군도의 조선인 전체수의 증가 양상과 동일한 증가 경향성을 보인다. 즉 1939년 이후 가족과 함께 이주한 조선인 여성의 수도 증가하고 있었던 것이다.

국가기록원에서 소장하고 있는 '남양이민'관계 사료 등에서는 난요흥발 측의 이민요청 이유, 조건, 조선총독부 측의 대응이 나타나있다.[109] 그 가운데 난요흥발의 요청을 받은 조선총독부가 경상북도, 전라북도의 지사(知事)에게 보낸 '사탕수수재배 이민' 관련 공문에는 남양이민의 조건이 제시되어 있는데 이들 조건을 보면[110] 가족을 동반할 수 있거나, 가족 안에 노동을 할 만한 충분한 인원이 있던 세대가 우선 대상이었다.

강순희(가명)는 위의 조건에 따라 가족과 함께 남양군도 티니안으로 동원되어진 사례라 할 수 있다.[111] 강씨의 이주과정과 남양군도에서의 생활 등을 살펴보자.

강씨는 18살에 결혼을 하고, 19살(1942년)에 남편 그리고 시동생과 함께 남양군도로 갔다. 당시 살던 영광군에 남양군도로 데려갈 사람들을 모집하는 모집인이 왔었다고 한다. 당시 모집에 가족단위로 응하는 사람들이 있었고 이렇게 모아진 사람들과 함께 남양군도로 가게 되었다. 이들은 여수로 이동해 여수에 있는 여관에서 2박을 한 후 군함을 타고 남양군도로 이동하였다.

강씨는 남양군도 티니안 가에(동네 이름)라는 곳에 도착해, 그곳에서 아침부터 밤까지 일을 하였다. 그곳에서는 조선 사람은 조선 사람끼리, 오키나와 사람들은 오키나와 사람들끼리 무리지어 일을 하도록 하였고,

109) 여기에는 11회까지 송출된 숫자, 개인명부 등이 남아 있다. 제1회는 1939년 9월 19일에 출발하는 것으로, 11회는 1940년 2월 14일에 부산을 경유하여 問司출발이라고 나타난다(「移民斡旋依頼ニ關スル件」, 『昭和十四年十五年南洋行農業移民關係』, 국가기록원 CJA0016566).

110) 「移民斡旋依頼ニ關スル件」(昭和14年9月14日), 『昭和十四年十五年南洋行農業移民關係』, 국가기록원 CJA0016566(今泉裕美子, 「한반도로부터의 '남양이민': 미의회도서관 소장 남양군도 관계 사료를 중심으로」, 『강제동원을 말한다: 명부편(2)』, 2012, 105~106쪽).

111) 위원회-515.

반장을 통해 현장을 감독하게 하였다. 강씨는 가족과 함께 농장에서 사탕수수재배 노동을 하였다. 전쟁 말기에는 미국의 폭격으로 여덟 달 동안 굴에서 생활을 하기도 하였다. 해방된 이후에는 미군에게 포로로 잡혀 바로 귀환할 수도 없었다. 포로로 잡혀 있던 1945년 9월, 그곳에서 아들을 낳았고 그곳에서 미군의 빨래 등의 일을 해주다가 뒤늦게 가족과 함께 조선으로 귀환하였다. 1942년 8월에 가서 1945년 12월에 돌아왔다.

강씨의 사례를 보면 앞서 자료에서 살펴본 바와 같이 실제 가족단위의 이동과 노동이 이루어지고 있음을 확인할 수 있다. 기업을 비롯한 모집주체들이 가족을 동반한 이주를 추진하였던 이유는 안정적인 생활이 노동의 효율로 이어질 수 것이라 생각했기 때문이다. 남양군도 이주에 동반된 여성들은 집안에만 머물지 못했다. 그들은 남성과 함께 농장 등에 동원되어 함께 노동을 하였다.

남양군도에 노무자들이 처했던 노동조건은 열악하였다. 사탕수수는 줄기가 억세고 가시가 많기 때문에 작업 중에 가시에 찔리거나 찰과상 등을 입는 일은 다반사였다. 열대지방의 기후도 만만치 않았다. 열대기후에서 장시간의 노동은 남성에게도 고된 것이었다. 하물며 여성들에게는 상당히 강도 높은 노동이었음을 짐작할 수 있다. 거기에 전쟁 막바지에 이루어진 공습으로 이들은 일상적인 생활조차 제대로 유지할 수 없는 상태가 되었다.

남양군도로 동원된 여성 대부분은 농장에서 사탕수수 재배 작업을 수행하였으나, 광업소나 공사장 등에서 노동을 한 이들도 있다. 난요척식 앙가우르 광업소[112]에서 광석 캐는 일을 하는 여성과[113] 남양군도

112) 1936년 11월 일본정부는 난요척식을 설립하여 남양군도 팔라우제도에 도쿄사무실을 설립하여 앙가우르 광업소, 파이스 광업소, 손소롤 채광소 등에서 인광석을 생산하였다. 1942년부터 충북과 충남에서 동원된 사람은 858명으로 이들은 앙가우르 광업소나 팔라우 본점 농장, 트럭사업소 등에서 일했다(김명환, 앞의 논문, 197~234쪽).

포나페의 난요흥발에 소속되어 있으면서 군사시설물 공사장에서 일을 했던 여성이 그러하다.[114] 이들 작업에 동원되었던 여성은 현재까지 확인된 건수는 많지 않지만[115] 이들 사례는 남양군도에서 여성 노무동원이 농장에만 국한되지 않았다는 것을 보여준다.

요컨대 1939년부터 조선총독부에서 '남양행노동자' 또는 '남양농업이민'의 방식으로 조선인이 남양군도로 보내지고 있었다. 송출된 조선인에는 여성들도 포함되었으며 일부는 가족과 함께 현지 농장 등에 동원되었다. 이들의 남양군도 이주는 조선총독부, 남양청과 군수기업 그리고 일본 본국(군 관련)의 긴밀한 연계 속에서 진행되었다.

남양군도 농업이민의 경우 개별 사안들에 대한 구체적인 분석이 선행되어야겠지만, 식민권력이 농업이민을 실시한 배경 그리고 남양군도 내 군수기업과 일본의 전쟁 수행과의 관계 등을 고려한 평가가 필요하다. 전시 동원정책의 일환에서 추진되었던 조선인에 대한 송출과 강제노동의 대상에는 아동과 여성도 포함되어 있었다는 점을 주지할 필요가 있다. 일제말기 식민지 조선의 아동과 여성은 국내와 국외, 공장과 탄광산, 농장, 산업현장 등 그 모든 곳에 동원되고 있었다. 머나먼 남양군도에서도 예외는 아니었다.

3. 소결

6장에서는 국내외 여성노무동원 양상을 중심으로 살펴보았다. 여성 노동력 동원에는 면서기, 순사, 구장 등 지역 내 행정기관과 행정담당자

113) 진천군-215.
114) 임실군-347.
115) 임실군-1525; 임실군-347; 남원시-1184.

등이 직접 관계하고 있었다. 일제는 효율적으로 여성을 동원하기 위해 지역의 사정을 누구보다도 잘 알고 있었던 그들을 적극 활용하였고, 직업소개소 등을 통해 여성의 집결지로서의 중간 역할이나, 동원 대상에 대한 감독을 하였다. 행정기관을 통한 직접적인 동원은 어느 한 지역에서만이 아니라 각 지역에서 광범위하게 유사한 방식으로 이루어지고 있었는데 이는 식민권력의 정책 방침에 따라 동원이 진행되고 있었다는 사실을 뒷받침하는 것이다.

현재까지 확인된 여성노동력 동원 피해 현황을 보면, 총 1,018건(다중동원 포함) 중 국내동원 327건, 국외동원은 691건으로 파악되었다. 국내보다 국외동원의 비중이 높게 나타났고 국외는 일본이 50.76%로 다수를 차지한다. 동원 여성의 본적지별 분포를 보면 경남북, 전남북, 충남북 등 삼남지역에 편중(94.71%)된 경향을 보이며, 직종별로는 공장이 다수를 차지하였으나 탄광산 동원도 사례로 확인되었다.

조사를 통해 여성노무동원의 몇 가지 특징들을 확인할 수 있는데 정리해 보면 다음과 같다. 첫째, 미성년자를 대상으로 한 일본의 비인도적 강제동원이 이루어졌다는 점이다. 둘째, 직종별 동원연령 현황을 보면 공장의 경우 10대~20대 미혼여성이 주로 동원되었고, 탄광산과 농장의 경우 기혼여성이 주로 동원되고 있음이 확인되었다. 탄광산과 농장의 경우 가족단위의 노동이 이루어는 경향이 있었고, 여성들은 취사노무나 잡역 등의 노동을 하기도 하였다. 셋째, 1942년 이후 여성노동력 동원이 증가하면서 1943년, 1944년에 동원이 집중되고 있다는 점이다. 1943년 이후 여성노동력 동원 정책이 강화되고 동원이 확대되고 있는 것과 맞물려 실제로 수많은 조선여성들이 국내외의 각종 산업현장에 노무동원되는 일이 일상화되었다.

결론

결론

여기서는 1부, 2부, 3부에서 분석한 논의들을 개괄하여 일제말기 여성노무동원의 성격과 특징을 정리하고자 한다.

본고는 전시체제기 조선총독부의 노동력동원 정책의 틀 속에서 동원정책과 선전논리, 국내외 동원실태를 통해 전시체제기 여성노무동원의 특징을 규명하고자 하였다.

본 연구는 정부조사에 의해 확인된 자료를 토대로 전시체제기 여성노동력 동원정책－선전논리－실태를 전체적으로 조망하였다는 점에서 의의가 있다. 그동안 제대로 확인되지 않았던 국내 여성노동자의 강제동원·강제노동의 실태를 다룸으로써 국내외 여성노동력 동원 양상을 이해할 수 있는 기반을 마련하였다. 일제말기 여성들은 국내외로 광범위하게 동원되고 있었고, 다양한 지역·직종에서 조선여성들의 강제노동이 이루어졌다. 그간 국내 여성노무동원에 대한 실태는 거의 알려지지 않았었는데 그 이유는 이제까지 피해 사실에 대한 조사가 제대로 이루어진 적이 없었기 때문이다. 정부조사를 통해 강제동원 피해조사의 범주로 국내도 포함되면서 국내동원실태가 비로소 본격적으로 드러나기 시작했던 것이다. 본고에서는 동원 피해의 전체 현황을 파악하기 어려운 상황에서 이제까지 확보된 데이터를 토대로 전시기 여성노무동원 실태의 구체화를 시도해보려고 하였다. 이는 국내동원의 실상을 파악하는 기초연구이자 그동안 제대로 평가받지 못했던 국내 여성노무동원에 대한 관심을 환기시킬 수 있는 계기를 제공할 수 있을 것으로 생각한다.

＊ ＊ ＊

전시기(戰時期) 인적동원의 문제는 남성의 징병·징용에 집중되어 인적동원의 다른 측면인 여성에 대한 연구는 일부 주제에 국한되었다. 여성 강제동원에 관한 기존 연구들은 여자근로정신대 정도만을 연구대상으로 삼았을 뿐 국내외 여성노무동원의 전반적인 양상을 파악하지는 못했다. 여기서는 일제강점기 강제동원 피해조사를 수행한 정부(위원회) 조사 결과를 토대로 역사적 사실로서 여성노무동원을 구체적으로 드러내고자 하였다. 이를 통해 전시체제기 여성노무동원의 특징과 성격을 밝히고자 하였다.

「국가총동원법」의 조선 적용 이후 조선에서는 물자, 노동력, 자금 등을 동원하기 위한 하위법령과 시책 등이 마련되었다. 근로보국대의 조직 역시 그 일환으로 진행되었다. 근로보국대의 조직을 통해 일반여성과 여학생도 '勤勞奉任'의 대상이 되었다. 인적자원을 활용하기 위해서는 동원 가능한 대상을 파악하는 것이 중요했고, 이에 1940년 조선총독부는 지역별 노무자원조사를 통해 노동출가와 전업이 가능한 남녀를 연령별로 조사하였다. 지역별 노무자원조사는 남녀 모두를 대상으로 시행되었으며 이 조사에서 조선총독부가 조사 대상층으로 삼은 연령대는 12~19세였다. 미혼여성의 경우 노동경험은 많지 않지만 기혼여성 보다

원거리 동원이 가능하다는 점과 통제와 관리의 측면 등 여러 이유에서 동원 가능 대상으로 파악한 것으로 생각된다.

이후 1941년 일제는 여성노동력의 안정적 확보를 위해 「여자광부갱내취업허가제」와 「국민근로보국협력령」을 실시하여, 그동안 금지해 왔던 여성들의 갱내작업을 허가하고 여성 노동의 작업 범위도 농촌노동력의 보조적 수준이 아니라 총동원의 직접 대상인 노동으로 그 범위를 확대하였다. 동년 11월 「국민근로보국협력령」을 통해 제시된 동원대상, 작업내용, 작업시간은 기존 근로보국대에 비해 강화되었다. 근로보국대와 비교해 동원최소연령이 낮아졌고, 16세에서 25세 미만의 미혼여성은 모두 동원의 대상이 되었다. 작업내용은 "총동원 물자의 생산 · 수리 · 배급에 관한 업무 및 국가총동원상 필요한 운반 · 통신 · 위생 · 구호 등에 관한 업무, 군사상 필요한 토목건축업무 등의 작업"을 수행하도록 명시하였다. 구체적으로 농번기에 농촌노무의 보충뿐 아니라 광산에서의 갱외작업, 군사상 필요한 토목건축사업의 간이작업까지 작업내용이 확대되었다. 여성노동력을 활용하기 위한 방안들이 모색되면서 군수공장 및 토목사업장, 공사장 등 여성노무동원 영역이 다양화되었다. 이는 조선 여성들을 가정 밖으로 끌어내 남성을 대신하는 노동력으로 적극 활용하기 시작했음을 의미한다. 이러한 일련의 정책은 그동안 식민권력이 지속적으로 강조해왔던 여성의 역할과는 다른 것이었다. 가정을 지키고 유지하는 역할에서 가정 밖으로 나와 노동을 병행해야 하는 존재로 여성의 역할이 재규정되었던 것이다.

1943년 10월 「생산증강노무강화대책요강」이 발표되면서 노동력동원의 대상이 모든 계층의 여성으로 확대되기에 이르렀고, 1944년 8월 「여자정신근로령」이 공포되면서 동원의 '법적 · 제도적 강제'는 강화되었다. 전시기 여성노무동원 정책은 조선총독부의 인적동원 정책의 틀 안에서 마련된 것이었지만 여성보다는 남성노동력 동원을 중심에 둔 법제라고 할 수 있다. 「여자정신근로령」이 공포되기 이전에도 근로보국대 및 「국민근로보국협력령」 등과 같이 여성의 노동력을 동원하기 위한 모색은 계속되어 왔다. 그러나 「여자정신근로령」이 가지는 의미는 이전과는 분명 다른 것이었다. 「생산증강노무강화대책요강」과 「여자정신근로령」의 공포를 통해 조선 여성에 대한 강제차출은 노골화되었고, 이는 여자징용으로 받아들여졌다. 여성에 대한 동원도 남성에 대한 징용처럼 거의 강제적으로 진행되고 거부할 수 없는 것이라는 인식이 형성되었던 것이다. 미혼여성들 가운데는 동원되지 않기 위해 나름의 생존전략을 고민하기도 했지만 대다수의 여성들은 강요받은 선택에서 벗어나기 어려웠다.

일제초기 여성교육은 현모양처주의의 교육이념에 따라 식민지체제에 순응할 수 있는 순종적인 식민지 여성을 양성하는 데 주력하였다. 가정에서 여성의 역할에 주목하여 이를 식민통치에 이용하였다. 일제는 전쟁 동원의 수단으로 모성을 이용하면서도 일본 본토와 달리 조선 여성에 대한 모성보호와 유유아(乳幼兒) 보건에 대한 정책의지를 가지고 있지 않았고 이에 조선여성들은 제대로 보호받지 못하였다.

일본의 경우 1938년 1월 「모자보호법」이 마련되고 후생성이 설치된 후 계속 유지되어 관련 정책을 만들고 관리했던 데 반해, 조선은 1942년 11월 후생국이 폐지된 이후 모성보호의 업무는 정책적으로 관심을 받지 못하였다. 일제는 일본 여성에 대해서는 모성으로서 보호해야 할 대상으로 여겼지만, 조선 여성은 보호해야 할 대상으로 여기지 않았기 때문이다.

여학생의 노동력 동원은 노동강도의 차이는 있지만 전시기 전반에 걸쳐 이루어졌다. 단순히 노동력만을 제공하는 수준을 넘어 군대에 출정하는 병사를 환송하고 이들을 격려하기 위해 위문대와 천인침을 만드는 등 군인을 위한 '위안'과 '위문', '위로', '환송'의 역할까지 강요당하였다.

전시기 종군간호부 모집에 나타난 여성의 표상은 부상병 간호의 업무와 그 역할만이 아니라 순결하고 성스러운 '백의의 천사' 이미지로 강조되었다. 간호부는 전장에서의 노동을 수행하는 것뿐 아니라, 병사들에게 심리적으로 '위로'와 '위안' 제공의 역할을 해야 하는 어머니 같은, 때로는 여동생과 누이 같은 존재가 되어야 했다.

여성노무동원은 단순노동력 동원과 여성성과 결합된 노동력 동원으로 구분하여 살펴볼 필요가 있는데, 미혼여성의 경우 여성성과 노동력 동원이 결합된 형태의 동원 대상이 되곤 하였다. 여학생과 종군간호부로의 동원은 이러한 중층적 노무동원의 양상을 가졌다.

1943년 이후 정책의 변화와 조응해 식민권력이 원하는 여성의 역할은 이전과는 확연히 달라지는데 남성을 대신하여 노동을 수행하는 것을 전시 여성의 중요한 역할로 부각시켰다. 조선여성들에게 '전사(戰士)'가 될 것을 강조하는 선전을 지속적으로 펼치며 여성들을 활용하고자 하였다. '전사'라는 수사적 표현에서 드러나듯이 전투에 임하는 마음으로 노동에 임할 것을 요구한 것이다.

조선 여성들은 전쟁 수행을 위한 군수산업 등에 남성 노동력의 보조 역할로 동원되었고 전쟁말기에는 군수산업 등에서 일하던 남성들이 전장으로 끌려가면서 남성들이 수행했던 업무를 담당해야 했다. 이러한 동원양상의 변화는 당시 조선여성들에게 감당할 수 없는 수준의 노동강도의 심화로 연결되었다. 조선여성은 '위안'의 존재와 '노동전사'가 될 것을 동시에 요구받게 된 것이다.

조선총독부는 노무동원을 강화하기 위해 기존 여성 조직을 확대하고 다양한 계층의 여성들을 새로이 조직하고자 하였다. 전시체제기 조선총독부가 여성의 조직화에 관심을 가지고 여성조직을 통해 여성을 동원하기 위한 기저조직을 확보하고자 하였던 것은 여자청년단과 특설청년단을 통해 확인된다. 근대의 경험으로 인해 여성에게도 많은 변화가 있었지만, 조선에서는 여전히 유교적 관습이 잔존하였다. 이러한 조선에서 여성을 동원하기 위해서 무엇보다 필요한 것은 조선인들의 인식 변화였다. 이를 위해 일제는 기존의 애국반과 같은 단위뿐 아니라, 여성을 대상으로 하는 별개 조직이나 단체의 조직을 확대하고자 하였다. 이는 개개인 여성, 특히 여성에 대한 관의 장악력을 확보하기 위한 측면으로 이해할 수 있다. 여성 조직의 확대를 통해 조선총독부는 그들의 정책을 기혼과 미혼 여성 전 계층에 전달하고자 하였다. 그리고 이들 조직을 활용해 시국에 대한 인식 주입 및 단체훈련 등을 실시함으로써 언제든지 여성노동력을 활용할 수 있는 기반을 마련하고자 하였다. 동원을 위한 기저조직으로서 여성조직이 확대되는 것은 전시기 전반에 걸쳐 진행된 것이었다. 여자청년단이나 특설청년대의 확대는 동원 가능한 여성 현황을 파악하는 수단이 될 수 있다는 측면에서 여성노무동원 정책의 일환 속에서 파악될 수 있다. 1944년 개소된 '조선여자청년연성소'도 조선 여성에 대한 동원을 염두에 둔 조치라 할 수 있다.

일제말기 여성의 강제동원은 일부 여성에 국한된 것이 아니라 대다수의 여성들에게 적용되고 실행되었다. 여성동원에는 면서기, 순사, 구장 등 지역 내 행정기관과 행정담당자 등이 직접 관계하고 있었다. 일제는 효율적으로 여성을 동원하기 위해 지역의 사정을 누구보다도 잘 알고 있었던 그들을 적극 활용하였고, 직업소개소는 모집, 집결, 이송 등에 관여하였다. 또한 관련기관의 관여가 어느 한 지역에서 만이 아니라 전국에서 광범위하게 유사한 방식으로 이루어지고 있었다. 이는 식민권력의 정책 방침에 따라 여성동원이 진행되고 있었다는 사실을 보여주는 것이다.

행정기관뿐 아니라 군(軍)에서도 여성동원이 이루어지고 있었는데 육군과 해군 등에 의해 동원된 여자군속의 경우가 이에 해당한다. 1943년 이후 여성노동력 동원은 군수산업 및 군 관련 분야로 확대되었다. 여학교도 노동력 공급원으로 전락하였고, 전쟁에 파견할 간호부를 확보하기 위한 간호교육도 확대되었다. 전쟁이 본격화되면서 면허발급에 대한 요건은 점차 완화되고, 면허발급 연령도 개정을 통해 18세에서 16세로 낮추었다. 이는 간호교육의 확대를 통해 간호부의 공급을 늘리기 위한 조치였다. 종군간호부의 동원과 관련해 정책 변화가 시작된 것은 1938년 이후부터로, 간호 인력의 확보를 위해 간호부 관련 법령의 개정이 여러 차례 이루어졌으며, 1943년 이후 조선 여성을 대상으로 한 종군간호부 모집도 본격화 되었다. 조선총독부는 신문이나 잡지 등을 통한 선전을 계속하면서 학교를 통해서도 여성 모집에 적극적으로 나섰다. 종군간호부 모집을 빙자해 일부 여성들은 위안부로 동원되기도 하였다. 종군간호부 등과 같은 군요원은 1938년 이후 조선에서 동원되기 시작하였고, 군노무자로의 여자군속은 1943년 모집이 확인되었다. 1944년 진해 해군시설부에서 고녀 여학생들을 군속으로 동원하여 직접 군 노무를 수행하도록 하였고 1945년에는 국내뿐 아니라 국외로 보낼 군속을 모집하였다.

전시기 초반 여학생들은 주로 '가사'와 관련한 근로작업에 동원되었는데, 전시가 본격화되면서 학교 내에서 이루어지던 노동은 점차 교외의 공장노동으로까지 확대되었다. 학교의 수업은 제대로 이루어지지 않았고, 전쟁 수행을 위해 여학생들의 노동력 동원은 일상화되었다. 또한 전시기 여학생들에게는 근로능력강화를 위한 신체단련이 강조되었다. 단순히 여학생의 체력단련이라 하기엔 무리가 있어 보이는 행군 등도 실시되었다. 1942년 9월 조선총독부는 체력장 검정을 전국적으로 실시하기로 하고, 구체적인 대상, 연령, 종목, 기간 등을 마련해 해당자 전원이 검정을 받게 했다. 전쟁수행국의 식민지라는 상황 속에서 여학교의 체육교육은 '총동원체제'하에서 동원 노동력의 현황을 파악하고, 질적 향상을 도모하는 데 초점을 두었다. 체력장 검정의 운반, 투척 등을 통해 대상 노동력의 수준을 파악할 수 있게 되고, 일정 수준의 목표를 제시하여 반복 측정함으로써 신체능력의 개선을 독려하였다.

군수기업에 의한 여성의 강제노동은 국내외 공장 및 탄광산·농장으로 동원 양상을 살펴보았다. 현재까지 확인된 여성노동력 동원 피해 현황을 보면 국내보다 국외동원의 비중이 높게 나타났고 국외는 일본이 다수를 차지한다. 직종별 현황을 보면 공장이 다수를 차지하고 탄광산도 적지 않은 건수를 보였으며, 탄광산의 선탄광(選炭鑛)이나 토건작업장에서 노동을 한 경우도 확인되었다.

전시기 조선 여성에 대한 동원은 일본 본토와 다른 몇 가지 특징들이 있다. 조선과 일본에서는 노동력동원 정책이 유사하게 나타나고 있었지만, 일본 여성에 대한 정책은 장차 국가의 구성원을 생산하는 어머니, 즉 모체로서 이에 대한 보호와 관리가 필요하다는 전제 속에서 정책이 추진되었다. 그러나 조선의 경우 지원병 모집을 위한 어머니의 역할을 강조하거나, 향후 병사가 될 자식을 키우는 양육자로서의 의무를 강조하는 선전, 캠페인 등이 이루어졌을 뿐 모체를 보호하고 관리하기 위한 실질적인 정책은 찾아보기 어렵다. 일본여성에게 요구한 역할과 조선여성에게 요구한 역할은 달랐던 것이다.

여성동원은 그것이 단순노동력 동원이었다 하더라도 동원되었다는 사실만으로 오해와 편견을 받을 수 있었다. 그래서 노무동원 되었던 여성은 귀향 후 또다른 문제를 만나기도 하였다. 결혼 후 노무동원 되었던 사실이 시댁에 알려져 구박을 받거나, 남편의 오해로 결혼생활에 어려움을 겪기도 하였다. 몇 년 간의 동원 경험이 여성들의 삶 전체를 흔들었던 것이다. 이제껏 강제동원·강제노동의 동일한 피해자라 하더라도 남성과 여성은 피해자로서 동등한 입장을 갖기 어려웠다. 동원되었던 여성들의 피해사실은 쉽게 드러내면 안되는 '불편한 경험'으로 여겨졌기 때문이다. 여성에게 강제동원 피해의 경험은 피해자로서 고통뿐 아니라 사회적 시선과 편견으로 인한 고통까지 감내해야 하는 일이었다.

마지막으로 본고의 분석내용을 토대로 전시기 여성노무동원의 특징을 정리하면 다음과 같다. 첫째, 전시기 여성노무동원은 단순히 노동력만을 동원한 것이 아니라 필요에 따라 여성성 동원과 결합된 형태의 노무동원이 이루어졌다는 점이다. 전시기 식민권력이 조선여성에게 요구한 전시여성의 역할은 노동력뿐 아니라 여성성 동원도 포함하는 것이었다. 식민지 조선여성들은 식민권력이 바라는 전시여성상에 부합한 노동전사로, 군인을 위해 위로와 위문을 해야 하는 순종적이며 헌신적인 '황국부인'이 되어야 했다.

둘째, 미성년자를 대상으로 한 일본의 비인도적 강제동원이 이루어지고 있었다는 점을 지적하지 않을 수 없다. 14세 미만의 아이들이 공장 등으로 동원되고 있었고 그 가운데 12세 미만의 아이도 있었다. 이것은 폭력적이고 비인도적이며 불법적인 행위였다.

셋째, 1942년 이후 여성노무동원이 증가하면서 1943년, 1944년에 동원이 집중되었다는 점이다. 이는 여성노동력 동원정책의 변화 즉, 1943년을 기점으로 여성노동력동원 정책이 강화되고 동원이 확대된 것과 일치한다. 즉 정책에 조응하여 여성동원이 진행되고 있었다는 것을 말해주는 것이다.

넷째. 여성노무동원의 경우도 국내외 할 것 없이 다양한 직종에 동원되고 있었고 '법적 · 제도적 강제'와 '사회적 강제'가 동시에 여성들을 압박하고 있었다. '여성징용은 없다'라는 언술이 오히려 징용의 상황으로 치닫고 있었던 식민지 조선의 상황을 역설적으로 보여주고 있다.

마지막으로 남성노무동원 피해자와 달리, 여성노무동원 피해자들은 피해사실을 남편이나 자식에게 알리는 것조차 조심스러워했다. 여성동원에 대한 오해와 부정적 시선이 존재했기 때문이다. 여성노무동원 피해자에 대한 관심이 거의 없다시피 했던 정부의 태도와도 무관하지 않다. 여성노무동원의 실상이 드러나기 시작한 것도 피해자들의 용기에 의한 것이었다. 다행히 위원회를 통해 정부차원의 조사가 이루어졌지만 지금은 중단된 상황이다.

우리가 이 문제를 포기할 수 없는 것은 이것이 전쟁책임의 문제이자, 정의와 평화 그리고 인권에 대한 문제이기 때문이다. 그리고 그것은 과거의 문제이자, 현재의 문제이며 우리가 반드시 지켜내야 할 가치에 대한 문제이기도 하다. 가해자가 자신의 잘못을 인정하지 않는다는 것은 그들이 한 행위에 대한 반성과 성찰도 없다는 것이다. 그리고 이것은 언제든지 그들이 저지른 행위를 되풀이 할 수 있다는 것을 의미한다. 때로는 과거의 역사를 마주하는 것이 고통스럽고 힘들기도 하지만 다시는 이러한 역사가 반복되지 않도록 하기 위해서 우리는 그 시기를 견디었던 수많은 그녀와 그를 기억해야 한다.

【부 록】 여성노무동원 관련 시기별 법령 및 제도

	준비기	본격화기	강화 · 확대
주요기점	· 1938.5 국가총동원법 - (근로보국대)최소동원연령 20세~40세 미만의 남녀	· 1941.4 여광부갱내취업허가제 부령 - 16세 이상 부인(임신이나 산후 3주일 경과하지 않은 사람 제외) · 1941.11 국민근로보국협력령 - 14세 이상~25세 미만여성(1941.11) - 14세 이상~40세, 배우자가 없는 여성(1944.11)	· 1943.10 생산증강노무강화대책요강 (14세 이상 미혼여성) · 1944.8 여자정신근로령(12세 이상~40세 미만) · 1945.4.1 국민근로동원령 시행
법적 · 제도적 강제	· 1938.6.28. 근로보국대 실시요강 발표 · 1938.7.7. 국민정신총동원연맹 결성 · 1939.6.1. 국민직업능력신고령 · 1939.10.1. 국민징용령 시행 · 1940.4 노무자원조사 · 1940.10 국민총력조선연맹 발족	· 1941.4 농촌노동력조정요강(정무총감 각도에 통첩) · 1941.5 조선농업보국부인지도대(일본육원도장 파견, 1941, 1942, 2회) · 1941.9 국민총력운동지도위원회의 국민개로운동요강 결정 · 1941 여자청년단체 여자부 여자청년단 → 청년단여자부로 개편통합 (14세 이상 25세까지의 혼인하지 않은 여성) · 1941.11 후생국 설치~1942.11 폐지 · 1942.2 부인계발운동요강 발표 · 1942. 부인계발운동철저와 관련하여 유효적절한 시책(도지사자문 및 청취 사항 답신서)	· 1943.9.13 여자근로동원촉진의 건(각의결정) · 1943 청년단 구성 내용을 개조하면서 여성들에게 "총후생산력 확충"을 위한 노동력 제공을 요구 · 1943.10 교육에 관한 전시비상조치방책 발표 (이화여전, 숙명여전 여자청년연성소지도원 양성기관으로 지정) · 1944.2.10 조선여자청년연성소규정 부령(16세 이상 국민학교 초등과를 수료하지 않은 여성) · 1944.4월부터 전국의 부, 읍, 면 국민학교에 여자청년연성소 부설(설치)

	준비기	본격화기 ➡	강화 · 확대
법적 · 제도적 강제		· 1942.10 종군간호부 면허 발급연령 18세 → 17세로 낮춰짐 · 1942.9 여자체력장검정 · 1943.4 조선교육령 제4차 개정	· 1944.4.19 평양여자근로정신대 · 1944.8 여자정신근로령 공포 · 실시 · 1944.12.1 일반여학교 간호부 면허 발급연령 (17세 → 16세) · 1945.4.1 국민근로동원령 시행(국민징용령, 국민근로보국협력령, 여자정신근로령 등은 폐지되고 통합) · 1945.4.18 여자청년연성소 수용범위 확장 (16세 → 14세)

참고문헌

1. 주요 자료

『京城日報』, 『每日新報』, 『東亞日報』, 『朝鮮日報』, 『釜山日報』,
『일요신문』, 『한국일보』, 『京鄕新聞』,
朝鮮總督府, 『朝鮮』
『朝鮮總督府官報』
朝鮮總督府, 『朝鮮總督府調査月報』
京城日報社, 『朝鮮年鑑』
『朝鮮農會報』
『朝鮮行政』
朝鮮總督府, 『朝鮮總督府統計年報』
朝鮮總督府, 『朝鮮國勢調査報告』
朝鮮勞務協會, 『朝鮮勞務』
『文教の朝鮮』
『朝鮮地方行政』, 1937
朝鮮總督府 學務局社會教育科, 『朝鮮社會教化要覽』, 1938
民族問題硏究所編,『日帝下戰時體制期政策史料叢書』, 제86권~98권, 2001
『戰時下勞務動員基礎資料集』, 綠陰書房, 1~5권
朝鮮總督府警務局, 「朝鮮不穩言論取締集計書」, 1942
大藏省 管理局 編, 『日本人の海外活動に關する歷史的調査』, 1947
朝鮮總督府, 『勞務調整令解說』, 1942
京城府, 『京城職業紹介所所報』(特輯號), 1940
朝鮮總督府, 『施政年報』, 各年度
戰後補償問題硏究會, 『戰後補償問題資料集』 第1輯, 戰後補償問題硏究會, 1990
朝鮮放送協會, 『放送之友』
『家庭の友』

『半島の光』
『內鮮一體』
『總動員』
『國家總力』
『女性』
『三千里』
『新時代』
『大東亞』
『東洋之光』
『朝光』
『週報』
大同書院編輯部, 『勞務統制法規總攬』, 1942
「移民斡旋依賴ニ關スル件」, 『昭和十四年十五年南洋行農業移民關係』, 1939, 국가기록원
朝鮮總督府 內務局 社會果, 『昭和15年 勞務資源調査に關する件』, 1940, 국가기록원
『黃海道 全羅南道 府尹郡守會議報告書綴』, 1942, 국가기록원
『忠淸北道, 咸鏡北道, 忠淸南道 府尹郡守會議報告書綴』, 1942, 국가기록원
『府尹郡守會議指示事項參考書類』, 1942, 국가기록원
『忠淸北道, 咸鏡北道, 忠淸南道 府尹郡守會議報告書綴』, 1942, 국가기록원
朝鮮總督府, 『昭和十四年十五年 南洋行農業移民關係』, 1939, 국가기록원
『全州女子高等學校六十年史』, 全州女子高等學校同窓會, 1986
『仁川女高百年史』, 仁川女子高等學校總同窓會, 2009
『淑明七十年史』, 淑明女子中·高等學校, 1976
『慶南女高六十年史』, 慶南女高六十年史編纂委員會, 1987
『進明七十年史』, 進明女子中·高等學校, 1980
富平史編纂委員會, 『富平史』 1권, 2003
동일방직주식회사, 『東一紡織社史』, 1982
京城紡織株式會社, 『京紡70年史』, 1989.12
삼양그룹, 『삼양90년사』, 2016
국가기록원 소장자료(https://www.archives.go.kr)
한국역사정보통합시스템(www.koreanhistory.or.kr)
아시아역사자료센터 소장자료(http://www.jacar.go.jp)

2. 단행본

강이수, 『한국 근현대 여성노동: 변화와 정체성』, 문화과학사, 2011
곽건홍, 『일제의 노동정책과 조선노동자: 1938~1945』, 신서원, 2001
국사편찬위원회, 『구술사료선집3: 지방을 살다, 지방행정 1930년대에서 1950년대까지』, 2006
국사편찬위원회, 『독립운동과 징병, 식민경험의 두갈래 길』, 2013
국사편찬위원회, 『구술사료선집26 일제의 강제동원과 인천육군조병창사람들』, 2019
『국역 조선총독부 30년사(下)』, 민속원, 2018
근로정신대 할머니와 함께 하는 시민모임, 『법정에 새긴 진실』, 도서출판 선인, 2016
吉見義明 · 林博史 編, 『共同研究 日本軍慰安婦』, 大月書店, 1995
김미정, 『일제말기 여성동원 선전논리』, 동북아역사재단, 2021
김성례, 『여성주의 역사쓰기』, 아르케, 2012
김인호, 『식민지 조선경제의 종말』, 신서원, 2000
김인호, 『태평양전쟁과 조선사회』, 신서원, 2014
도미야마 이치로, 임성모 번역, 『전장의 기억』, 이산, 2002
미즈노나오키외 지음, 정연태 옮김, 『생활속의 식민지주의』, 산처럼, 2007
藤原彰編, 『戰爭と民衆』, 三省堂, 1975
梶川勝, 『陸軍二等兵の戦争体験』, 1991
朴慶植, 『日本帝國主義의 朝鮮支配』, 청아출판사, 1986
朴慶植, 『조선인 강제연행의 기록』, 고즈윈, 2008
百懶孝, 『事典 昭和戰前期の日本:制度と實態』, 吉川弘文館, 1990
변은진, 『파시즘적 근대체험과 조선민중의 현실인식』, 선인, 2013
서경식 · 다카하시 데쓰야, 『책임에 대하여』, 돌베개, 2019
신승모 · 오태영 공역, 『아시아태평양전쟁과 조선』, 제이앤씨, 2011
안자코 유카 편, 『朝鮮勞務』 총4권, 緑陰書房(復刻板), 2000
안태윤, 『식민정치와 모성』, 한국학술정보, 2006
若桑みどり, 『戰爭がつくる女性像: 第二次世界大戰下の日本女性動員の視覺的プロパガンダ』, 筑摩學藝文庫, 2000
와카쿠와 미도리, 『전쟁이 만들어낸 여성상: 제2차 세계대전 하의 일본 여성동원을 위한 시각 선전』, 소명출판, 2011
이꽃메, 『한국근대간호사』, 한울아카데미, 2002

伊藤桂一, 『戰旅の手帳』, 光人社, 1986
이상의, 『일제하 조선의 노동정책 연구』, 혜안, 2006
이영복, 『看護史』, 수문사, 1995
이재경 외, 『여성주의 역사쓰기』, 아르케, 2012
이효재, 「일제하의 한국노동상황과 노동운동」, 『한국의 여성운동』, 정우사, 1989
이화여자대학교 한국여성사편찬위원회, 『한국여성사2』, 1972
일제강점하강제동원피해진상규명위원회, 『강제동원기증자료집』, 2006
일제강점하강제동원피해진상규명위원회, 『'조선여자근로정신대'방식에 의한 노무동원에 관한 조사』, 2008
일제강점하강제동원피해진상규명위원회, 『1944년도 남양청 동원 조선인 노무자 피해실태 조사』, 2012.12.27
일제강점하강제동원피해진상규명위원회, 『강제동원 명부해제집1』, 2009
일제강점하강제동원피해진상규명위원회, 『국내주요공장의 강제동원 실태에 관한 기초조사: 경성일보 기사색인을 중심으로』, 2008년도 용역보고서, 2008
일제강점하강제동원피해진상규명위원회, 『남양군도 밀리환초에서 학살된 강제동원 조선인에 대한 진상조사』, 2011.6
일제강점하강제동원피해진상규명위원회, 『남양군도지역 한인노무자 강제동원 실태에 관한 조사(1939~1941)』, 2009
일제강점하강제동원피해진상규명위원회, 『인도네시아 동원 여성명부에 관한 진상조사』, 2009
長尾和郎, 『關東軍軍隊日記』, 經濟往來社, 1968
田口亞紗, 『生理休暇の誕生』, 青弓社, 2003
정태헌, 『평화를 향한 근대주의 해체』, 동북아역사재단, 2019
정혜경, 『강제연행. 강제노동 연구 길라잡이』, 한일민족문제학회, 선인, 2005
정혜경, 『일본 '제국'과 조선인 노무자 공출: 조선인 강제연행 · 강제노동연구 2』, 선인, 2011
정혜경, 『일제 식민지배와 강제동원』, 한일관계사연구논집 편찬위원회, 景仁文化社, 2010
정혜경, 『일제말기 조선인 강제연행의 역사: 사료연구』, 경인문화사, 2003
정혜경, 『조선인 강제연행 강제노동1, 일본편』, 선인, 2006
정혜경, 『아시아태평양전쟁에 동원된 조선의 아이들』, 섬앤섬, 2019
정혜경, 『팩트로 보는 일제말기 강제동원1: '남양군도'의 조선인 노무자』, 선인, 2019
정혜경, 김명환, 이마이즈미 유미코, 방일권, 심재욱, 조건, 『강제동원을 말한다: 명부편2: '제국'의 끝자락까지』, 선인, 2012

朝鮮總督府篇, 『朝鮮の習俗』(1935), 민속원, 2014
早川紀代 編, 『戰爭·暴力と女性2: 軍國の女たち』, 吉川弘文館, 2005
조성윤, 『남양군도의 조선인』, 당산서원, 2019
종합여성사연구회 저, 최석완·임명수 역, 『지위와 역할을 통해 본 일본여성의 어제와 오늘』, 어문학사, 2006
차기벽 엮음, 『일제의 한국식민통치』, 정음사, 1985
한국여성사연구회 여성사분과(편), 『한국여성사: 근대편』, 풀빛, 1992
한국여성연구회, 『한국여성사: 근대편』, 풀빛, 1992
한국정신대문제대책협의회, 『일본군 위안부 문제의 진상』, 역사비평사, 1997
한국정신대연구소편, 『강제로 끌려간 조선인 군위안부들 2』, 한울, 1997
한만송, 『캠프마켓』, 봉구네책방, 2013
한일여성공동역사교재 편찬위원회, 『여성의 눈으로 본 한일 근현대사』, 한울아카데미, 2005
대일항쟁기강제동원피해조사및국외강제동원희생자등지원위원회, 『Can you hear us?: The untold narratives of comfort women』, 2015.
대일항쟁기강제동원피해조사및국외강제동원희생자등지원위원회, 『들리나요? 열두소녀의 이야기』, 2013.2
『중국조선민족발자취총서4: 결전』, 연변대학, 1997
『일제시대 구술실록』 제1권, 전주문화재단, 2007
『日帝下勤勞挺身隊被害補償請求訴訟』, 太平洋戰爭犧牲者光州遺族後援會, 예원출판사, 2000
ジーン·ペスキーエルシュテイン小林史子·広川紀子 訳, 『女性と戰爭』, 法政大學出版局, 1994.4
加納實紀代, 『女たちの〈銃後〉』, イザラ書房, 1995
『日本女性運動資料集成第6巻: 生活·勞動Ⅲ: 十五年戰爭と女性勞動者·無産婦人運動』, 不二出版, 1994,
大同書院編輯部, 『勞務統制法規總攬』, 1942
久保山雄三, 『日本石炭鑛業發達史』, 公論社, 1942
『주민생애사를 통해 본 20세기 서울현대사: 서울주민 네 사람의 살아온 이야기』, 서울시립대학교 부설 서울학연구소, 2000
『한일간의 미청산과제』, 아세아문화사, 1997

3. 논문

가와가오루(河かおる), 김미란 옮김, 「총력전 아래의 조선 여성」, 『실천문학』, 2002 가을

가와모토 아야, 「한국과 일본의 현모양처 사상: 개화기로부터 1940년대 전반까지」, 『모성의 담론과 현실』, 나남, 1999

강이수, 「근대여성의 일과 직업관: 일제하 신문기사를 중심으로」, 『사회와 역사』 65, 2004

강이수, 「일제하 여성의 근대경험과 여성성 형성의 '차이'」, 『사회과학연구』, 서강대사회과학연구소, 2005

강정숙, 「일본군'위안부'제의 식민성 연구: 조선인'위안부'를 중심으로」, 성균관대 사학과 박사학위논문, 2011

강정숙, 「第二次世界大戰期 인도네시아로 動員된 朝鮮人 女性의 看護婦 編入에 관한 硏究: 留守名簿를 중심으로」, 『한일민족문제연구』 20, 2011

곽건홍, 「전시체제기(1937~1945)일제의 노동이동 제한정책」, 『한국사학보』 5, 1998

김경일, 「일제하 공업 고무노동자의 상태와 노동운동」, 『일제하의 사회운동』, 문학과지성사, 1987

金慶玉, 「총력전체제기 일본의 여성노동정책과 인구정책의 상관성에 관한 연구」, 숙명여대일본학과 석사학위논문, 2008

김경주, 『아시아 · 태평양전쟁기 일본의 모성에 관한 연구: 여성동원 수단으로써의 모성의 관점에서』, 숙명여대일본학과 석사학위논문, 2008

김광규, 『日帝末 '朝鮮聯盟'의 婦女强制動員과 煽動』, 서울대학교 사회교육과석사논문, 2007

김명화, 『한국근대여성체육에 관한 연구: 일제식민지시대를 중심으로』, 숙명여대교육대학원 석사학위논문, 1991

김명환, 「일제말기 조선인의 남양군도 이주와 그 성격(1939~1941)」, 『한국민족운동사연구』 64, 2010

김민철, 「전시체제하(1937~1945) 식민지 행정기구의 변화」, 『한국사학보』 제14호, 2003

김윤미, 「총동원체제와 근로보국대를 통한 "국민개로": 조선에서 시행된 근로보국대의 초기운용을 중심으로(1938~1941)」, 『한일민족문제연구』 14, 2008

김윤미, 「근로보국대 제도의 수립과 운용(1938~1941)」, 부경대학교사학과 석사학위논문, 2007

김미정, 「한국내 '일본군'위안부 연구동향」, 『군위안부문제 연구에 대한 검토와 과제』, 고려대학교 국제학술대회자료집, 2007.12

김미정, 「전시체제기 조선총독부의 여성노동력 동원정책과 실태」, 고려대학교한국사학과 박사논문, 2015

김미정, 「일제강점기 조선여성에 대한 노동력동원 양상: 1937~1945년을 중심으로」, 『아세아연구』 제62권 3호, 2019

김미현, 「전시체제기 인천지역 학생 노동력동원」, 『인천학연구』 12, 2010

김미현, 「조선총독부의 농촌여성노동력동원: '옥외노동' 논리를 중심으로」, 『역사연구』 13, 2003

김욱영, 「1920~30년대 한국 여성잡지의 모성담론에 관한 연구: '신여성', '신가정', '여성'을 중심으로」, 『스피치와 커뮤니케이션』, 한국스피치커뮤니케이션학회, 2003

김인호, 「일제의 조선공업정책과 조선인자본의 동향(1936~1945)」, 고려대학교사학과 박사학위논문, 1996

대일항쟁기강제동원피해조사및국외강제동원희생자등지원위원회, 『일제 강제동원 동원규모 등에 관한 용역』, 2013

박소영, 『식민지하의 실업학교 교육과정 변천연구』, 부산대교육학과 석사학위논문, 1993

서문석, 「일제하 대규모면방직 공장의 고급기술자연구」, 『경영사학』 제18집 제1호(통권 30호), 한국경영사학회, 2003,

서형실, 「식민지시대 여성노동운동에 관한 연구」, 이화여대여성학과 석사학위논문, 1990

서호철, 「조선총독부 내무부서와 식민지의 내무행정: 지방과와 사회과를 중심으로」, 『사회와 역사』 102집, 2014.

정근식, 「식민지지배, 신체규율, '건강'」, 『생활속의 식민주의』, 2007

손 환, 「일제강점기 조선의 체력장검정에 관한 연구」, 『한국체육학회지』 제48권 제5호, 2009

신영숙, 「아시아태평양 전쟁기 조선인 종군간호부의 동원실태와 정체성」, 『여성과 역사』 14, 한국여성사학회, 2011

신영숙, 「아시아태평양전쟁시기 일본군'위안부'정체성: 여자군속의 종군간호부와 비교 연구」, 『동북아연구논총』 25, 동북아역사재단, 2009

신주백, 「조선 주둔 일본군('조선군')의 성격과 역할」, 『동양학』 39, 단국대동양학연구소, 2006

안연선, 「한국식민지 자본주의화 과정에서 여성노동의 성격에 관한 연구: 1930년대 방직공업을 중심으로」, 이화여대여성학과 석사학위논문, 1998

안자코 유카, 「조선총독부의 '총동원체제(1937~1945)'형성정책」, 고려대학교한국사학과 박사학위논문, 2006

안태윤, 「일제말기 전시체제와 모성의 식민화」, 『한국여성학』 제19권 3호, 한국여성학회, 2003

안태윤, 「정책과 현실 사이의 '불온'한 균열」, 『동아시아의 국민국가 형성과 젠더: 여성표상을 중심으로』, 소명출판, 2009

여순주, 「일제말기 조선인여자근로정신대에 관한 실태연구」, 이화여대여성학과 석사학위논문, 1994

오꾸야마 요꼬, 「군위안부동원에 있어서의 한국인 여성간의 계층차에 관한 고찰: 군위안부로 동원된 하층여성과 군위안부에 동원되지 않은 상층여성들의 사례 비교」, 『동덕여성연구』 2, 동덕여자대학교 한국여성연구소, 1997

이만열 · 김영희, 「1930 · 40년대 조선여성의 존재양태」, 『國史館論叢』 89, 2000

이은주, 『전시기(戰時期) 주부의 벗(主婦之友)에 나타난 여성담론과 야스쿠니신사』, 건국대교육대학원 석사논문, 2005

이상경, 「일제말기의 여성동원과 '군국의 어머니'」, 『페미니즘연구』 2, 2002

이승규, 「近代 身體文化 形成과 日帝强占期 學校體育」, 고려대 체육학과 박사논문, 2013

이정옥, 「일제하 공업노동에서의 민족과 성」, 서울대 사회학과 박사학위논문, 1990.

이정옥, 「일제하 한국의 경제활동에서의 민족별 차이와 성별차이」, 문학과 지성사, 1990

전미경, 「1920~30년대 '모성담론'에 관한 연구: 신여성에 나타난 어머니 교육을 중심으로」, 『한국가정교육학회지』 17, 2005

전은경, 「'창씨개명'과 '총동원'의 모성담론 전략」, 한국현대문학연구, 2008

정진성, 「식민지자본주의화 과정에서의 여성노동의 변모」, 『한국여성학』 4, 한국여성학회, 1988

정혜경, 「일제강제동원&평화연구회 P's Note No2」, 2011, 미간행발표문

정혜경, 「'남양군도 송출 조선인 관련' 문서철(1939~1940)과 조선인 송출실태」, 『강제동원을 말한다: 명부편(2)』, 선인, 2012

정혜경, 「1920~30년대 식민지 조선과 '남양군도'」, 『한국민족운동사연구』 46, 한국민족운동사학회, 2006

정혜경, 「일제 말기 조선인 군노무자의 실태 및 귀환」, 『한국독립운동사연구』 20, 한국독립운동연구소, 2003

정혜경, 「일제말기 조선인 노무자 공탁금 자료의 미시적 분석」, 『동북아역사논총』 45, 2014

정혜경, 「조선총독부의 노무동원 관련 행정조직 및 기능분석」, 『한국민족운동사연구』 54, 한국민족운동사학회, 2008
정혜경, 「일제 말기 '남양군도'의 조선인 노동자」, 『한국민족운동사연구』 44, 한국민족운동사학회, 2005
정혜경, 「일제말기 남양군도 노무동원과 조선여성」, 『역사와 교육』 제23집, 2016
최숙영 · 김동환, 「일제시대 여성교육에 대한 고찰: 제천공립실과여학교를 중심으로」, 『지역문화연구』 3, 세명대지역문화연구소, 2004
최원영, 「日帝末期(1937~45)의 青年動員政策: 青年團과 青年訓練所를 중심으로」, 『한국민족운동사연구』 21, 한국민족운동사학회, 1999
樋口雄一, 「太平洋戰爭下の朝鮮女性動員: 愛國班お中心に」, 『朝鮮史研究論文集』 32, 朝鮮史研究會, 1994
樋口雄一, 『植民地と戰爭責任』, 「戰時下朝鮮における女性動員: 1942~1945年を中心に」, 吉川弘文館, 2005
鈴木裕子, 「新聞報道にみる女性と勤勞動員」, 『日本女性運動資料集成第6巻: 生活 · 勞動Ⅲ: 十五年戰爭と女性勞動者 · 無産婦人運動』, 不二出版, 1994
佐藤千登勢, 佐藤千登勢, 『軍需産業と女性勞動: 第二次世界大戰下の日米比較』, 彩流社, 2003
허 수, 「전시체제기 청년단의 조직과 활동」, 『國史館論叢』 88, 2000
홍순권, 「일제시기 직업소개소의 운영과 노동력 동원 실태」, 『한국민족운동사연구』 22, 1999
홍양희, 「현모양처론과 식민지 '국민' 만들기」, 『역사비평』 52, 2000년 가을호

찾아보기

【ㄱ】

【ㄴ】

【ㄷ】

【ㅁ】

【ㅂ】

【ㅅ】

김미정

고려대학교 한국사학과를 졸업하고, 동대학원에서 석사 · 박사를 받았다. 한국 근현대사를 전공하였고 강제동원 및 근대여성사 · 사회사를 연구하고 있다.
현재 국가기록원 학예연구사이며, (전) 국무총리소속 일제강점기강제동원피해진상규명위원회 조사관을 역임했다.
주요 논저로는 『일제말기 여성동원 선전논리』, 동북아역사재단, 2021, 「일제강점기 조선여성에 대한 노동력동원 양상: 1937~1945년을 중심으로」(『아세아연구』 제62권 제3호, 2019), 『일제시대 문화유산을 찾아서』(고려대학교 한국사연구소, 2012, 공저), 「죽어서도 나올 수 없는 곳, 소록도」(『역사와 책임』 3호, 2012) 등이 있다.